Крейг...

Visual Basic. NET
для программистов

A Programmer's Introduction to Visual Basic. NET

Craig Utley

SAMS

201 West 103rd St.,
Indianapolis, Indiana, 46290 USA

Серия «Для программистов»

Visual Basic. NET
для программистов

Крейг Атли

Москва, 2002

УДК 004.438 VB.NET
ББК 32.973.26-018.1
    А92

    Атли К.
А92   Visual Basic. NET для программистов: Пер. с англ. – М.: ДМК Пресс, 2002. –
    304 с.: ил. (Серия «Для программистов»).

    ISBN 5-94074-110-X

        Книга посвящена языку Visual Basic. NET. Особое внимание уделяется отличи-
    ям новой версии от предыдущих, в том числе революционным для этого языка но-
    вовведениям: наследованию реализации, многопоточности, пространствам имен,
    новой интегрированной среде разработки Visual Studio. NET. Освещаются вопросы,
    связанные с применением новой технологии доступа к данным ADO. NET и техно-
    логии создания Web-приложений ASP. NET. Также не обойдены вниманием новые
    виды проектов, которые можно создавать на языке Visual Basic: NT-сервисы, Web-
    сервисы и консольные приложения. Подробно рассказывается о процессе конвер-
    тирования старых программ на новый язык. По ходу изложения автор раскрывает
    возможности принципиально нового каркаса для разработки приложений .NET
    Framework и подчеркивает его неразрывную связь с программированием на VB. NET.
    Специальная глава посвящена совместной работе технологий .NET и COM.
        Издание предназначено для программистов, работавших с предыдущими вер-
    сиями языка Visual Basic и желающих познакомиться с особенностями новой плат-
    формы .NET.

    Authorized translation from the English language edition, entitled A PROGRAMMER'S
INTRODUCTION TO VISUAL BASIC. NET, 1st edition by UTLEY, CRAIG, published by Pearson
Education, Inc., publishing as Sams, Copyright @ 2002 by Sams Publishing.

    Материал, изложенный в данной книге, многократно проверен. Но, поскольку вероятность
технических ошибок все равно существует, издательство не может гарантировать абсолютную
точность и правильность приводимых сведений. В связи с этим издательство не несет ответ-
ственности за возможные ошибки, связанные с использованием книги.

Содержание

Посвящается спасателям, которые после событий 11 сентября без устали работали в тяжелейших условиях. Их труд – доказательство того, что герои еще не перевелись.

Введение

Цель издания

Цель этой книги – познакомить с изменениями, которые претерпел язык Visual Basic при переходе к Visual Basic.NET (VB.NET). Я предполагаю, что читатель хорошо знаком с Visual Basic 6.0 (VB6), поэтому основные различия между VB6 и VB.NET описываю достаточно кратко.

Я пользуюсь языком Visual Basic начиная с версии 1.0. Самым драматическим был переход от VB3 к VB4, когда появились модули классов и VB стал постепенно превращаться в объектно-ориентированный язык. Впервые предоставилась возможность создавать COM-компоненты на VB, что привело к росту популярности n-уровневых архитектур. В версии 4.0 разработка COM-объектов стала доступной среднему программисту, так что эта технология перестала быть известной только узкому кругу специалистов, пишущих на языке C++.

Начав выяснять, чем отличается VB6 от VB.NET, я понял, что изменения оказались более революционными, чем при переходе от VB3 к VB4. Я задумал написать книгу, которая поможет программистам, привыкшим к VB6, перейти на VB.NET. Издательству Sams Publishing идея понравилась, поэтому меня попросили написать мини-версию книги за... три недели.

История мини-версии изложена в ней самой. С самого начала предполагалось, что должна будет появиться полная редакция, и сейчас вы держите ее в руках. Второе издание – намного подробнее и освещает больше тем. Кроме того, в нем учтены исправления, внесенные в последние версии Visual Studio.NET.

Почему VB.NET, а не C#

Разработанный компанией Microsoft язык C# (си-шарп) получил много откликов в прессе. Это новый язык, созданный на базе C/C++. Как и VB.NET, язык C# предназначен специально для каркаса .NET, о чем много писалось. Принимая во внимание массированную рекламу, спрашивается, зачем выбирать VB.NET вместо C#?

Проекты на языках VB.NET и C# создаются в одной и той же интегрированной среде Visual Studio.NET, но VB.NET разрабатывался с учетом интересов программистов на VB и обладает рядом уникальных особенностей, которые делают его прекрасным инструментом создания приложений для .NET.

VB.NET по-прежнему остается единственным языком, поддерживающим фоновую компиляцию, то есть он может обнаруживать ошибки прямо во время ввода текста программы. Только VB.NET поддерживает позднее связывание. В среде Visual Studio.NET редактор VB.NET в верхней части окна кода отображает список, содержащий все объекты и события; в других языках такой возможности не предусмотрено. Только VB.NET позволяет задавать значения по умолчанию для необязательных параметров и предоставляет наборы элементов управления. Не забудьте еще, что C#, равно как C и C++, распознает большие и маленькие буквы. Кроме того, в C# используются различные символы для присваивания (=) и сравнения на равенство (==). Хотя изменилось очень многое, но базовый синтаксис VB.NET по-прежнему близок к VB, так что если вы работали с этим языком, то уже умеете объявлять переменные, организовывать циклы и т.д.

Как видите, у VB.NET есть некоторые преимущества по сравнению с другими .NET-совместимыми языками. А если вы хотите узнать о том, чем VB.NET лучше VB, то вам стоит прочитать эту книгу.

Для кого предназначена эта книга

Эта книга рассчитана на программистов, пишущих на VB. Если вы не знакомы с этим языком, то отдельные моменты будут вам непонятны. Моя цель – рассказать обо всех изменениях. Если вы работали с VB и хотите выучить VB.NET или хотя бы узнать, чем он может быть полезен, то эта книга для вас.

Если вы пользуетесь редактором Visual InterDev для написания Web-приложений, то эта книга также будет вам полезна, поскольку теперь Visual InterDev интегрирован с Visual Studio.NET. Это означает, что Web-приложения можно создавать с помощью VB.NET (или C#). Такой подход имеет ряд преимуществ, в частности позволяет писать Web-приложения на полном VB, а не на усеченном VBScript. Кроме того, архитектура .NET для Web-приложений значительно лучше, чем модель ASP.

Советую начать изучение VB.NET с каркаса .NET Framework. Не освоив его, вы не сможете написать хорошую программу на VB.NET – будь то приложение для Web или для Windows.

Благодарности

Вы держите в руках полную версию книги. В ее подготовке принимали участие многие специалисты издательства SAMS, среди которых Шелли Кронзек (Shelley Kronzek), Кевин Ховард (Kevin Howard), Майк Хенри (Mike Henry), Кэрол Бауэрс (Carol Bowers).

Особую благодарность выражаю Бойду Нолану (Boyd Nolan) и Крису Пейну (Chris Payne).

Я знаю, что в издательстве есть еще много людей, без которых эта книга никогда бы не вышла в свет.

Бесценную помощь мне оказала также компания Microsoft. Я очень рад знакомству с такими людьми, как Ари Биксхорн (Ari Bixhorn), Эд Робинсон (Ed Robinson) и Сьюзен Уоррен (Susan Warren). Благодарю всех, кто помогал мне, несмотря на напряженную работу над окончательной версией Visual Studio.NET.

Вторая редакция этой книги появилась потому, что я получил много откликов на первую – сокращенную – версию. Спасибо Уолтеру Скрайвенсу (Walter Scrivens), Уильяму Корри (William Corry), Джону Бересфорду (John Beresford), Синди Ки (Cindy Kee) и Стефани ДиМаджио (Stephanie DiMaggio) – моим первым читателям – за рецензии, замечания и поддержку. Мне нравится учить людей работе с новыми технологиями, и я всегда готов оценить любые предложения по повышению качества преподавания.

Сколько бы людей ни работало над этой книгой, все оставшиеся ошибки – только мои.

Об авторе

Крейг Атли – президент компании CIOBriefings LLC, занимающейся консалтингом и обучением в области разработки решений масштаба предприятия на основе технологий фирмы Microsoft. Крейг программировал на языке Visual Basic начиная с версии 1.0 и руководил созданием многих масштабируемых Web-приложений с использованием технологий Active Server Pages, Visual Basic, MTS/ Component Services и SQL Server. Опыт Крейга в анализе и проектировании масштабных приложений был востребован как крупными компаниями, так и фирмами, находящимися на этапе становления. Атли часто выступает на различных конференциях, является автором многих книг, учебных курсов и статей, в частности по VB.NET и ASP.NET.

Условные обозначения

В этой книге приняты следующие условные обозначения:

Примечание   *Важная информация, на которую следует обратить особое внимание, – примечания, предупреждения и советы – набрана курсивом и оформлена специальным стилем.*

- моноширинным шрифтом напечатаны листинги, названия операторов, объектов, методов, свойств и т. д;
- названия элементов интерфейса (команд, пунктов меню, окон и т. д.), а также клавиш выделены **полужирным шрифтом**;
- важные понятия и термины, встретившиеся впервые, набраны *курсивом*;
- адреса Internet-ресурсов <u>подчеркнуты</u>.

Глава 1. Необходимость перехода на Visual Basic.NET

Многие разработчики высказывают недовольство по поводу Visual Basic.NET (VB.NET). И главная причина претензий в том, что необходимо учить новый язык, хотя Visual Basic всех устраивал. Да, правда, произошли существенные изменения уже после того, как программисты потратили три года на освоение версии 6.0. Но для перехода к VB.NET есть веские основания, и, хотя поначалу на изучение новых концепций придется потратить немало усилий, этот процесс можно облегчить, если сразу усвоить некоторые базовые идеи, лежащие в основе каркаса .NET Framework.

Visual Basic.NET: новый каркас

Сегодня очень часто можно услышать вопрос: «Зачем мне переходить на платформу .NET?» Это новая технология, поэтому необходимо указать некоторые существенные преимущества Visual Basic.NET.

Немало людей после знакомства с VB.NET остались недовольны изменениями. В одном известном издании даже появилась статья, в которой несколько программистов, давно пишущих на Visual Basic, высказывали мнение, что различия между VB и VB.NET слишком существенны. Да, в язык внесены значительные изменения: новый механизм обработки ошибок (которым можно и не пользоваться), пространства имен, истинное наследование, истинная многопоточность и многое другое. Относительно некоторых из них можно предположить, что Microsoft поставила галочку против той или иной функции, чтобы иметь право сказать: «Да, мы это сделали».

Но большинство программистов считает, что для внесения изменений достаточно оснований. Мир приложений меняется в направлении, заданном несколько лет назад. Если бы можно было вернуться в 1991 год и показать программисту на Visual Basic 1.0 n-уровневую архитектуру с ASP на переднем плане, интегрированным с Microsoft Transaction Server VB-компонентом в середине и хранилищем данных под управлением SQL Server с множеством хранимых процедур, то он бы мало что понял. И тем не менее за прошедшие несколько лет многие разработчики применяли Visual Basic для создания COM-компонентов и прекрасно освоили технологию ADO для доступа к базам данных. Необходимость обеспечить повторное использование и централизацию привела к распространению n-уровневой модели.

Логично, что следующим шагом в эволюции n-уровневых систем должны были стать Web-ориентированные приложения. Увы, при переходе к Web выявились некоторые проблемы. Одна из них – масштабируемость. Но, кроме того, при создании сложных приложений возникали и другие требования, например выполнение транзакций, в которых участвуют сразу несколько компонентов, баз данных или тех и других одновременно. Для разрешения этих проблем Microsoft создала сервер транзакций Microsoft Transaction Server и службы COM+ Component Services. MTS (в Windows NT 4) и Component Services (обновленный MTS в Windows 2000) работали как среда для хранения объектов и позволяли относительно просто обеспечить масштабируемость и распределенные транзакции. Однако написанным на VB компонентам не были в полной мере доступны такие преимущества служб Component Services, как пул объектов, поскольку VB не поддерживал многопоточность.

Web становится приоритетным направлением

В модели ASP/VB6 компания Microsoft предложила разработчикам создавать компоненты и вызывать их из ASP. Специалисты компании поняли, что было бы неплохо иметь возможность вызывать компонент по протоколу HTTP и, стало быть, получать к нему удаленный доступ. Microsoft поддержала работу над протоколом Simple Object Access Protocol (SOAP – простой протокол доступа к объектам), который позволяет вызывать методы объекта по HTTP, представляя параметры в формате XML. Результаты также возвращаются по HTTP в виде XML-строки. Компонент, вызываемый по протоколу SOAP, имеет URL, так что доступ к нему не сложнее, чем к любому другому Web-ресурсу. Достоинство SOAP в том, что это промышленный стандарт, а не патентованный протокол, принадлежащий Microsoft. Поэтому появилось множество поставщиков, прославляющих достоинства Web-сервисов, в том числе основных конкурентов Microsoft.

Может сложиться обманчивое впечатление насчет SOAP – это все, что необходимо, поэтому лучше спокойно продолжать работать с VB6. Тем важнее понять, какие преимущества дает переход на VB.NET. Например, вы создаете компоненты и хотите, чтобы их можно было вызывать по протоколу SOAP. Но как программисты узнают о существовании ваших компонентов? Платформа .NET содержит механизм обнаружения, позволяющий находить доступные компоненты. Подробнее о нем и, в частности, о файле disco рассказывается в главе 9 «Создание Web-сервисов с помощью VB.NET». Платформа .NET поддерживает ряд других возможностей, в том числе механизм сборки мусора для освобождения ресурсов, истинное наследование, кросс-языковую отладку (включая отладку работающих приложений) и создание сервисов Windows и консольных приложений.

Значение слова «.NET»

Прежде чем двигаться дальше, надо уточнить, что же понимается под словом *.NET*. В этой книге оно будет встречаться часто. Есть VB.NET – новая версия языка Visual Basic. Есть Visual Studio.NET (интегрированная среда разработки, поддерживающая среди прочего VB.NET), языки C# (си-шарп) и C++.NET. Microsoft даже называет большинство своих серверных продуктов *.NET-серверами*. В основе всего этого лежит каркас .NET Framework и его исполняющий механизм – единая среда исполнения (Common Language Runtime – CLR).

На платформе .NET пишутся приложения, которые будут исполняться каркасом .NET Framework. Это автоматически дает доступ к таким возможностям, как сборка мусора (уничтожение объектов и освобождение занятой ими памяти), отладка, службы безопасности, наследование и др. В результате компиляции программы, написанной на .NET-совместимом языке, получается код на промежуточном языке Microsoft Intermediate Language (MSIL). Это двоичный, но еще не машинный код. Он представлен в платформенно-независимом формате и может быть размещен на любой машине, на которой работает каркас .NET Framework. В состав .NET Framework входит так называемый JIT-компилятор (Just-In-Time – своевременный), который преобразует MSIL в машинный код, специфичный для данной аппаратуры и операционной системы.

Возвращаясь к фундаментальным изменениям, важно отметить, что первым в списке пожеланий разработчиков на Visual Basic уже много лет было наследование. Начиная с VB4 в языке Visual Basic реализовано *наследование интерфейса*, но программистам нужно было истинное наследование, то есть *наследование реализации*. Главное преимущество наследования – возможность быстро создавать приложения. Это расширение средств, предоставляемых повторно используемыми компонентами. С помощью механизма наследования реализации вы можете создать базовый класс и пользоваться им как основой для других, более специализированных классов. Например, создать класс Vehicle (транспортное средство), который обладает базовой функциональностью, наследуемой классами Bicycle (велосипед) и Car (автомобиль). Важно подчеркнуть, что и Bicycle, и Car наследуют от класса Vehicle именно функциональность, то есть сам код. В VB версии 4 и выше можно было унаследовать лишь структуру, но не реализацию. В VB.NET вся функциональность базового класса доступна производным. Ее можно использовать в готовом виде или модифицировать произвольным образом.

Платформа .NET предоставляет интегрированные инструменты отладки. Если вам приходилось отлаживать ASP-приложения с COM-компонентами, написанными на VB, то вы знаете, что для отладки ASP нужно было использовать Visual InterDev, а для отладки компонентов – VB. На платформе .NET имеется только один отладчик. Но с его помощью можно отлаживать программу, написанную на любом .NET-совместимом языке, даже если одна ее часть, реализованная на VB.NET, вызывает другую часть, написанную на C# или ином языке.

Платформа .NET располагает стандартным механизмом обеспечения безопасности, который доступен всем частям вашего приложения. Она избавляет вас от «проклятия DLL» и сложностей, связанных с управлением реестром, позволяет запускать компоненты локально, не требуя, чтобы вызывающее приложение искало их в реестре.

VB.NET позволяет делать многое из того, что вообще недоступно в VB. Например, введен новый вид проекта – Web-приложения. Канула в Лету программа Visual InterDev вместе с интерпретируемым языком VBScript. Теперь ASP.NET-страницы пишутся на VB.NET (или C#, или C++.NET) и для повышения производительности транслируются в машинный код. VB.NET впервые позволяет создавать сервисы Windows, для чего введен соответствующий вид проекта. Кроме того, VB.NET дает возможность писать многопоточные компоненты и приложения.

Наконец, стоит напомнить, что новый язык также будет иметь номер версии. Скорее всего, продукт будет называться VB.NET 2002. Отсюда можно сделать вывод, что появятся новые версии VB.NET, как это было с VB. В настоящем издании предыдущие версии языка Visual Basic обозначены как VB или VB6, а новый язык VB.NET 2002 – VB.NET.

Вы решили перейти от VB6 к VB.NET и купили эту книгу, чтобы получить необходимую информацию. Но первое, что вы видите, – это глава о каркасе .NET Framework. Зачем начинать именно с этого? Ответ прост – если вы не поймете, что такое .NET Framework, то не сможете разобраться в VB.NET. Как вы скоро убедитесь, VB.NET и .NET Framework тесно связаны; многие сервисы, которые вы встраиваете в свою программу, предоставляет .NET Framework.

Каркас .NET Framework – это набор сервисов и классов, своего рода слой программного обеспечения, расположенный между приложениями и операционной системой. Сама идея достаточно общая – каркас .NET Framework может существовать отдельно от Windows, его можно перенести на другие операционные системы, и тогда на них смогут работать приложения, написанные для .NET Framework. Хотя обещание системной независимости – сильный маркетинговый аргумент в пользу платформы .NET, но пока еще не было ни одного официального объявления об успешном переносе ее на другие ОС.

Кроме того, .NET Framework инкапсулирует многочисленные базовые функции, которые ранее встраивались в различные языки программирования. В каркасе находится код, который лежит в основе работы форм Windows, значит, им может воспользоваться программа на любом языке, которой нужны стандартные возможности форм. Частью каркаса являются Web-формы, а это означает, что Web-приложения также можно писать на любом .NET-совместимом языке. Более того, различные программные примитивы будут одинаковы во всех языках; так, тип данных Long всегда будет иметь один и тот же размер. Особенно это важно в отношении строк и массивов. Вам больше не придется думать о том, в каком формате – BStr или CStr – представлена строка, которую вы передаете компоненту, написанному на другом языке. Эта проблема постоянно возникала у программистов на VB при вызове написанных на C функций Windows API.

Единая среда исполнения

Один из основных компонентов каркаса .NET Framework – это *единая среда исполнения* (Common Language Runtime – CLR). CLR предоставляет целый ряд

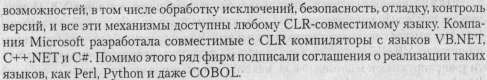

возможностей, в том числе обработку исключений, безопасность, отладку, контроль версий, и все эти механизмы доступны любому CLR-совместимому языку. Компания Microsoft разработала совместимые с CLR компиляторы с языков VB.NET, C++.NET и C#. Помимо этого ряд фирм подписали соглашения о реализации таких языков, как Perl, Python и даже COBOL.

CLR-совместимый компилятор генерирует так называемый *контролируемый код* (managed code). Это означает, что программа может в полной мере пользоваться сервисами, которые предоставляет CLR. Чтобы среда исполнения могла работать с контролируемым кодом, последний должен содержать метаданные. Метаданные создаются компилятором, хранятся вместе с самой программой и содержат информацию о типах встречающихся в коде объектов, их членах и ссылках на внешние программы. В частности, CLR использует метаданные, чтобы:

- находить классы;
- загружать классы;
- генерировать машинный код;
- обеспечивать безопасность.

Немного поразмыслив, вы поймете, что раньше все эти функции выполняла среда COM и реестр. Одна из целей, поставленных перед .NET, – научиться распространять приложения, не прибегая к реестру. И действительно, компоненты .NET можно просто скопировать в каталог и сразу использовать, опустив процедуру регистрации. .NET самостоятельно находит и загружает объекты, содержащиеся в компоненте, то есть выполняет часть функций COM.

Среда исполнения управляет также временем жизни объектов. В технологии COM/COM+ подсчитывалось число ссылок на объекты. CLR тоже ведет учет ссылкам на объект и удаляет его из памяти, когда ссылок не остается. Этот процесс называется *сборкой мусора*. Хотя данный механизм лишает вас ряда возможностей, которые были в VB, при этом вы приобретаете несомненные преимущества. Например, число ошибок в ваших программах должно уменьшиться, потому что исчезнут объекты, не выгружавшиеся из памяти из-за наличия циклических ссылок, – в .NET реализованы алгоритмы обнаружения цепочек объектов, связанных только циклическими ссылками. Кроме того, сборка мусора оказывается намного быстрее, чем старый способ уничтожения объектов в VB. Экземпляры созданных вами и отданных под управление среды объектов называются *контролируемыми данными*. В одном приложении можно работать как с контролируемыми, так и с неконтролируемыми данными, но только первым доступны все возможности среды исполнения.

Единая среда исполнения определяет также стандартную систему типов, применяемую во всех CLR-совместимых языках. Это означает, в частности, что размеры типов integer и long в любом языке будут одинаковыми, равно как и представление строковых данных, – различие между BStr и CStr исчезло! Наличие стандартной системы типов открывает широкие возможности для совместного использования различных языков. Например, можно передавать ссылку на класс из одного компонента в другой, даже если они написаны на разных языках. Можно создать на C# класс, производный от класса, написанного на VB.NET или любом другом CLR-совместимом языке. Вспомните, что в модели COM также имелся набор стандартных типов, но это был двоичный стандарт, то есть COM обеспечивала сопряжение языков во время выполнения. Стандартизация же типов в .NET предопределяет совместимость на уровне исходных текстов.

Откомпилированный контролируемый код включает метаданные, описывающие как сам компонент, так и компоненты, использованные при его создании. Среда исполнения может проверить наличие ресурсов, от которых зависит компонент. Наличие метаданных позволяет уйти от необходимости хранить информацию о компонентах в реестре. А значит, при перемещении компонента на другую машину его не нужно регистрировать (если только это не глобальная сборка, см. главу 4), а для удаления компонента достаточно просто стереть содержащий его файл.

Как видите, единая среда исполнения предоставляет не просто ряд новых средств, но и возможности, упрощающие процесс создания приложений. Позже мы еще поговорим о новых объектно-ориентированных механизмах, включенных в VB.NET. Многие из них являются не столько модификациями языка, сколько возможностями среды, раскрываемыми VB.NET.

Контролируемое исполнение

Чтобы понять, как работают написанные на VB.NET приложения и насколько их код отличается от программ, с которыми вы встречались раньше, важно усвоить концепцию контролируемого кода. Чтобы задействовать механизм контролируемого исполнения и воспользоваться преимуществами единой среды исполнения, нужен язык, совместимый с CLR. К счастью, таковым и является VB.NET. На самом деле VB.NET был задуман как основной язык на платформе .NET, поэтому Visual Basic больше не заслуживает оскорбительной клички «игрушечного языка».

Среда исполнения не зависит от конкретного языка, следовательно, любой производитель может создать компилятор, который будет в полной мере использовать все ее возможности. Разные компиляторы взаимодействуют с различными аспектами среды исполнения, поэтому язык и инструментарий, которыми вы пользуетесь, могут быть похожи на то, что представляет VB.NET. Конечно, у разных языков свой синтаксис, но компилятор должен создавать представление программы, понятное среде исполнения.

Примечание   *Из совместимости языка со средой исполнения не следует, что у него не может быть уникальных особенностей, отсутствующих в других языках. Чтобы быть уверенным, что ваши компоненты смогут работать совместно с компонентами, написанными на других языках, следует пользоваться только теми типами, которые описаны в единой спецификации языка (Common Language Specification). Некоторые из ее элементов рассматриваются в приложении.*

Язык Microsoft Intermediate Language

Один из наиболее интересных аспектов .NET состоит в том, что результатом компиляции программы является не машинный код. Но прежде чем впадать в панику и сетовать на то, что мы возвращаемся к временам интерпретируемого кода, примите во внимание, что программа транслируется на промежуточный язык Microsoft Intermediate Language (еще его называют MSIL или просто IL). Кроме того, компилятор создает необходимые метаданные и включает их в файл оттранслированного компонента. При этом результирующий IL-код не зависит от типа процессора.

Файл, содержащий IL-код и метаданные, называется PE — *portable executable* (переносимый исполняемый файл), или *physical executable* (физический исполняемый файл). Поскольку PE содержит и код, и метаданные, то он является самоописываемым, значит, отпадает необходимость в библиотеках типов и описании интерфейсов на языке IDL (Interface Definition Language). Метаданные настолько объемны, что любой .NET-совместимый язык может наследовать классам, содержащимся в PE-файле. Как вы помните, говорилось о том, что .NET обеспечивает совместимость на уровне исходных текстов. И только что мы описали механизм достижения такой совместимости. При работе на VB.NET, с одной стороны, можно наследовать классам, написанным на C#, а с другой – пользоваться системой раскрытия внутреннего устройства объектов IntelliSense и другими возможностями Visual Sudio.NET.

JIT-компилятор

Однако в форме IL код находится недолго. PE-файл, содержащий IL-код, можно развернуть на любой платформе, поддерживающей каркас .NET Framework, поскольку язык IL платформенно-независим. Но, когда такой файл запускается на исполнение, он компилируется в машинный код для конкретной платформы. Поэтому исполняется все же машинный код, а не интерпретируемая программа. Компиляцию в машинный код осуществляет еще один компонент каркаса .NET Framework — JIT-компилятор (Just-In-Time – своевременный).

Откомпилированный код может работать внутри каркаса и пользоваться низкоуровневыми функциями, скажем, механизмами управления памятью и обеспечения безопасности. JIT-компилятор существует для каждой платформы, на которой работает каркас .NET Framework, поэтому на любой платформе будет исполняться именно машинный код. На сегодняшний день это только Windows, но завтра положение может измениться.

Примечание *Можно по-прежнему вызывать системно-зависимые функции, однако это ограничит ваше приложение только одной платформой. Иными словами, можно обращаться к функциям Windows API, но тогда вы не сможете запустить программу под управлением каркаса .NET Framework в другой операционной системе.*

Исполнение кода

Любопытно отметить, что JIT-компилятор не транслирует весь IL-код при первом обращении к компоненту. Транслируется только тот *метод*, который был вызван. Это позволяет не транслировать те части кода, к которым не будет обращений. Разумеется, после того как некоторый код откомпилирован, последующие обращения будут работать с уже готовой версией. В версии Beta2 откомпилированный машинный код хранится в памяти. Но Microsoft разработала также PreJIT-компилятор, который транслирует всю программу целиком и сохраняет полученный вариант на диске, так что результаты компиляции не уничтожаются после завершения программы. Этот инструмент называется ngen.exe. Если среда CLR не может найти заранее откомпилированную версию кода, она запускает JIT-компилятор и осуществляет трансляцию кода на лету.

После того как код начал исполняться, ему доступны все возможности CLR: модель безопасности, управление памятью, поддержка отладки и профилирования. Большинство из них рассматривается в этой книге.

Сборки

Сборка, одна из новых конструкций, создаваемых в VB.NET, представляет собой один или несколько физических файлов. Чаще всего они содержат код, например созданных вами классов, но в состав сборки могут входить также графические файлы, файлы ресурсов и вообще любые двоичные файлы, необходимые программе. Такие сборки называются *статическими*, поскольку они хранятся на диске в неизменном виде. Бывают также *динамические* сборки, которые создаются во время исполнения и, как правило, не записываются на диск (хотя это тоже допустимо).

Сборка – это единица развертывания, повторного использования, объект систем управления версиями и обеспечения безопасности. Это может напомнить вам DLL, которые вы привыкли создавать в предыдущих версиях Visual Basic. Так же как библиотека типов, ассоциированная со стандартной COM DLL, сборка представляет собой *опись* (manifest), содержащую метаданные, например перечни классов, типов и внешних ссылок. Часто в сборке находится несколько классов, так же как в COM DLL. На платформе .NET приложения создаются из сборок, но сами они не являются полноценными приложениями.

Главное, что стоит запомнить, – любое приложение должно быть составлено из одной или нескольких сборок.

Опись сборки

Теоретически опись аналогична библиотеке типов в COM DLL. Она содержит всю информацию о входящих в состав сборки элементах, в том числе о том, какие из них экспортируются наружу. В описи также перечислены зависимости от других сборок. Каждая сборка должна сопровождаться описью.

Опись может быть частью PE-файла или отдельным файлом, если сборка состоит из двух и более файлов. Среди прочего опись содержит:

□ имя сборки;

□ версию;

□ перечень файлов в составе сборки;

□ перечень сборок, на которые есть ссылки.

Кроме того, разработчик может задать нестандартные атрибуты сборки, например заголовок и описание.

Избавление от проклятия DLL

Когда появилась технология COM, декларировалось, что одно из самых больших ее достоинств – избавление от проклятия DLL. В эпоху 16-разрядных программ с приложениями для Windows поставлялись DLL-файлы. Казалось, что чуть ли не каждое приложение пыталось установить одни и те же DLL, например Ctrl3d2.dll. Но разным приложениям требовались слегка отличающиеся версии одной DLL, поэтому на диске оказывалось множество версий одного и того же файла. Хуже того, версия некоторой DLL по умолчанию помещалась в каталог Windows\System, и тогда переставали работать многие из ранее установленных приложений.

Технология COM должна была исправить ситуацию. Больше приложению не нужно было искать DLL сначала в своем каталоге, а потом в системном каталоге Windows. При работе в среде COM запросы на поиск компонента всегда адресовались реестру. И хотя на диске по-прежнему могло быть несколько версий COM DLL, в реестре всегда хранилась ссылка только на одну из них. Поэтому все клиенты пользовались одной и той же версией компонента. Но тогда следовало гарантировать обратную совместимость любого компонента с предыдущими версиями. Это условие формулировалось как требование неизменности COM-интерфейсов: как только компонент выпущен в обращение, его интерфейс уже не подлежит изменению. Теоретически это выглядит замечательно, но на практике разработчики все же выпускали новые версии компонентов, нарушающие двоичную совместимость с предыдущими версиями, то есть изменяли, добавляли или удаляли свойства и методы. Модифицированные таким образом компоненты выводили из строя существующих клиентов. С этим пришлось столкнуться многим разработчикам на VB.

В Каркасе .NET Framework и CLR эта проблема решается за счет сборок. Еще до появления платформы .NET в Windows 2000 приложению было разрешено искать DLL в локальном каталоге вместо реестра. Тем самым гарантировалось, что приложение всегда будет работать с правильной версией.

Кроме того, единая среда исполнения позволяет компонентам объявлять зависимости от конкретных версий других компонентов. При этом одновременно в памяти могут храниться несколько версий одного компонента, называемых *равноправными экземплярами* (side-by-side instancing), а также *равноправным исполнением* (side-by-side execution).

Глобальный кэш сборок

Хотя в .NET компоненты регистрировать необязательно, существует похожий процесс, применяемый, если одна сборка нужна нескольким приложениям.

Фактически в среде CLR существует два кэша программ: кэш загруженных сборок и глобальный кэш сборок (GAC). Сборки, используемые несколькими приложениями, помещаются в глобальный кэш программой установки. Если сборки нет ни в локальном каталоге, ни в GAC, можно указать ее местонахождение в конфигурационном файле. Тогда CLR загрузит сборку, поместит ее в кэш загруженных сборок и будет в дальнейшем брать ее оттуда.

Работа со сборками в GAC напоминает порядок действий с зарегистрированными компонентами в VB6. Если компонент отсутствует в каталоге, из которого запущено приложение, то его поиск ведется в GAC, так же как COM раньше искала в реестре.

У размещения сборок в GAC есть ряд преимуществ. Такие сборки показывают более высокую производительность, поскольку среда исполнения тратит меньше времени на их поиск и ей не приходится при каждой загрузке сборки проверять безопасность. Поместить сборку в глобальный кэш или удалить ее оттуда может только пользователь с полномочиями администратора.

Любопытно, что в глобальном кэше может одновременно находиться несколько разных версий одной и той же сборки. Обратите внимание, что здесь не сказано «в GAC можно зарегистрировать», поскольку вы ничего не помещаете в реестр. Даже если компонент в данный момент работает, вы можете поместить в GAC его новую версию или установить срочную «заплатку». Этот механизм действует на основе номеров версий, и вы можете установить компонент как новую версию или как обновление существующей.

Сборки могут быть помещены в GAC только в том случае, если обладают разделяемым именем. Подробнее о сборках и GAC рассказывается в главе 4.

Единая система типов

Единой системой типов (Common Type System) определяются типы данных, поддерживаемых средой CLR. К их числу относятся:

- классы – чертеж, по которому создаются объекты; включает свойства, методы и события;
- интерфейсы – определение функциональности, которую реализует класс. Сами они кода не содержат;
- значащие типы (value types) – определенные пользователем типы данных, которые передаются по значению (в отличие от ссылочных типов);
- делегаты – аналоги указателей на функции в C++, часто используются при обработке событий и реализации обратных вызовов.

Система типов устанавливает правила, в соответствии с которыми должны работать компиляторы, чтобы на выходе получался языково-независимый код. Следуя этим правилам, фирмы-производители могут генерировать код, который гарантированно будет работать с кодом, написанным на любом другом совместимом языке и оттранслированным совместимым компилятором.

Классы

Большинство разработчиков на Visual Basic знакомы с классами. Классы – это в некотором роде чертежи, по которым во время исполнения создаются объекты. Класс определяет свойства, методы, поля и события объектов. Возможно, термин *поле* вам незнаком, он означает просто открытую переменную, раскрываемую классом; это упрощенный вариант реализации свойств. И свойства, и методы, и поля, и события имеют общее название – *члены* класса.

Если в классе объявлен хотя бы один метод, не имеющий реализации, то класс называется *абстрактным*. В VB.NET нельзя напрямую создавать экземпляры абстрактных классов. Класс VB6 мог обладать только объявлением метода, без какой бы то ни было реализации. Именно так писались интерфейсы: объявив метод без реализации, вы затем наследовали его в другом классе с помощью ключевого слова Implements. В VB6 можно было создать экземпляр интерфейса, но поскольку реализация отсутствовала, то смысла в этом было немного.

VB.NET позволяет создать класс с полноценной реализацией метода, а не просто интерфейс, и объявить его абстрактным. Другие классы могут наследовать абстрактному классу и либо пользоваться его реализацией метода, либо заменить ее собственной. Ранее VB позволял наследовать только интерфейсы, теперь же VB.NET допускает «истинное» наследование, называемое *наследованием реализации*.

В VB.NET интерфейсы отделены от классов. В VB6 для создания интерфейса надо было объявить в классе методы, но не предоставлять их реализации. Мы еще вернемся к интерфейсам в следующем разделе, а сейчас запомните: несмотря на то что класс в VB.NET может реализовывать произвольное число интерфейсов, но наследовать он может только одному базовому классу.

У классов есть целый ряд различных характеристик, которые можно хранить в составе метаданных. Например, можно сказать, допускает ли класс или его член наследование. Подробнее об этом говорится в главе 4.

Интерфейсы

Интерфейсы в VB.NET аналогичны интерфейсам в VB6. Это объявления класса без реализации. Поскольку реализация отсутствует, то создать экземпляр интерфейса невозможно, его необходимо реализовать в каком-то классе.

У правила «интерфейс не имеет реализации» есть одно исключение. В VB.NET можно определять так называемые *статические* члены. Вот они могут обладать реализацией (см. главу 4).

Значащие типы

В .NET-совместимых языках стандартные типы данных, например integer, встроены в язык и передаются в качестве аргументов функций по значению. Объекты же всегда передаются по ссылке. Значащие типы определяются пользователем и во многом схожи с объектами, но передаются по значению. В действительности они хранятся как примитивные типы данных, но могут иметь поля, свойства, события и методы – как статические, так и нестатические. Со значащими типами не связаны расходы, сопровождающие хранение объектов в памяти.

Если вышесказанное непонятно, вспомните о перечислениях. Перечисление – это частный случай значащего типа. Оно имеет имя и набор полей, определяющих значения примитивного типа данных. Но у перечисления не может быть свойств, событий и методов.

Делегаты

Делегат – это конструкция, которую можно объявить в клиенте. По сути дела, она указывает на метод конкретного объекта. На какой именно метод – определяется при создании экземпляра делегата. Это позволяет во время исполнения выбирать методы различных объектов.

Чаще всего делегаты применяются для обработки событий. С их помощью можно передавать события централизованному обработчику. Но эта тема выходит за рамки данной книги.

Библиотека классов каркаса .NET Framework

Каркас .NET Framework предоставляет ряд классов, готовых к использованию в любом CLR-совместимом языке. В их число входят примитивные типы данных, средства выполнения ввода/вывода, доступа к данным и обеспечения безопасности.

Возможно, одно из самых значимых изменений, с которыми столкнутся программисты на VB.NET, – это пространства имен. Подробно они рассматриваются в главе 3, но уже сейчас важно запомнить, что каркас .NET Framework организует классы в виде иерархии *пространств имен*. В корне иерархии находится пространство имен `System`. Пространство имен – это способ объединения классов и их членов в логические группы. Это дает, например, возможность использовать одно и то же имя метода в разных пространствах имен. Таким образом, метод `Left()` присутствует и в пространстве имен `System.Windows.Forms`, и в пространстве имен `Microsoft.VisualBasic`.

Одно из достоинств пространств имен в том, что логически родственные функции можно помещать в одно пространство имен, даже если физически они находятся в разных сборках. Любому CLR-совместимому языку доступны все пространства имен из иерархии `System`. Например, если вам нужен доступ к данным, то не надо объявлять ссылку на компонент ADO.NET. Вместо этого следует импортировать пространство имен `System.Data`. Вы часто будете встречать такую строку:

```
Imports System.Data
```

Но она не приводит к импорту всех методов в вашу программу, а лишь сообщает компилятору, что методы и типы из этого пространства имен следует рассматривать как часть пространства имен вашего проекта. То есть вместо строки

```
System.Data.SqlClient()
```

можно написать просто

```
SqlClient()
```

В пространство имен System вложено много других пространств имен, относящихся к обеспечению безопасности, реализации многопоточности, текстового и двоичного ввода/вывода и Web-сервисов. Мы обязательно расскажем, как ими пользоваться.

Пусть термин *пространство имен* вас не пугает. Это одно из самых фундаментальных изменений в VB.NET, которое одновременно является сервисом, предоставляемым средой исполнения всем совместимым с ней языкам для обогащения их функциональности. Наследуя классам из пространств имен, предоставляемых средой, вы можете создавать приложения, которые будут работать на любой платформе, поддерживающей .NET. Следовательно, изучая единую среду исполнения, вы в то же время осваиваете язык. Вот почему эта глава открывает книгу.

Самоописываемые компоненты

Традиционно в Visual Basic для откомпилированных компонентов создавалась библиотека типов, в которой описывался состав компонента в терминах классов, интерфейсов, свойств, методов и событий. Обращение к ней производилось через двоичный интерфейс на уровне COM. К сожалению, типы параметров, ожидаемые в одном языке, необязательно поддерживались в других или, в лучшем случае, реализовывались с большим трудом. Так, компоненты, написанные на C++, часто ожидают в качестве параметров указатели или структуры, а при их вызове из Visual Basic передать такие параметры проблематично. В каркасе .NET-Framework эта проблема решается помещением в сборки дополнительной информации. Такие *метаданные* позволяют откомпилированным компонентам легко взаимодействовать. Добавьте к этому единую систему типов, общих для всех совместимых языков, и вы поймете, как достигается независимость от языка.

Метаданные хранятся в компонентах в двоичном виде. Они описывают все типы, члены классов и ссылки, встречающиеся в данном файле или сборке. Метаданные входят в состав PE-файла, но при его исполнении копируются в память для быстрого доступа.

Важно понимать, что именно метаданные позволяют среде находить и исполнять код. Они же используются средой для трансляции MSIL в машинный код. Кроме того, они помогают среде управлять памятью и обеспечивать безопасность.

Если говорить о пользе метаданных для программиста, надо отметить, что в них содержится достаточно информации для того, чтобы можно было унаследовать PE-файлу, написанному на другом языке. Это означает, что наследуется откомпилированный компонент, а не IDL-файл, как раньше. На самом деле вам вообще больше не нужно ни описание интерфейса на языке IDL, ни библиотеки типов. Все, что необходимо, находится в самом PE-файле.

По умолчанию метаданные содержат следующую информацию:

❏ идентификация PE-файла или сборки: имя, версия, идентификатор региона, открытый ключ;
❏ зависимости от других сборок;
❏ роли и права доступа для обеспечения безопасности;
❏ экспортируемые типы.

Для каждого типа имеются следующие метаданные:

❏ имя, видимость, базовый класс, реализованные интерфейсы;
❏ члены.

Дополнительно вы можете расширять метаданные собственными атрибутами, которые создаются по вашему указанию компилятором.

Независимость от языка

Если вам приходилось создавать COM-компоненты, то вы знаете, что одним из самых заманчивых обещаний COM была независимость от языка. Компонент, написанный на C++, можно было вызывать из VB и наоборот. Однако для этого ваш код должен был соответствовать стандартам COM. Многие его аспекты были скрыты от разработчика на VB, но по меньшей мере интерфейсы IUnknown и IDispatch ваш компонент должен был реализовать. Без них ни о каком COM-компоненте не могло быть и речи. При этом COM поддерживает независимость от языка только на двоичном уровне, то есть во время выполнения.

CLR обеспечивает бо́льшую степень языковой независимости. Вы можете не только наследовать содержащимся в некотором PE классам, написанным на языке A, в программе на языке B, но и отлаживать компоненты, созданные на разных языках. Так, в ходе пошагового исполнения кода, написанного на C#, можно войти внутрь кода базового класса VB.NET. Это означает, что независимость от языка проявляется и на этапе разработки, и на этапе исполнения, а не только на последнем этапе как в COM. Наконец, можно возбудить ошибку (теперь они называются *исключениями*) в модуле, созданном на одном языке, а обработать ее в модуле, написанном на другом языке. Это очень важно, так как теперь разработчик может программировать на любом языке и не опасаться, что любители других языков не смогут воспользоваться его компонентами.

Пользуйтесь только типами, описанными в единой спецификации языка

Все вышесказанное звучит замечательно, и наверняка у вас дух захватило в ожидании открывающихся возможностей. Но имейте в виду: чтобы ваша программа действительно не зависела от языка, вы должны пользоваться только типами данных и функциями, общими для всех языков. В Microsoft выпустили стандарт – единую спецификацию языка (Common Language Specification – CLS). Придерживаясь CLS, вы можете быть уверены, что сумеете работать с компонентами независимо от языка, на котором они написаны. Компоненты, пользующиеся только средствами CLS, называются *CLS-совместимыми*.

Для написания CLS-совместимого компонента следует использовать только описанные в CLS типы:

- в объявлениях открытых классов;
- в объявлениях открытых членов открытых классов;
- в объявлениях членов, доступных подклассам;
- в параметрах открытых методов открытых классов;
- в параметрах методов, доступных подклассам.

Здесь речь идет только об объявлениях и параметрах открытых классов и методов. В закрытых классах и методах, а также в объявлениях локальных переменных вы вправе использовать любые типы. Даже для открытого CLS-совместимого класса *реализация* не должна быть CLS-совместимой, ограничения касаются только объявлений.

Над спецификацией CLS еще продолжается работа, но основные принципы уже сформулированы. С ними можно ознакомиться в приложении.

Безопасность

При создании компонента на VB предыдущих версий ваши возможности по обеспечению безопасности довольно ограничены. Можно установить права доступа на сам файл; поместить компонент под управление MTS/COM+ и воспользоваться ролевой безопасностью; вызывать компонент через DCOM и установить права доступа с помощью утилиты DCOMCNFG. Правда, всегда есть возможность запрограммировать собственную систему безопасности.

Одно из важных достоинств единой среды исполнения состоит в том, что в нее уже встроена инфраструктура безопасности. На самом деле каркас .NET Framework предоставляет даже две модели безопасности: на уровне доступа из программы и ролевую (см. главу 12).

Безопасность доступа из программы (CAS)

В этой модели речь идет не о доступе к программе, а о том, к чему имеет доступ сама программа. Это позволяет создавать компоненты с различными уровнями доверия. Желая получить доступ к базе данных из компонента, написанного на VB, вы можете вызвать ADO и установить соединение с базой (при условии, конечно, что знаете идентификатор пользователя и пароль). В .NET, однако, есть возможность явно указать (с помощью предоставляемых каркасом инструментов), какие действия компоненту разрешено и, что еще важнее, не разрешено выполнять. Это позволяет защититься от несанкционированного применения программы.

Главное достоинство модели CAS состоит в том, что теперь вы можете доверять коду, загруженному из Internet. Функцию, обеспечивающую безопасность, можно настроить так, что программа не сможет выполнить никаких потенциально опасных действий. Таким образом можно защититься от большинства макровирусов, распространяемых через электронную почту.

Ролевая безопасность

Ролевая безопасность аналогична той, которую обеспечивают сервер транзакций MTS и службы COM+ Component Services. В .NET каркас определяет вызывающую сторону – *принципала* – и проверяет его индивидуальные и групповые права доступа. Однако, в отличие от ролевой безопасности COM/COM+, .NET не может определять наличие у пользователя действительной учетной записи NT и маркера безопасности. Поэтому .NET допускает обобщенных и специализированных принципалов, равно как и стандартных принципалов Windows. При желании вы можете указать новые роли для каждого приложения.

Резюме

Итак, мы рассмотрели некоторые существенные особенности платформы .NET. Если что-то осталось непонятным, не волнуйтесь. Представленный здесь материал более подробно обсуждается в следующих главах.

Тем, кто еще не решил, стоит ли переходить на платформу .NET, важно понимать ее потенциальные преимущества. Наличие унифицированного отладчика, истинной многопоточности и наследования реализации – это несомненные шаги вперед. Единая среда исполнения предоставляет элегантную инфраструктуру безопасности. Вам больше не нужно заботиться о регистрации компонентов. На платформе .NET можно легко создавать Web-сервисы, доступ к которым осуществляется по стандартному протоколу HTTP.

При переходе на VB.NET необходимо усвоить, что на самом деле вы тесно работаете с каркасом .NET Framework. Поэтому чем больше вы знаете о каркасе, тем квалифицированнее программируете на VB.NET.

Глава 2. Первое приложение на VB.NET

Настало время перейти от теории к практике. Для начала познакомимся с некоторыми особенностями новой интегрированной среды разработки (IDE). На первый взгляд она не сильно отличается от той, к которой вы привыкли. Однако внесенные в нее изменения могут разочаровать опытных программистов на VB, поскольку стали другими «горячие» клавиши, поменялись названия окон и по-другому стали работать средства отладки. VB.NET стал частью интегрированной среды Visual Studio.NET, которая консолидирует системы разработки для всех языков: VB.NET, C++.NET и C#. В ней даже можно создать одно решение, содержащее несколько проектов, написанных на разных языках.

Страница Start Page

Впервые открывая Visual Studio.NET, вы видите экран, позволяющий сконфигурировать IDE. Это страница **My Profile** (Мой профиль). После первого посещения все остальные обращения к Visual Studio.NET начинаются со страницы **Start Page**, показанной на рис. 2.1. Она состоит из нескольких разделов, о чем свидетельствуют ссылки, расположенные вдоль левого края. Перечислим эти разделы:

- **Get Started** (Начнем) – позволяет повторно открыть недавно использовавшийся или уже существующий проект, а также создать новый проект. Имена нескольких недавно открывавшихся проектов представлены на рис. 2.1. При создании проектов в VB.NET на этой странице показывается четыре последних варианта. Кроме того, в ней есть ссылки для открытия существующего и создания нового проекта, а также сохранения отчета об ошибке. Последняя ссылка, наверное, исчезнет в окончательной версии продукта;
- **What's new** (Что нового) – здесь описываются новые возможности Visual Studio.NET, касающиеся как отдельных языков, так и интегрированной среды в целом. Информация представлена в виде ссылок на файлы справки по языкам, поддерживаемым VS.NET, и по .NET SDK. Имеется даже ссылка, позволяющая проверить появление обновлений VS.NET;
- **Online Community** (Сетевое Сообщество) – здесь находятся ссылки на сетевые конференции Microsoft. Их можно открыть с помощью любой программы

чтения новостей, но обслуживаются они специальным сервером Microsoft (msnews.microsoft.com), а не обычным сервером Usenet;

❑ **Headlines** (Главные новости) – здесь размещаются ссылки, по которым можно получить новую информацию о платформе .NET. Среди них – ссылка на сайт MSDN Online, на раздел технических статей, раздел базы знаний (Knowledge Base) и ряд других ресурсов;

❑ **Search Online** (Поиск в сети) – поиск в библиотеке MSDN Online;

❑ **Downloads** (Загрузить) – доступ к загрузке различных продуктов. Это могут быть новые инструменты, плановые обновления программ (service packs), инструментарий для мобильного Internet (Mobile Internet Toolkit), примеры кода и документация;

❑ **Web Hosting** (Web-хостинг) – обеспечение связи с провайдерами, которые предоставляют хостинг для размещения Web-сервисов и Web-приложений, созданных для платформы .NET. Одна-единственная команда позволяет вам опубликовать свои приложения или сервисы на серверах этих компаний. По крайней мере, одна из них – Brinkster – предоставляет бесплатный хостинг, так что вы сможете протестировать свое приложение;

❑ **My Profile** (Мой профиль) – настройка Visual Studio.NET. Например, можно установить ту же раскладку клавиатуры, какая была в предыдущей версии Visual Studio для VB6, так же расположить окна или автоматически фильтровать оперативную справку. Далее будем считать, что установлен профиль разработчика (с именем Visual Studio Developer) и сохранены настройки по умолчанию.

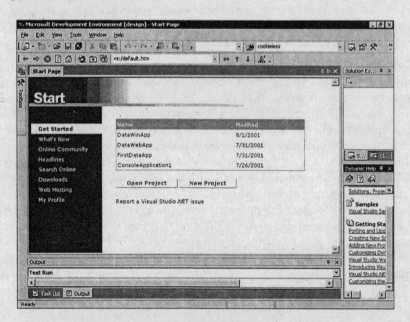

*Рис. 2.1. Начальная страница **Start Page** в Visual Studio.NET*

Примечание   *Start Page – это HTML-страница, которая к моменту выхода окончательной версии VS.NET, вероятно, будет выглядеть по-другому.*

Система справки теперь более тесно интегрирована с Visual Studio. Чтобы убедиться в этом, щелкните по ссылке **What's New** на начальной странице. В разделе **What's New** есть три вкладки. Щелкните по вкладке **Product Information** (Информация о продукте), а затем по ссылке **What's New in Visual Basic** (Что нового в Visual Basic). Обратите внимание, текст справки загрузился в то же окно, где была начальная страница (рис. 2.2). Позже вы увидите, что справка может автоматически меняться по ходу работы в соответствии с тем, что вы в данный момент делаете.

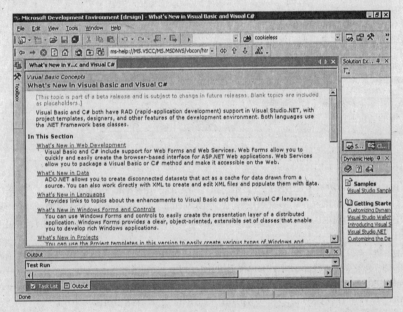

Рис. 2.2. Текст справки отражается в интегрированной среде, а не в отдельном окне

Создание нового проекта

Вернитесь на начальную страницу, щелкнув по иконке **Back** или **Home** на панели инструментов. Затем щелкните по ссылке **New Project** (Новый проект). В результате откроется диалоговое окно **New Project**, показанное на рис. 2.3. Обратите внимание, что система предлагает несколько языков для создания приложений в Visual Studio.NET. В этой книге мы будем говорить только о проектах на языке Visual Basic.

Многие проекты на Visual Basic отличаются от тех, что были в VB6. Перечислим основные виды проектов:

- **Windows Application** (Приложение Windows). В терминологии VB6 – *стандартный исполняемый файл* (standard executable). Этот вид проекта предназначен для создания приложений со стандартным интерфейсом Windows, состоящим из форм и элементов управления;
- **Class Library** (Библиотека классов). Такой проект позволяет создавать классы, которые будут использоваться в приложениях. Можете считать его аналогом проекта для создания COM-компонентов в VB6, где он назывался ActiveX DLL, или ActiveX EXE;

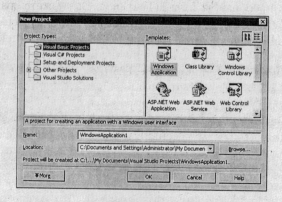

Рис. 2.3. Диалоговое окно **New Project**

- **Windows Control Library** (Библиотека элементов управления). Такие проекты предназначены для создания аналога ActiveX Controls. Это новые элементы управления, которые можно будет использовать в приложениях для Windows;
- **ASP.NET Web Application** (Web-приложение для ASP.NET). Нет необходимости в использовании Visual InterDev и интерпретируемых сервером языков сценариев для ASP. Теперь в Visual Basic.NET есть проект для создания динамических Web-приложений, работающих под управлением ASP.NET. Такой проект может включать HTML-страницы, ASP.NET-страницы и код на языке VB.NET. Отныне Web-приложения будут строиться на основе событийно-управляемой модели, а не модели запрос—ответ. На самом-то деле парадигма запрос—ответ, конечно, никуда не делась, но программа пишется так же, как для Windows-приложений, то есть представляет собой набор обработчиков событий;
- **ASP.NET Web Service** (Web-сервис для ASP.NET). Если вам приходилось писать COM-компоненты на VB6, а затем предоставлять к ним доступ по протоколу SOAP, то с идеей Web-сервиса вы уже знакомы. Проект вида Web Service позволяет создавать компоненты, доступные другим приложениям через Web. Но запросы и ответы передаются по протоколу HTTP, а не DCOM, и представлены в формате XML. Одно из преимуществ Web-сервисов – следование общепринятым стандартам и платформенная независимость.

В отличие от DCOM, который был тесно связан с технологией COM и, следовательно, с инфраструктурой Windows, Web-сервис можно разместить на любой платформе, поддерживающей .NET, и вызывать из другого приложения, пользуясь только протоколом HTTP;

□ **Web Control Library** (Библиотека элементов управления Web). У этого вида проектов, равно как и у предыдущего, нет прямых аналогов в VB6. В проектах Web Service элементы управления можно размещать на Web-страницах точно так же, как на стандартных приложениях Windows, но .NET во время исполнения преобразует их в HTML-код. Вы можете создавать свои собственные элементы управления для использования в Web-приложениях;

□ **Console Application** (Консольное приложение). Многие административные утилиты Windows все еще являются консольными приложениями (или командными, или DOS). Раньше у вас не было удобного способа создания таких программ в VB и приходилось прибегать к C++. Теперь VB.NET полностью поддерживает консольные приложения;

□ **Windows Service** (Сервис Windows). В предыдущих версиях VB точно так же нельзя было создать сервис Windows. Так называются программы, которые работают в фоновом режиме и автоматически запускаются при загрузке операционной системы, даже если нет ни одного активного пользователя. У сервисов Windows обычно не бывает пользовательского интерфейса, а информацию они выводят в файл протокола. Поскольку сервис, как правило, должен функционировать постоянно, нужно уделять особое внимание обработке ошибок.

Мы перечислили основные виды приложений, которые можно писать на VB.NET. Можно также создать пустой проект (Empty Project) для приложений Windows, библиотек классов и сервисов или пустой Web-проект (Empty Web Project) – для Web-приложений. И наконец, при выборе варианта **New Project in Existing Folder** (Новый проект в существующей папке) будет создан новый пустой проект в папке, где уже есть один или несколько проектов.

Интегрированная среда разработки

Если вы еще не закрыли диалоговое окно **New Project**, выберите проект Windows Application. Назовите его Learning VB и щелкните по кнопке **OK**. Через некоторое время появится новый проект. Обратите внимание, что в главном окне при этом появляется вкладка **Form1.vb [Design]**, а в ней – пустая форма. Вы видите перед собой так называемый Дизайнер форм (Form Designer). На самом деле есть несколько видов дизайнеров, которые можно загрузить в рабочую область главного окна. Пока что для программиста на VB нет ничего нового.

Но кое-что все же произошло, хотя, скорее всего, осталось незамеченным: созданные файлы уже сохранены на диске. В VB можно было создать проект, что-то быстро написать и выйти без сохранения, не оставляя на диске никаких следов. В VB.NET файлы сохраняются в момент создания проекта, так что от каждого проекта что-то остается, даже если вы ничего не сохраняли. Пользователи Visual

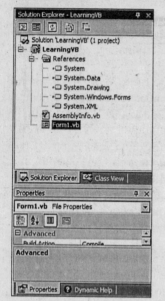

*Рис. 2.4. Окно **Solution Explorer***

InterDev к этому привыкли, но для программистов на VB такое поведение может оказаться неожиданным.

В правой части IDE вы видите окно **Solution Explorer** (Обозреватель решения). Оно, как и окно **Project Explorer** в VB6, содержит проекты и файлы, входящие в состав текущего *решения* (в VB6 оно называлось *группой*). Сейчас в этом окне (рис. 2.4) показано имя решения, имя проекта, а равно все формы и модули. На данный момент есть только одна форма с именем **Form1.vb**. Помимо нее в окне представлен файл AssemblyInfo.vb, содержащий метаданные, которые будут включены в состав сборки. Кроме того, в списке есть еще узел **References** (Ссылки). Если раскрыть его, вы увидите все ссылки, включенные в проект еще до начала программирования. Но пока ссылки вам не понадобятся.

В нижней части окна Solution Explorer находится еще одна вкладка – **Class View** (Классы). Если щелкнуть по ней, появится перечень классов, входящих в состав проекта LearningVB. Раскрыв узел проекта, вы увидите список пространств имен. На данный момент в списке есть только одно пространство, и по умолчанию его имя совпадает с именем проекта. Разверните узел пространства имен **LearningVB**, и вы увидите

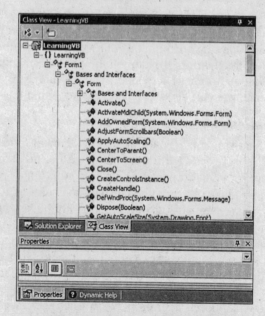

*Рис. 2.5. Новое окно **Class View***

под ним только форму Form1. Раскрыв узел **Form1**, вы обнаружите некоторые методы формы, а также узел **Bases and Interfaces** (Базовые классы и интерфейсы). Развернув его, а также узел **Form** ниже, вы найдете длинный список свойств, методов и событий формы. Малая часть этого перечня показана на рис. 2.5. Пока он вам не потребуется. Просто отметьте, что все это сильно отличается от того, к чему вы привыкли в VB6.

Узнать о назначении свойств и методов вам поможет Object Browser (Инспектор объектов). Прокрутите список в узле **Bases and Interfaces**, пока не появится событие Load. Щелкните по нему правой клавишей мыши и выберите из меню пункт **Browse Definition** (Показать определение). Инспектор объектов откроет в рабочей области главного окна вкладку, на кото-

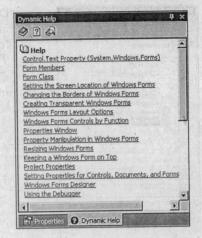

*Рис. 2.6. Окно **Object Browser** стало вкладкой в рабочей области главного окна*

рой приведено определение события Load. Вы видите, что оно возвращает объект System.EventHandler. На рис. 2.6 показано, как это выглядит в IDE. Поскольку **Object Browser** – это всего лишь вкладка, закрывать ее необязательно. Если вы все же хотите это сделать, щелкните по иконке **X** в правом верхнем углу окна Инспектора, но не закрывайте окно Visual Studio.NET.

Ниже окна **Solution Explorer/Class View** расположено уже знакомое окно свойств **Properties**. Если вы закроете окно Инспектора объектов и вернетесь к вкладке **Form1.vb [Design]**, то увидите свойства формы Form1. Надо только щелкнуть по форме, чтобы передать ей фокус. Большинство свойств вам наверняка знакомо, но есть и кое-что новое. Для чего нужны новые свойства, вы узнаете из следующей главы.

Примечание   *В окне Properties свойства по умолчанию отсортированы по категории, а не по алфавиту. Поэтому найти нужное свойство бывает трудно. На панели инструментов окна Properties есть иконки, позволяющие менять порядок сортировки.*

Рядом с окном свойств есть вкладка **Dynamic Help** (Динамическая справка). Это новшество Visual Studio.NET, позволяющее автоматически обновлять выводимую справочную информацию по ходу работу. Система следит за вашими действиями и предлагает список тем справки, относящихся к текущей работе. Например, открыв и сделав активным окно формы, щелкните по вкладке **Dynamic Help**. Вы получите перечень тем, касающихся Дизайнера форм: как поместить в форму элементы управления и т.п. На рис. 2.7 показано, как выглядит такой список. Попробуйте пощелкать по разным окнам IDE и понаблюдайте, как меняется содержимое окна динамической справки. Но не забывайте, что для работы динамической

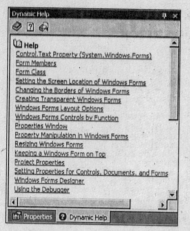

Рис. 2.7. Окно динамической справки

справки нужны ресурсы. На мощных машинах проблемы не возникает, но если на вашем компьютере медленный процессор или мало памяти, вы почувствуете замедление работы.

Вдоль левого края IDE есть две вертикально расположенных вкладки. Сейчас вы видите только одну метку. Это потому, что одна вкладка представлена меткой, а другая – кнопкой. Первая вкладка/кнопка относится к окну **Server Explorer** (Обозреватель серверов), а вторая – к набору инструментов (Toolbox). Чтобы появилось нужное окно, задержите курсор над вкладкой/кнопкой или сразу щелкните по ней.

Обозреватель серверов – это новая возможность IDE. Он позволяет обнаруживать сервисы на различных серверах. Например, если вы хотите найти машины, на которых работает Microsoft SQL Server, то в дереве для каждого сервера имеется узел SQL Server Databases. На рис. 2.8 показано, что в обозревателе серверов зарегистрирован один сервер: culaptop. На этом сервере работает SQL Server, поэтому вы видите список баз данных. В окне Server Explorer вы можете выполнять действия, которые раньше выполнялись в окне **Data Window**: просматривать данные в таблицах; удалять или создавать таблицы; удалять, создавать и редактировать хранимые процедуры и т.д. Если вы работали в Visual InterDev, то эти инструменты вам хорошо знакомы.

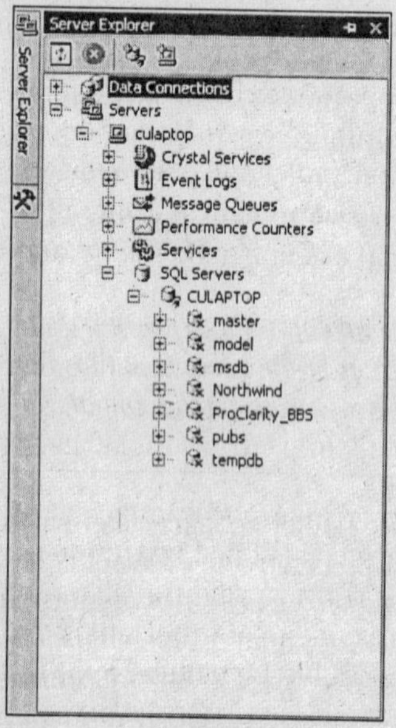

Обозреватель серверов можно использовать также для обнаружения очередей сообщений и соединения с ними, мониторинга работы удаленной машины с помощью показателей производительности и нахождения Web-сервисов на других машинах. Это удобный инструмент, обеспечивающий централизованный доступ к множеству административных функций.

Вторая вкладка – **Toolbox** – представляет собой набор инструментов, именно отсюда берутся элементы управления, которые вы хотите поместить в форму. Однако новая вкладка отличается от того, что было в VB6, и скорее похожа на набор инструментов в Visual InterDev. Окно **Toolbox** представляет собой набор расположенных друг под другом вкладок. На рис. 2.9 раскрыта вкладка **Windows Forms**, но кроме

Рис. 2.8. Новое окно **Server Explorer**

нее есть еще вкладки **Data** (Данные), **Components** (Компоненты), **Clipboard Ring** (Связка буферов обмена) и **General** (Общие). Пусть их количество вас не смущает.

Создание первого приложения на VB.NET

Итак, у вас есть открытый проект с одной формой. Давайте напишем классическую программу Hello, World. Не так давно Microsoft с восторгом демонстрировала всему миру, как написать такое приложение в VB с помощью всего одной строчки кода. Сейчас это так же легко, хотя выглядит все, конечно, по-другому.

Сделайте окно Дизайнера форм текущим и откройте набор инструментов. Щелкните по инструменту «кнопка» и перетащите ее в любое место формы. Пока все идет точно так же, как в VB. А теперь дважды щелкните по кнопке.

При этом открывается окно кода, как и в VB. Однако в VB.NET окно кода стало вкладкой в рабочей области главного окна. Новая вкладка называется **Form1.vb**, и рядом с заголовком находится звездочка, показывающая,

Рис. 2.9. Вкладка
Toolbox

что код еще не сохранен. В этом окне содержится код, который вы раньше не встречали. Часть кода скрыта, поскольку Редактор кода в VS.NET может сворачивать и раскрывать блоки текста. Если раскрыть секцию кода, сгенерированную Дизайнером форм, появится много разной информации. Таким образом, еще не написав ни одной строчки самостоятельно, вы получили код, показанный на рис. 2.10. Я включил нумерацию строк, чтобы было проще ссылаться. Если вы хотите сделать то же самое, выберите из меню **Tools** (Инструменты) пункт **Options** (Настройки). Раскройте узел **Text Editor** (Редактор текста) и выберите **Basic**. Установите флажок **Line Numbers** (Нумерация строк).

Первая строка кода показывает, что Form1 в действительности является классом. Это одно из наиболее существенных изменений в VB.NET: формы являются настоящими классами. Почему? Потому что они есть и всегда были классами, хотя, возможно, вы не рассматривали их с этой точки зрения. При отображении формы вы создавали экземпляр класса.

Следующая строка – это предложение Inherits. Любая создаваемая вами форма Windows наследует базовому классу Form. Вы обращаетесь к классу в одном из пространств имен .NET – в данном случае это класс Form в пространстве имен System.Windows.Forms. Именно этот класс предоставляет в ваше распоряжение всю функциональность форм, то есть методы и события, которыми вы пользуетесь в своей программе. Предложение Inherits – это первый признак наличия в VB.NET истинного наследования. Вы можете унаследовать поведение базового класса, а затем при необходимости расширить его.

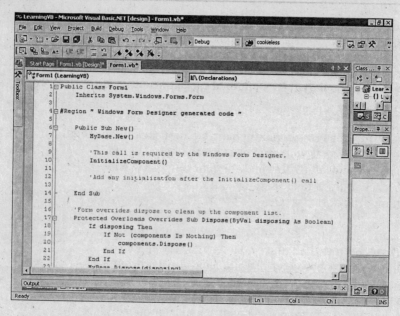

Рис. 2.10. В окне кода присутствует много текста еще до того,
как вы набрали первую строку

Код внутри обычно свернутой секции, сгенерированной Дизайнером форм
Windows, показан в листинге 2.1[1].

Листинг 2.1. Код, сгенерированный Дизайнером форм Windows

```
#Region " Windows Form Designer generated code "
Public Sub New()
   MyBase.New()

   ' Этот код необходим Дизайнеру форм Windows
   InitializeComponent()

   ' Добавьте свою инициализацию после вызова
InitializeComponent()

End Sub

' Класс Form переопределяет метод Dispose, чтобы очистить список
компонентов.
Protected Overloads Overrides Sub Dispose(ByVal disposing As
Boolean)
   If disposing Then
      If Not (components Is Nothing) Then
         components.Dispose()
      End If
```

---

[1] Здесь и далее автоматически сгенерированные комментарии переводятся для удобства
чтения, хотя в VS.NET вы, естественно, увидите английский текст. – *Прим. переводчика.*

```
   End If
   MyBase.Dispose(disposing)
End Sub
Friend WithEvents Button1 As System.Windows.Forms.Button

' Необходим Дизайнеру форм Windows.
Private components As System.ComponentModel.Container

'ПРИМЕЧАНИЕ: Следующая процедура необходима дизайнеру форм
Windows.
' Модифицировать ее может только сам Дизайнер форм.
' Не изменяйте текст в Редакторе кода.
<System.Diagnostics.DebuggerStepThrough()> Private Sub
InitializeComponent()
   Me.Button1 = New System.Windows.Forms.Button()
   Me.SuspendLayout()
   '
   'Button1
   '
   Me.Button1.Location = New System.Drawing.Point(64, 56)
   Me.Button1.Name = "Button1"
   Me.Button1.TabIndex = 0
   Me.Button1.Text = "Button1"
   '
   'Form1
   '
   Me.AutoScaleBaseSize = New System.Drawing.Size(5, 13)
   Me.ClientSize = New System.Drawing.Size(292, 273)
   Me.Controls.AddRange(New System.Windows.Forms.Control()
{Me.Button1})
   Me.Name = "Form1"
   Me.Text = "Form1"
   Me.ResumeLayout(False)
End Sub

#End Region
```

Внутри автоматически сгенерированного кода находится открытая процедура Sub New. Обратите внимание, что она вызывает процедуру InitializeComponent, которую создает VS.NET. Процедура New выполняет те же функции, что и обработчик события Form_Load в VB6. После вызова InitializeComponent вы можете вставить собственный код.

Сразу за процедурой New следует процедура Dispose, выполняющая те же функции, что и процедура Form_Unload в VB6. В ней очищается все, что было создано внутри формы. Значение ключевых слов Overloads и Overrides будет пояснено при рассмотрении наследования.

В этой же секции находится процедура InitializeComponent, которая конфигурирует элементы управления, присутствующие в форме. Обратите внимание, что после задания свойств кнопки, в частности ее положения и размера, она добавляется в набор элементов управления.

За рассмотренной секцией кода идет процедура обработки события щелчка по кнопке. Она также отличается от того, к чему вы привыкли. Если открыть новый проект Standard EXE в VB6, добавить в форму кнопку и дважды щелкнуть по ней, в окне кода будет только такой текст:

```
Private Sub Command1_Click()

End Sub
```

Но VB.NET генерирует намного больше кода. Обработчик события Click появляется только в строке 57. Объявление процедуры обработки события выглядит совершенно иначе, чем в VB6:

```
Private Sub Button1_Click()(ByVal sender As System.Object, _
    ByVal e As System. EventArgs) Handles Buton1.Click
End Sub
```

Синтаксис этой строки разъясняется позже. А пока наберите следующую строку в теле процедуры:

```
msgbox "Hello, World"
```

Как только эта строка перестанет быть текущей, VB.NET автоматически заключит аргумент в скобки:

```
msgbox("Hello, World")
```

Это еще одно важное изменение: аргументы процедур и функций должны быть заключены в скобки. MsgBox – это функция, но в VB6 скобки вокруг параметров

Рис. 2.11. Запущенное приложение Hello, World

можно было опускать, если возвращаемое значение игнорировалось. В VB.NET скобки нужны всегда, так что привыкайте ставить их или хотя бы не удивляйтесь, когда VB.NET сделает это за вас.

Теперь настало время запустить эту программу и посмотреть, будет ли она работать. Можете щелкнуть по иконке **Start** на панели инструментов (она выглядит так же, как раньше) или меню **Debug** и выбрать пункт **Start**.

Должна загрузиться форма Form1. Щелкните по кнопке – появится окно сообщения с текстом Hello, World. На рис. 2.11 видно, что заголовок окна сообщения совпадает с именем проекта, как это было и в VB6. Закройте приложение и вернитесь в среду разработки.

Обратите внимание, что в нижней части экрана появилось новое окно **Output** (Вывод). В нем есть выпадающий список, содержащий разную информацию. Сейчас вы видите весь отладочный вывод. Вы не вставляли в программу предложений debug.print, но некоторые действия компилятора автоматически выводят сообщения в окно отладки.

Прежде чем двигаться дальше, вы, возможно, захотите изменить заголовок окна сообщения. Вернитесь к написанной вами строке кода и модифицируйте ее:

```
msgbox("Hello, World", , "My first VB.NET App")
```

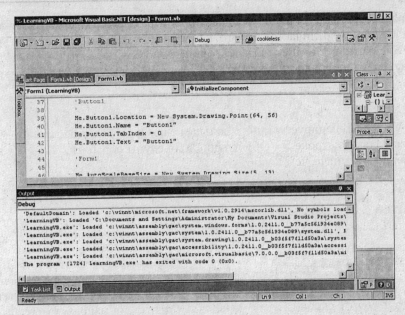

Рис. 2.12. Новое окно отладки

Снова запустите проект – заголовок окна будет содержать текст My first VB.NET App. Если никаких мыслей по дальнейшему улучшению программы не приходит в голову, пойдем дальше.

Усовершенствования при разработке приложений Windows

В Visual Studio.NET появилось много новшеств, позволяющих создавать более мощные и удобные формы. Усовершенствована поддержка для построения меню, элементы управления теперь автоматически изменяют размер при увеличении/уменьшении отображаемого в них текста, стала другой стратегия позиционирования элементов при изменении размеров окна, улучшен механизм, задающий порядок обхода элементов.

Автоматическое изменение размера элементов управления

Размер некоторых элементов управления можно сделать автоматически изменяемым в зависимости от длины отображаемого текста. Продемонстрировать это проще всего на примере метки. Откройте набор инструментов и перетащите в форму метку. Расположите ее ближе к левому краю и не в той же строке, в которой находится кнопка.

Теперь измените свойства метки. Пусть свойство BorderStyle будет равно FixedSingle, а свойство AutoSize – True. В свойство Text запишите строку This is a test. Заметьте, что вы изменили именно свойство Text, а не Caption, как в VB версий 1—6. Вот и еще одно небольшое изменение, которое поначалу может вас смутить.

Теперь модифицируйте код обработчика события `Button1_Click`. Уберите вызов `MsgBox` и добавьте такой код:

```
Label1.Text = "Put your hand on a hot stove " & _
    "for a minute, and it seems like an hour. " & _
    "Sit with a pretty girl for an hour, and " & _
    "it seems like a minute. THAT'S relativity."
```

Прежде чем запускать этот пример, обратите внимание еще на одну вещь. В VB6 можно было написать просто

```
Label1 = "Put your hand on a hot stove... "
```

Этот код работал, так как свойством по умолчанию для элемента `Label1` было `Caption`. Так вот, в VB.NET свойств по умолчанию больше нет. Поэтому имя свойства всегда надо указывать.

Запустите проект. Появится форма, изображенная на рис. 2.13. Щелкните по кнопке **Button1**, текст метки, как и следовало ожидать, изменился. Обратите внимание, что теперь метка растянулась при попытке показать как можно больше текста. Если вы увеличите ширину формы, то в метке действительно появится весь текст. Это видно на рис. 2.14.

Если вам кажется, что это небольшое достижение, то вспомните, как приходилось выполнять подобное раньше. Нужно было вычислить длину строки и принять во внимание используемый шрифт. Одна и та же группа символов,

Рис. 2.13. Форма, содержащая метку с коротким текстом

выведенная шрифтами Arial и Courier, занимает разную площадь на экране. Поэтому для вычисления размера приходилось строить догадки. Свойство `AutoSize` помогает решить эту проблему.

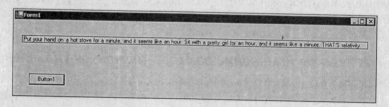

Рис. 2.14. Та же форма, в которой метка растянулась, чтобы вместить весь текст

Привязка элементов управления к краям формы

Сколько раз вам приходилось создавать в VB и присваивать свойству `Border-Style` значение `Fixed`, чтобы нельзя было изменить размер формы? Например, вы не хотели, чтобы после изменения размера пользователь увидел, что кнопки, расположенные вдоль нижнего края формы, вдруг оказались в середине.

VB.NET позволяет привязывать элементы управления к одному или нескольким краям формы. При изменении ее размера такой элемент будет передвигаться, сохраняя свое относительное положение.

Вернитесь к форме Form1 и удалите только что добавленную метку и относящийся к ней код в обработчике события Button1_Click. Немного увеличьте форму и расположите кнопку **Button1** в правом нижнем углу. Добавьте в форму еще элемент TextBox. Измените его свойство Multiline на True и сделайте так, чтобы поле ввода заняло почти всю оставшуюся в форме площадь, кроме строки, в которой находится кнопка. Форма должна выглядеть так, как показано на рис. 2.15.

Запустите проект. Когда появится окно, измените его размер, сдвинув правый нижний угол ниже и правее. В результате форма примет вид, как на рис. 2.16.

Выглядит это некрасиво, но именно так все происходило в VB6. Если не считать приобретения элемента ActiveX от сторонних фирм, то единственное, что вы могли сделать, – это написать довольно длинный код, срабатывающий при возникновении события формы Resize. Назначение такого кода – вычислить новое положение и размеры поля ввода. В VB.NET для этого есть средства получше. Чтобы познакомиться с ними, закройте приложение и вернитесь в среду разработки.

Сделайте текущей вкладку **Form1.vb [Design]** и щелкните по кнопке **Button1**. В окне **Properties** найдите свойство Anchor. Раскрыв связанный с ним список, вы увидите серый прямоугольник, от которого в разные стороны отходят четыре луча.

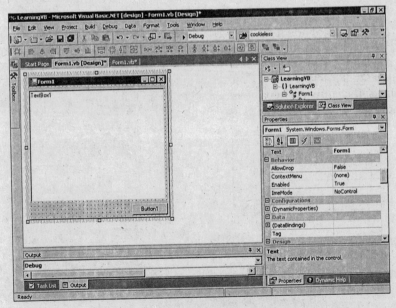

Рис. 2.15. Форма на этапе проектирования

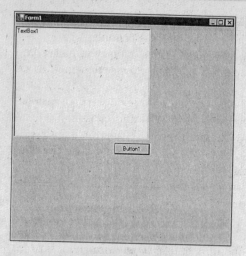

Рис. 2.16. Форма во время
выполнения. Так она выглядит после
изменения размера

По умолчанию верхний и левый луч тем-
ные, а правый и нижний – светлые. Тем-
ные лучи говорят о том, что в настоящий момент кнопка привязана к верхнему
и левому краям, то есть при изменении
размера формы будет сохраняться неиз-
менное расстояние от кнопки до этих кра-
ев. Щелкните по верхнему и левому лучам, чтобы они стали светлыми, а затем
сделайте темными нижний и правый лучи,
также щелкнув по ним. Свойство Anchor должно измениться — см. рис. 2.17.
После закрытия выпадающего списка
значением этого свойства будет Bottom,
Right.

Далее щелкните по элементу Text-
Box1 и выберите его свойство Anchor.
Щелкните по нижнему и правому лучам,
но верхний и левый также оставьте выб-
ранными. Поле ввода теперь привязано ко всем четырем краям, а значение свойства Anchor для него равно Top, Bottom, Left, Right.

Снова запустите проект. Когда форма появится, измените ее размер. Обратите внимание, что кнопка теперь остается в правом нижнем углу, а поле ввода

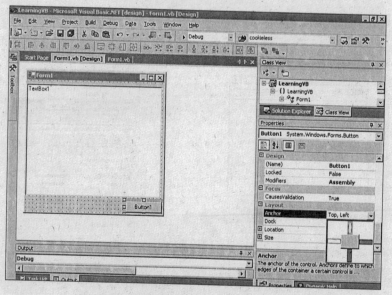

Рис. 2.17. Изменение свойства Anchor

автоматически меняет размер, подстраиваясь под форму, – см. рис. 2.18. Для изменения размера и перемещения не пришлось писать ни строчки кода.

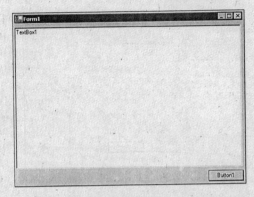

Упрощенное создание меню

Если вы терпеть не могли конструировать меню в предыдущих версиях VB, то вы не одиноки. Редактор меню, встроенный в VB, никогда не завоевывал призов за простоту использования и дружественность по отношению к пользователю. Но, возможно, при работе с новым редактором в VB.NET вы станете получать удовольствие от проектирования меню.

Рис. 2.18. Здесь элементы управления изменяют положение и размеры при изменении размера формы

Продолжим использовать все ту же форму. Перейдите в набор инструментов и дважды щелкните по элементу управления `MainMenu`. Элемент появился в области под формой, которая называется «лоток компонентов» (Component Tray). У нас еще представится возможность поговорить о нем. Если один раз щелкнуть по элементу `MainMenu1` на лотке, то в форму добавится строка меню. При этом поле ввода сдвинется вниз. В этой строке есть всего одно меню, именуемое **Type Here** (Печатайте здесь), – см. рис. 2.19.

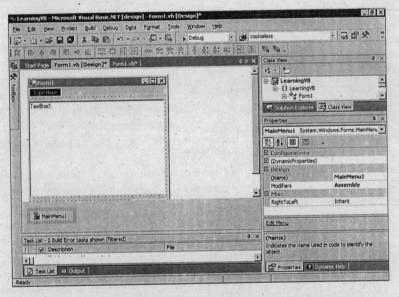

Рис. 2.19. Новый редактор меню в действии

Рис. 2.20. Так выглядит меню
во время исполнения

Щелкните по строке **Type Here** и наберите `&File`. В результате будет создана новая область **Type Here** справа от текущей и еще одна ниже текущей. Щелкните по строке **Type Here** под словом `&File` и наберите `&Open`. Как и в предыдущих версиях VB, символ амперсанда (`&`) предшествует букве, используемой вместе с клавишей **Alt** для быстрого выбора пункта меню. После ввода `&Open` создаются еще две области **Type Here** справа и снизу от текущей. Таким образом, вы графически оформляете меню. Щелкните по области ниже пункта **Open** и наберите `&Close`.

Вы можете щелкнуть по области **Type Here** справа от меню **File** и добавить еще одно меню верхнего уровня, например **&Edit**. Теперь незаполненные пункты появились в меню **Edit** (Правка), и вы можете добавить пункты для копирования и вставки.

Щелкните по пункту **Open** созданного вами меню **File**. В окне **Properties** вы увидите название объекта — `MenuItem2`. При желании имя можно изменить, но лучше сделать это позже. А сейчас раскройте выпадающий список для свойства `Shortcut` (Акселератор). Найдите в списке комбинацию Ctrl+O. Свойство `ShowShortcut` (Показывать акселератор) по умолчанию равно `True`, но на этапе проектирования акселератор не показывается. Придется запустить приложение. На рис. 2.20 показан новый вариант формы с меню. Обратите внимание, что если не нажата клавиша **Alt**, то буквы, перед которыми вы ставили в описании меню знак `&`, не показываются.

Порядок обхода

Если уж вам не нравилось создавать меню в предыдущих версиях VB, то задавать порядок обхода элементов вы наверняка ненавидели, особенно в сложных формах. Надо было щелкнуть по каждому элементу и проверить его свойство `TabIndex`. А теперь вернемся к нашей форме. Удалите поле ввода, а кнопку **Button1** оставьте в правом нижнем углу.

Добавьте в форму еще три кнопки. Разместите их так, чтобы кнопка **Button1** была последней. А вообще можете расположить элементы в произвольном порядке. Посмотрев на рис. 2.21, вы увидите, что естественно задать обход в следующем порядке **Button2**, **Button4**, **Button3** и **Button1**. Но если вы запустите проект, то обнаружите, что при нажатии клавиши табуляции кнопки обходятся в порядке **Button1**, **Button2**, **Button3**, **Button4**.

Чтобы задать порядок обхода, выберите из меню **View** пункт **Tab Order**. Теперь на каждом элементе управления, который может получить фокус, появились цифры (рис. 2.22). Чтобы изменить порядок обхода, просто щелкайте по элементам

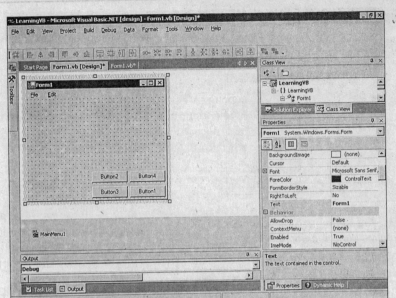

*Рис. 2.21. Форма с четырьмя кнопками, которые обходятся
в неправильном порядке*

в той последовательности, в которой они должны получать фокус. В данном случае надо щелкнуть по кнопкам **Button2**, **Button4**, **Button3**, **Button1**. О том, что порядок обхода изменился, свидетельствуют цифры в левом верхнем углу каждой кнопки.

Снова выберите пункт **Tab Order** из меню **View**, чтобы выйти из режима определения порядка обхода. Запустите проект и удостоверьтесь в том, что задан правильный порядок.

Элементы управления *Line* и *Shape*

Вы напрасно будете искать среди инструментов элементы Line и Shape. Из больше нет. Но появились альтернативные варианты.

Microsoft исключила эти элементы, поскольку в VB6 они были безоконными, то есть не имели ассоциированного описателя окна hWnd и рисовались прямо на форме. В новом механизме форм VB.NET все элементы управления должны иметь окно, и элемент не может быть прозрачным.

Самый простой способ имитировать прямую линию в VB.NET – воспользоваться меткой. Включите для нее вывод рамки и установите высоту (или ширину) равной 1. Такая метка оформляется в виде отрезка прямой. Для рисования более сложных фигур Microsoft рекомендует применять объекты GDI+, обладающие весьма широкими возможностями. Классы GDI+ находятся в пространстве имен System.Drawing и подробно рассматриваются в главе 3.

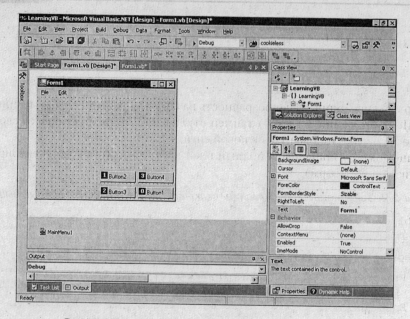

Рис. 2.22. Новый способ задания порядка обхода

Непрозрачность формы

У форм теперь есть свойство Opacity (Непрозрачность). Нужно ли оно? Может, и нет, но полезное применение ему найдется. Например, с его помощью можно заставить форму постепенно появляться или исчезать (как улыбку Чеширского кота) или делать ее полупрозрачной во время перемещения по экрану.

Найдите свойство Opacity для формы Form1 и присвойте ему значение 50%. Запустив проект, вы увидите, что форма стала полупрозрачной. Форма по-прежнему работает (хотя ничего полезного не делает). Можно перетаскивать ее по экрану, можно нажимать кнопки. Закройте приложение. Сейчас мы добавим код для управления этой функцией.

Перетащите из набора инструментов на форму элемент таймер. В отличие от VB6, он оказывается не внутри формы, а в лотке компонентов. Щелкните по таймеру и установите его свойство Enabled в True. Задайте интервал срабатывания 100.

Перейдите на вкладку **Form1.vb**, чтобы отредактировать код. В процедуру Sub New добавьте после комментария Add any initialization... строку

```
Me.Opacity = 0
```

Тем самым вы установили нулевую непрозрачность, то есть после открытия форма будет невидима.

Затем, пользуясь выпадающими списками **Class Name** и **Method Name**, расположенными в верхней части окна, выберите событие Tick элемента Timer1. Тем самым вы включите в код процедуру обработки события Timer1_Tick. В ее тело введите следующий текст:

```
Me.Opacity = Me.Opacity + 0.01
If Me.Opacity >= 1 Then
    Timer1.Enabled = False
    Beep()
End If
```

Этот код увеличивает непрозрачность на 0,01 при каждом срабатывании таймера. По достижении 1 (100%) таймер отключается путем установки свойства Enabled в False, и подается звуковой сигнал.

В листинге 2.1 приводится полный текст программы (без кода, сгенерированного Дизайнером форм).

Листинг 2.2. Ваше первое приложение, включающее весь рассмотренный выше код

```
Public Class Form1
    Inherits System.Windows.Forms.Form

#Region " Windows Form Designer generated code "

    Private Sub button1_Click(ByVal sender As System.Object, _
    ByVal e As System.EventArgs) Handles button1.Click
    End Sub

    Private Sub timer1_Tick(ByVal sender As System.Object, _
    ByVal e As System.EventArgs) Handles timer1.Click
        Me.Opacity = Me.Opacity + 0.01
        If Me.Opacity >= 1 Then
            timer1().Enabled = False
            Beep()
        End If
    End Sub
End Class
```

Запустите проект. Вы увидите, как форма постепенно проступает на экране по мере увеличения непрозрачности. Когда форма станет полностью непрозрачной, раздастся звуковой сигнал.

Резюме

Вы создали свое первое приложение и познакомились с несколькими новыми возможностями IDE. В VB.NET проще сохранять положение элементов управления относительно формы при изменении размера последней. Стала доступнее справочная информация. Обозреватель серверов облегчает поиск и использование ресурсов, разбросанных по разным корпоративным серверам. Новые виды проектов открывают для программистов на VB.NET целый ряд дополнительных возможностей.

Помимо всего сказанного внесены фундаментальные изменения в сам язык. Об одних говорилось в этой главе, другие вы могли заметить в коде примеров. Следующая глава целиком посвящена новшествам языка.

Глава 3. Основные изменения в VB.NET

Большие изменения внесены в сам язык Visual Basic. Одни из них просто меняют привычный порядок работы, другие являются принципиальными нововведениями. В этой главе будут рассмотрены некоторые изменения, но представленный перечень ни в коем случае нельзя считать исчерпывающим.

Изменения общего характера

Есть ряд изменений общего характера, о которых надо помнить при переходе от VB к VB.NET, – отказ от свойств по умолчанию, обязательность скобок при вызове функций и процедур, изменение подразумеваемого способа передачи параметров. Эти и некоторые другие изменения будут рассмотрены ниже.

Свойства по умолчанию

В VB6 у объектов могли быть свойства по умолчанию. В качестве примера рассмотрим код элемента управления «поле ввода» Text1:

```
Text1 = "Hello, World"
```

Здесь строка "Hello, World" присваивается свойству по умолчанию Text элемента TextBox. Основной недостаток свойств по умолчанию в том, что их реализация требует наличия в VB команды Set. Рассмотрим пример:

```
Dim txtBillTo As TextBox
Dim txtShipTo As TextBox
txtShipTo = txtBillTo
```

Строка txtShipTo = txtBillTo приравнивает значение свойства Text объекта txtShipTo значению свойства Text объекта txtBillTo. Но если вам нужно создать ссылку txtShipTo на объект txtBillTo, следует написать такой код:

```
Set txtShipTo = txtBillTo
```

Таким образом, из-за наличия свойств по умолчанию приходится вводить ключевое слово Set для присваивания ссылок на объекты.

В VB.NET эта проблема решается просто – там вообще нет свойств по умолчанию. Теперь для копирования свойства Text объекта txtBillTo в свойство Text объекта txtShipTo надо написать:

```
txtShipTo.Text = txtBillTo.Text
```

А для того чтобы две переменных ссылались на один и тот же объект, можно воспользоваться оператором присваивания без слова Set:

```
txtShipTo = txtBillTo ' В VB.NET это ссылки на объект.
```

Параметризованные свойства по умолчанию

Если быть совсем точным, то в VB.NET не поддерживаются только свойства по умолчанию *без параметров*. Параметризованные свойства по умолчанию по-прежнему законны. Чаще всего они используются вместе с классами наборов, как, например, в ADO. Предположим, что rs – это набор записей ADO, то есть объект класса Recordset, и рассмотрим такие фрагменты:

```
rs.Fields.Item(x).Value  ' OK, полностью квалифицировано.
rs.Fields(x).Value       ' OK, т.к. свойство Item параметризовано.
rs.Fields(x)             ' Ошибка, т.к. свойство не параметризовано.
```

Самый простой выход – всегда полностью квалифицировать путь к свойству. Тогда не возникнет путаницы с параметризованными и непараметризованными свойствами. Однако, как вы, наверное, помните, число точек в пути доступа следует по возможности минимизировать, поскольку каждая из них приводит к OLE-поиску, что замедляет работу программы. Поэтому старайтесь пользоваться сокращенной записью очень осторожно.

При вызове процедур и функций скобки обязательны

В предыдущей главе при вызове функции MsgBox определялось, что параметры функции всегда следует заключать в скобки, даже если возвращаемое значение игнорируется. При вызове процедур, в отличие от VB6, скобки также обязательны. В качестве примера рассмотрим следующую процедуру:

```
Sub foo(ByVal Greeting As String)
    ' Какая-то реализация.
End Sub
```

В VB6 вызвать эту процедуру можно было двумя способами:

```
foo "Hello"

Call foo("Hello")
```

В VB.NET тоже есть два способа:

```
foo("Hello")

Call foo("Hello")
```

Но разница между VB и VB.NET в том, что в VB.NET скобки всегда должны присутствовать, даже если ничего не возвращается. В VB.NET предложение Call все еще поддерживается, хотя необходимость в нем отпала.

Изменения логических операторов

Операторы And, Not и Or должны были претерпеть в VB.NET изменения. В компании Microsoft обещали, что эти операторы будут «закорочены», но на самом деле они работают так же, как в VB6. Под *«закорачиванием»* понимается следующее. Если есть два условия, соединенные оператором And, и первое из них ложно, то второе проверять не следует. Поскольку такое изменение в VB.NET не внесено, то, как и раньше, при обнаружении ложности первого условия второе все равно проверяется. Рассмотрим пример:

```
Dim x As Integer
Dim y As Integer
x = 1
y = 0
If x = 2 And y = 5/y Then
...
```

Вы знаете, что переменная x равна 1. Поэтому, глядя на первое условие в предложении If, вы сразу можете сказать, что x не равно 2, значит, вычислять последующие условия не имеет смысла. Однако и VB, и VB.NET рассматривают и вторую часть условия, поэтому возникает ошибка деления на 0.

Если вы хотите «закоротить» вычисление логических условий, то можете воспользоваться двумя новыми операторами, появившимися в VB.NET: AndAlso и OrElse. Следующий код в VB.NET уже не будет генерировать ошибку:

```
Dim x As Integer
Dim y As Integer
x = 1
y = 0
If x = 2 AndAlso y = 5/y Then
...
```

Поскольку x не равно 2, то VB.NET не станет вычислять вторую часть условия.

Изменения в объявлениях

Теперь можно инициализировать переменные одновременно с их объявлением. В VB6 переменную можно было инициализировать только путем присваивания ей значения в отдельном предложении:

```
Dim x As Integer
x = 5
```

В VB.NET то же самое можно написать в одной строке:

```
Dim x As Integer = 5
```

Еще одно важное и давно ожидаемое изменение – это объявление в одной строке нескольких переменных одного типа. Рассмотрим, к примеру, такое объявление:

```
Dim x, y As Integer
```

Наверное, вы помните, что в VB6 переменная y в этом случае получила бы тип Integer, а переменная x – тип Variant. В VB.NET и x, и y будут иметь тип

Integer. Это изменение должно положить конец многочисленным ошибкам и странным преобразованиям типов, с которыми сталкивались программисты на VB. Кроме того, код станет эффективнее, поскольку у переменных будет ожидаемый тип, а не тип Object (пришедший на смену Variant, о чем мы поговорим позже).

Новые операторы присваивания

В VB.NET поддерживается сокращенная запись некоторых операторов присваивания. В VB6 для увеличения переменной x на 1 надо было написать:

```
x = x + 1
```

В VB.NET то же самое можно записать короче:

```
x += 1
```

Помимо оператора сложения такая сокращенная запись поддерживается для операторов -=, *=, /= и ^=, а также для оператора конкатенации строк &=. Точно так же обстоит дело и в C/C++. Однако оператор ++ не поддерживается. Специалисты Microsoft посчитали, что наличие оператора ++ сделает код менее удобным для восприятия.

Поскольку VB.NET находится еще на стадии бета-тестирования и производительность пока не оптимизировалась, то неясно, будут ли новые операторы эффективнее их более многословных собратьев. В С и С++ они действительно работали быстрее за счет использования регистров ЦП. Любопытно будет проверить эффективность работы новых операторов в окончательной версии VB.NET.

Параметры по умолчанию передаются по значению

Многие разработчики считают такое решение странным, поскольку в VB параметры всегда по умолчанию передавались по ссылке (ByRef). Принято оно было потому, что передача по ссылке действительно быстрее в рамках одного приложения, но дорого обходится при вызове компонентов через границы процесса. Если вы подзабыли, напомню: передача *по ссылке* означает, что в вызываемую подпрограмму передается не сама переменная, а ее адрес. Если такая переменная модифицируется внутри подпрограммы, изменяется значение по указанному адресу, то есть оно становится видно и вызывающей программе. Передача по значению (ByVal) свидетельствует о том, что в подпрограмму передается копия переменной, следовательно, в подпрограмме должна быть выделена память для размещения копии. Если подпрограмма изменяет значение, то модифицируется только содержимое принадлежащей ей области памяти, а исходное значение в вызывающей программе остается прежним.

Рассмотрим пример для VB6:

```
Private Sub Command1_Click()
    Dim x As Integer
    x = 3
    foo x
```

```
    MsgBox x
End Sub
Sub foo(y As Integer)
    y = 5
End Sub
```

Если запустить этот пример в VB6, то в окне сообщения появится значение 5. Так происходит потому, что при передаче x процедуре foo сообщается адрес переменной x. Когда foo присваивает параметру y значение 5, изменяется содержимое той же ячейки памяти, на которую указывает x, а значит, и величина самой переменной x.

Попытаемся ввести текст этого примера в VB.NET. Во-первых, необходимо заключить x в скобки при вызове foo. Но, кроме того, при вводе определения foo VB.NET автоматически добавит слово ByVal, так что определение примет вид:

```
    Sub foo(ByVal y As Integer)
```

Если вы хотите передавать параметр по ссылке, нужно написать ключевое слово ByRef вместо ByVal. Это должно уменьшить число ошибок, допускаемых новичками, которые не понимают разницы между передачей параметров по ссылке и по значению. Итак, по умолчанию в VB.NET параметры передаются по значению. Если запустить этот пример в VB.NET, то присваивание параметру y значения 5 никак не отразится на значении x, поэтому в окне сообщения вы увидите 3.

Передача параметров по значению – это плюс для тех, кто вызывает процедуры через границу процесса, что при создании распределенных приложений вовсе не редкость. Причина заключается в механизме передачи параметров через границу процесса. Если обе процедуры – вызывающая и вызываемая – находятся в одном процессе, и одна передает другой параметр по ссылке, то они имеют доступ к одному и тому же адресу памяти. Но если одна из процедур перемещается в другой процесс, то обратиться к одному и тому же адресу они уже не могут. Поэтому, даже если параметр передается по ссылке, вызывающая процедура вынуждена создать копию данных и выделить для нее память. Затем изменения переданного параметра, произведенные вызываемой процедурой, должны быть возвращены в вызывающую, для чего необходимо выполнить дорогостоящий и медленный маршалинг через границы процесса.

Если же внепроцессной процедуре параметры передаются по значению, то обратный маршалинг изменений в вызывающую процедуру не нужен. Многие разработчики, создавая внепроцессные компоненты на VB, передавали параметры по ссылке, не понимая, что это намного медленнее, чем передача по значению. Изменение соглашения о передаче параметров по умолчанию, принятое в VB.NET, должно исправить эту ситуацию.

Область действия блока

В VB.NET появилась возможность создавать переменные, видимые только внутри блока. *Блоком* называется любой участок программы, заканчивающийся одним из ключевых слов End, Loop или Next. Это означает, что внутри блоков

`For...Next` и `If...End If` могут быть объявлены локальные переменные. Рассмотрим пример:

```
While y < 5
    Dim z As Integer
    ...
End While
```

Переменная `z` видима только внутри цикла `While`. Важно понимать, что несмотря на это время ее жизни совпадает со временем жизни процедуры. Иными словами, если вы повторно войдете в цикл `While`, то `z` будет иметь то значение, которое имела при последнем выходе из него. Поэтому говорят, что `z` имеет *область действия* блока, а *время жизни* – процедуры.

Цикл While...Wend превратился в While...End While

Цикл `While` все еще поддерживается, но его закрывает фраза `End While`, а не слово `Wend`. Если вы наберете `Wend`, редактор автоматически заменит его на `End While`. Это изменение придает единообразный синтаксис всем блочным структурам в VB – `End <block>`.

Изменения в процедурах

В VB.NET внесены изменения, влияющие на способ объявления процедур и работы с ними. Некоторые из них описаны в этом разделе.

Для необязательных аргументов нужно задавать значения по умолчанию

В VB6 при объявлении процедуры можно было указать один или несколько необязательных аргументов, а также задать для них значение по умолчанию, хотя этого не требовалось. Если при вызове значение аргумента не было передано, то процедура определяла, какое значение подставить. Если же вызывающая программа не передала значение аргумента и у него не было значения по умолчанию, то для проверки наличия аргумента оставалось только прибегнуть к встроенной функции `IsMissing`.

В VB.NET функция `IsMissing` не поддерживается, так как запрещено создавать необязательные аргументы без указания значения по умолчанию. Поскольку у отсутствующего аргумента всегда есть значение, то `IsMissing` просто не нужна. Например, объявление может выглядеть так:

```
Sub foo(Optional ByVal y As Integer = 1)
```

Здесь присутствует ключевое слово `Optional` – как и в VB6. Это означает, что параметр передавать необязательно. Но если он не передан, то `y` по умолчанию получит значение 1. Если же значение параметра передано, то именно оно будет присвоено `y`.

Для процедур и функций не поддерживается ключевое слово Static

В VB6 в объявлении процедуры или функции могло присутствовать ключевое слово `Static`. При этом все переменные, объявленные внутри этой процедуры или функции, оказывались *статическими*, то есть сохраняли значение между вызовами процедуры. Например, такой код в VB6 считался корректным:

```
Static Sub foo()
    Dim x As Integer
    Dim y As Integer
    x = x + 1
    y = y + 2
End Sub
```

Здесь x сохраняет значение между вызовами. Поэтому при повторном вызове процедуры foo переменная уже будет иметь значение 1, а в конце станет равной 2. Переменная же y в начале будет равна 2, а в конце — 4.

В VB.NET употребление слова Static перед объявлением процедуры или функции запрещено. Если вы хотите добиться такого же эффекта, как в VB6, необходимо ввести слово Static перед объявлением каждой переменной, которая должна сохранять значения между вызовами. Поэтому в VB.NET показанную выше процедуру надо записать так:

```
Sub foo()
    Static x As Integer
    Static y As Integer
    x = x + 1
    y = y + 2
End Sub
```

Предложение Return

Предложение Return используется для немедленного возврата из функции. В нем может быть указано необязательное возвращаемое значение. Например:

```
Function foo() As Integer
    While True
        Dim x As Integer
        x += 1
        If x >= 5 Then
            Return x
        End If
    End While
End Function
```

Здесь вы входите в бесконечный цикл While True. Внутри него объявляется целая переменная x, которая на каждой итерации увеличивается на 1. Как только значение x становится больше или равно 5, выполняется предложение Return, которое возвращает значение x. При этом происходит немедленный возврат из функции — еще до достижения предложения End Function.

Можно действовать старым способом, то есть записать эту функцию так, как показано ниже, — присвоить возвращаемое значение непосредственно имени функции. Но тогда пришлось бы выйти из цикла, чтобы передать управление предложению End Function, или воспользоваться предложением Exit Function вместо Exit Do.

```
Function foo() As Integer
    Do While True
        Dim x As Integer
        x += 1
        If x >= 5 Then
            foo = x
            Exit Do
        End If
    Loop
End Function
```

Массивы параметров передаются по значению

Массив параметров (ParamArray) используется тогда, когда вы не знаете, сколько параметров нужно передать в процедуру. В массиве можно передать неограниченное число параметров. Массив автоматически изменяет размер в зависимости от числа помещенных в него элементов.

У процедуры может быть только один аргумент типа ParamArray, и он всегда должен быть последним в объявлении. Массив параметров должен быть одномерным, и все его элементы – иметь один и тот же тип. По умолчанию это тип Object, заменяющий в VB.NET тип Variant.

В VB6 все элементы массива параметров передавались по ссылке, и изменить это было невозможно. В VB.NET все элементы массива передаются по значению. Первый способ был оптимальным при передаче параметров процедуре в том же адресном пространстве. Но при вызове внепроцессных компонентов намного эффективнее второй способ.

Модификация свойств, переданных по ссылке

В VB6, если у класса было некоторое свойство, то его можно было передавать процедуре в качестве аргумента. Если свойство передавалось по значению, то вызываемая процедура получала копию значения. Если же оно передавалось по ссылке, то вызываемая процедура могла модифицировать значение, но изменение не отражалось на значении свойства исходного объекта.

В VB.NET тоже можно передавать свойство по ссылке, и любые изменения, выполненные вызываемой процедурой, *будут* отражены в значении свойства.

Рассмотрим следующий пример для VB.NET. Не обращайте пока внимания на непривычный синтаксис, мы объявляем класс Test с одним свойством Name. В процедуре обработки события Button1_Click создается экземпляр этого класса, и свойство Name по ссылке передается процедуре foo. Процедура модифицирует переданное значение и завершает работу. Новое значение свойства выводится в окне сообщения.

```
Private Sub Button1_Click(ByVal Sender As System.Object, _
   ByVal e As System.EventArgs) Handles Button1.Click
   Dim x As New Test()
   foo(x.Name)
   MsgBox(x.Name)
End Sub
Sub foo(ByRef d=firstName As String)
   firstName = "Torrey"
End Sub
Public Class Test
   Dim firstName As String
   Property Name() As String
     Get
        Name = firstName
     End Get
     Set(ByVal Value As String)
        firstName = Value
     End Set
   End Property
End Class
```

Запустив этот пример, вы увидите, что в окне сообщения появилась строка "Torrey", то есть процедура изменила значение свойства, переданного по ссылке.

Изменения в массивах

В работе с массивами тоже произошли некоторые изменения. В предыдущих версиях VB массивы всегда были источником проблем. В VB.NET сделана попытка устранить их путем упрощения правил и отказа от массивов с ненулевой нижней границей.

Размер массива

В VB6, если вы не изменяли принятого по умолчанию соглашения об индексации массива с 0, то при объявлении массива следовало указывать верхнюю границу, а не число элементов. Рассмотрим пример:

```
Dim y(2) As Integer
y(0) = 1
y(1) = 2
y(2) = 3
```

В этом коде, написанном для VB6, y объявляется как массив переменных типа Integer и его верхняя граница устанавливается равной 2. То есть в массиве могут быть элементы с индексами от 0 до 2. Это легко проверить, присвоив всем трем элементам значения.

В VB.NET Microsoft собиралась изменить способ объявления массива так, чтобы указывалось число элементов, а не верхняя граница. Но из-за опасений испортить существующий код от этого изменения отказались.

Если вы не понимаете, зачем говорить о том, что *не изменилось*, в этой главе, поясню: Microsoft уже объявила о планируемой модификации, но изменила решение из-за противодействия со стороны программистов на VB. Поэтому важно подчеркнуть, что механизм работает так же, как раньше.

Нижняя граница всегда равна нулю

VB6 позволял изменять нижнюю границу массива двумя способами. Во-первых, можно было объявить диапазон изменения индексов. Чтобы нумерация элементов начиналась с 1, нужно было написать:

```
Dim y(1 To 3) As Integer
```

В этом случае создавался массив из трех элементов с индексами от 1 до 3. Также можно было воспользоваться предложением Option Base, которое позволяло установить подразумеваемую нижнюю границу равной либо 0 (по умолчанию), либо 1.

В VB.NET этих вариантов больше нет. Кроме того, поскольку нижняя граница всегда равна 0, то функция LBound в VB.NET не поддерживается.

Присваивание массиву происходит по ссылке, а не по значению

В VB6, если было две переменных типа массива и вы присваивали одной из них значение другой, создавалась копия массива, в которую помещались все элементы. В VB.NET присваивание одного массива другому сводится лишь к изменению значения ссылки. Для копирования массива можно воспользоваться методом Copy объекта Array.

Предложение Option Strict

Option Strict — это новое предложение, которое запрещает все автоматические преобразования типов, могущие привести к потере информации. Допускается применять только расширяющие преобразования. Это значит, что преобразовать Integer в Long можно, но обратное преобразование не поддерживается. Option Strict также запрещает преобразования между числами и строками.

В Visual Studio.NET Beta 2 строгий контроль по умолчанию отключен. Чтобы бы включить его, вставьте в начало программы предложение Option Strict On. Установка этого режима по умолчанию менялась чуть ли не в каждой новой редакции Visual Studio.NET, так что предсказать, какой она будет в окончательной версии, невозможно.

Если вы добавите в начало модуля предложение Option Strict On, то увидите, что IDE начинает распознавать потенциальные проблемы с преобразованием типов, например, в таком коде:

```
Dim longNumber As Long
Dim integerNumber As Integer
integerNumber = longNumber
```

В этом случае IDE подчеркнет longNumber, а во всплывающей подсказке появится разъяснение "Option Strict disallows implicit conversions from

Long to Integer" (Option Strict запрещает неявные преобразования из Long в Integer).

Примечание   *Рекомендуется всегда устанавливать режимы Option Strict On и Option Explicit On. В VS.NET Beta 2 режим Option Explicit включен по умолчанию, но нет гарантии, что так будет и в окончательной версии. Установка обоих режимов в On позволит уменьшить число ошибок при исполнении программы.*

Изменения в типах данных

В этой области есть несколько изменений, о которых стоит упомянуть. Они могут сказаться на производительности вашей программы и потреблении ею ресурсов. Типы данных VB.NET соответствуют типам данных в пространстве имен System, и это принципиально важно для сопряжения программ, написанных на разных языках.

Все переменные – это объекты

В VB.NET все переменные – это экземпляры подклассов базового класса Object. Значит, все переменные следует считать объектами. Например, для нахождения длины строки можно поступить так:

```
Dim x As String
x = "Hellow, World"
MsgBox(x.Length)
```

При этом x трактуется как объект и извлекается его свойство Length. У других переменных есть свои свойства и методы. Например, у переменной типа Integer есть метод ToString. Как им пользоваться, рассказывается в следующих разделах.

Типы Short, Integer и Long

В VB.NET размер типа Short составляет 16 битов, типа Integer – 32 бита, а типа Long – 64 бита. В VB6 размер типа Integer был 16 битов, а типа Long – 32 бита. Программисты на VB привыкли пользоваться типом Long вместо Integer, так как в 32-разрядных операционных системах операции с типом Long выполнялись быстрее. Но в таких системах операции с 32-битовыми целыми выполняются быстрее, чем с 64-битовыми, поэтому в VB.NET лучше воспользоваться типом Integer.

Автоматические преобразования между строками и числами не поддерживаются при включенном режиме Option Strict

В VB6 можно было легко преобразовать число в строку и наоборот. Рассмотрим пример:

```
Dim x As Integer
Dim y As String
```

```
x = 5
y = x
```

В VB6 это правильный код. Число 5 будет автоматически преобразовано в строку 5. Но VB.NET запрещает такие преобразования, если включен режим `Option Strict`. В этом случае для преобразования числа в строку придется воспользоваться функцией `CStr`, а для обратного преобразования – функцией `Val`. Таким образом, предыдущий пример следует переписать в виде:

```
Dim x As Integer
Dim y As String
x = 5
y = CStr(x)
y = x.ToString ' Эквивалентно предыдущей строке.
```

Строки фиксированной длины не поддерживаются

В VB6 можно было объявить строку фиксированной длины:

```
Dim y As String * 30
```

В результате объявлялась строка фиксированной длины для хранения 30 символов. Попытка написать такое предложение в VB.NET приведет к ошибке. В VB.NET все строки имеют переменную длину.

Все строки представлены в кодировке Unicode

Если вам надоело думать о том, как передать строку из VB в различные API, которые принимают строки только в кодировке ANSI или Unicode, то рад сообщить приятную новость: в VB.NET все строки представлены в кодировке Unicode.

Значение True

Начиная с Visual Basic 1.9 константа `True` в VB и в Access была равна −1. В каркасе .NET Framework она объявлена как 1. Получается, что в этом отношении VB.NET и .NET Framework не согласованы.

На самом деле в VB.NET 0 – это `False`, а любое ненулевое значение – `True`. Но если вы запросите у VB.NET значение константы `True`, то он вернет −1. Убедиться в том, что любое ненулевое значение трактуется как `True`, позволяет следующий код:

```
Dim x As Integer
x = 2
If CBool(x) = True Then
    MsgBox("Value is True")
End If
```

Для любого положительного или отрицательного x функция `CBool` вернет `True`. Если же присвоить x значение 0, то `CBool` вернет `False`. Несмотря на то что в VB.NET константа `True` равна −1, при передаче ее в любой другой .NET-совместимый язык она будет видна как 1. Поэтому такие языки будут «видеть» правильное значение.

Как и в случае с объявлением массивов, в Microsoft планировали изменить значение константы True в VB.NET на 1. Но под давлением многих программистов решили оставить все как есть. Я считаю это неправильным. Но не потому, что значением True обязательно должна быть единица, а потому, что очень многие программисты использовали в своем коде −1 вместо символической константы True. Важно понять одну вещь: не пользуйтесь числовым значением (будь то 1 или −1), употребляйте символическое имя True, и все будет хорошо.

Замена типа Currency

Тип Currency заменен типом Decimal. Это 12-байтовое число, которое может иметь до 28 знаков после запятой. Такой тип обеспечивает гораздо большую точность, чем Currency, и специально предназначен для приложений, в которых ошибки округления недопустимы. У типа Decimal есть прямой эквивалент в каркасе .NET Framework, что очень важно для совместной работы программ, написанных на разных языках.

Тип Variant заменен другим

Заменен также тип Variant. Но не стоит сетовать на то, что больше не существует универсального типа. Он просто заменен типом Object. Тип Object занимает в памяти всего 4 байта, поскольку в нем хранится только адрес. Поэтому, даже если вы поместите в переменную такого типа целое число, содержать она будет адрес, по которому размещается целое. А само целое находится в куче. Таким образом, для хранения целого числа требуется 8 байт плюс 4 байта для самого значения, всего 12 байт. Рассмотрим такой код:

```
Dim x
x = 5
```

Здесь переменная x имеет тип Object. Когда вы присваиваете ей значение 5, VB.NET сохраняет его в некоторой области памяти, а в x записывает адрес этой области. При попытке доступа к x нужно сначала найти адрес памяти, а затем извлечь значение, хранящееся по этому адресу. Поэтому, как и тип Variant, тип Object работает медленнее, чем примитивные типы данных.

Согласно документации по VB.NET тип данных Object позволяет выполнять произвольные преобразования данных. Рассмотрим пример:

```
Dim x
x = "5"   ' x - строка
x -= 2
```

Здесь x равно 3. Но работать этот пример будет только при установленном режиме Option Strict Off. Если вместо вычитания применить конкатенацию строк, то преобразование тоже сработает. Так, следующий код будет выполнен без ошибок, и в результате x станет равным 52:

```
Dim x
x = "5"  ' x - строка.
x &= 2
```

Тип данных `Object` может принимать значение `Nothing`. Другими словами, в нем может ничего не храниться, то есть переменная не указывает на существующий адрес в памяти. Проверить, хранится ли что-нибудь в переменной типа `Object`, можно тремя способами: сравнив с константой `Nothing`, воспользовавшись функцией `IsNothing` или применив предикат `Is Nothing`. Перечислю эти способы:

```
Dim x
If x = Nothing Then MsgBox("Nothing")
If IsNothing(x) Then MsgBox("Still Nothing")
If x Is Nothing Then MsgBox("And Still Nothing")
```

Структурная обработка исключений

В VB.NET обработка исключений претерпела кардинальные изменения. Впрочем, старый синтаксис продолжает работать, но появилась новая конструкция `Try...Catch...Finally`, благодаря которой механизм `On Error Goto` не нужен.

Смысл конструкции `Try...Catch...Finally` заключается в том, чтобы поместить в блок `Try` код, который может вызвать ошибку, а затем перехватить ее в блоке `Catch`. В блок `Finally` помещается код, который должен быть выполнен после предложений в блоке `Catch` независимо от того, возникала ошибка или нет. Приведу простой пример:

```
Dim x, y As Integer   ' Обе переменные целые.
Try
   x \= y        ' Деление на 0.
Catch ex As Exception
   MsgBox(ex.Message)
End Try
```

Примечание   *Фраза* ex As Exception *после* Catch *необязательна.*

Здесь объявлены две переменные. Потом мы попытались разделить x на y, но поскольку величина y не была инициализирована, то по умолчанию она равна 0. Поэтому деление заканчивается ошибкой, которая перехватывается в следующей строке. Переменная ex имеет тип `Exception` и содержит описание возникшей ошибки. Вот почему можно просто напечатать значение свойства `Message`, как вы печатали `Err.Description` в VB6.

Собственно говоря, можно и дальше продолжать пользоваться свойством `Err.Description`, да и вообще объектом `Err`, который получает все исключения. Предположим, что по логике программы необходимо возбудить ошибку, если баланс опускается ниже определенного уровня, и другую ошибку, если баланс становится отрицательным. Рассмотрим такой код:

```
Try
   If bal < 0 Then
      Throw New Exception("Баланс отрицателен!")
   ElseIf bal > 0 And bal <= 10000 Then
      Throw New Exception("Низкий баланс, взять комиссионные")
   End If
Catch
   MessageBox.Show("Ошибка: " & Err.Description)
End Try
```

В этом примере, когда баланс опускается ниже 0, нужно возбудить ошибку и информировать об этом пользователя. Если же баланс опускается ниже 10 000, но остается положительным, то программа сообщает пользователю, что начнет взимать комиссионные с суммы сделки. В обоих случаях в свойстве Err.Description оказывается описание ошибки, переданное при создании объекта типа Exception.

Можно иметь несколько предложений Catch для перехвата разных ошибок. Чтобы одно предложение Catch перехватывало только ошибки конкретного типа, необходимо добавить слово When, как в следующем примере:

```
Dim x As Integer
Dim y As Integer
Try
   x \= y          ' Деление на 0.
Catch ex As Exception When Err.Number = 11
   MsgBox("Попытка деления на 0")
Catch ex As Exception
   MsgBox("Перехватывает все остальные ошибки")
End Try
```

Здесь мы сравниваем Err.Number с 11 – кодом ошибки деления на 0. Если произошло деление на 0, то выводится окно с соответствующим сообщением. Если же произошла любая другая ошибка, то управление попадает в блок Catch без условия When. По существу, предложение Catch без When – это секция «иначе», выполняемая, когда ничего более конкретного не оказалось.

Обратите внимание, что управление не «проваливается» во все предложения Catch, обработка прекращается, как только найден первый подходящий перехватчик. В предыдущем примере возникла ошибка с кодом 11, поэтому было выдано сообщение "Попытка деления на 0", а сообщение "Перехватывает все остальные ошибки" не выдавалось.

Если вы хотите, чтобы некоторый код выполнялся независимо от того, была ошибка или нет, воспользуйтесь предложением Finally.Например:

```
Dim x As Integer
Dim y As Integer
Try
   x \= y          ' Деление на 0.
Catch ex As Exception When Err.Number = 11
   MsgBox("Попытка деления на 0")
```

```
Catch ex As Exception
   MsgBox("Перехватывает все остальные ошибки")
Finally
   MsgBox("Выполняется код в блоке Finally")
End Try
```

В этом примере код в блоке `Finally` выполняется всегда.

Преждевременный выход из Try...Catch...Finally

Иногда необходим преждевременный выход из предложения `Try...Catch...Finally`. Для этого предназначено предложение `Exit Try`. Оно может находиться и в блоке `Try`, и в блоке `Catch`, но не в блоке `Finally`. Предполагалось, что `Exit Try` будет выходить из блока `Try`, минуя блок `Finally`, но в версии Beta 2 `Exit Try` передает управление в блок `Finally`. Вероятно, в окончательной версии VS.NET это будет исправлено. Синтаксис этой конструкции должен выглядеть так:

```
Dim x As Integer
Dim y As Integer
Try
   x \= y          ' Деление на 0.
Catch ex As Exception When Err.Number = 11
   MsgBox("Попытка деления на 0")
   Exit Try
Catch ex As Exception
   MsgBox("Перехватывает все остальные ошибки")
Finally
   MsgBox("Выполняется код в блоке Finally")
End Try
```

Структуры вместо UDT

В VB6 механизмом создания собственных типов данных были UDT (user-defined types – определенные пользователем типы). Например, тип `Customer` (Клиент) можно было создать следующим образом:

```
Private Type Customer
   Name As String
   Income As Currency
End Type
```

Полученный тип можно было использовать в приложении:

```
Dim buyer As Customer
buyer.Name = "Martha"
buyer.Income = 20000
MsgBox(buyer.Name & " " & buyer.Income)
```

Предложение `Type` больше не поддерживается в VB.NET. Его заменило предложение `Structure`. Поскольку предложение `Structure` синтаксически отличается от `Type`, то для создания вышеописанного типа достаточно набрать:

```
Structure Customer
    Dim Name As String
    Dim Income As Decimal
End Structure
```

Отметим, что пока единственным значимым различием было добавление слова Dim к объявлению каждой переменной внутри структуры. В случае Type этого не надо было делать даже в режиме Option Explicit. Еще заметим, что слово Dim в этом контексте означает то же, что Public, — эти части структуры видимы во внешней программе.

Однако у структур есть и много новых особенностей. Одна из самых важных — это поддержка методов. Например, в структуру Customer можно включить метод Shipping для вычисления стоимости доставки в зависимости от географической зоны. В следующем примере добавлено свойство DeliveryZone и функция DeliveryCost:

```
Structure Customer
    Dim Name As String
    Dim Income As Decimal
    Dim DeliveryZone As Integer

    Function DeliveryCost() As Decimal
        If DeliveryZone > 3 Then
            Return 25
        Else
            Return CDec(12.5)
        End If
    End Function
End Structure
```

Здесь вы видите встроенную функцию DeliveryCost. Использовать ее в клиентском коде можно так:

```
Dim buyer As Customer
buyer.Name = "Martha"
buyer.Income = 20000
buyer.DeliveryZone = 4
MsgBox(buyer.DeliveryCost)
```

В окне сообщения появится число 25.

Если вам кажется, что это похоже на класс, то так оно и есть. Структура действительно может иметь свойства, методы и события. Они также поддерживают реализацию интерфейсов и обработку событий. Но есть и отличия, в частности:

- ❑ структуре нельзя наследовать;
- ❑ нельзя инициализировать поля структуры, то есть следующий код некорректен:

```
Structure Customer
    Dim Name As String = "Martha"
End Structure
```

❑ по умолчанию свойства структуры открыты, а не закрыты, как в классе.

Структуры представляют собой значащие, а не ссылочные типы. Таким образом, присваивание одной структуры другой приводит к копированию первой структуры, а не получению ссылки на нее. Следующий пример наглядно доказывает этот факт, поскольку обновление переменной `seller` не приводит к обновлению переменной `buyer`:

```
Dim buyer As Customer
Dim seller              ' Переменная типа Object.
seller = buyer
seller.Name = "Linda"
MsgBox(buyer.Name)
MsgBox(seller.Name)
```

Заметим, что этот код не будет работать в режиме `Option Strict On`. Чтобы протестировать код, придется отказаться от строгого контроля, поместив в начало программы предложение `Option Strict Off`.

Новые средства

Помимо изменений в языке и некоторых инструментальных программах, в VB.NET появились совершенно новые средства и возможности. К числу самых важных я бы отнес конструкторы и деструкторы, пространства имен, наследование, перегрузку, поддержку модели свободных потоков и сборку мусора, хотя это, конечно, не полный список. Еще одна возможность – автоматическое формирование отступа в редакторе. Вы, наверное, обратили на нее внимание, когда вводили тексты программ. Как только вы создаете блок, например вводите `Sub` или `If`, среда разработки автоматически делает отступ в следующей строке.

Конструкторы и деструкторы

Для программистов на VB конструкторы и деструкторы – новые концепции, аналогичные событиям `Class Initialize` и `Class Terminate` в классах VB. Конструкторы и деструкторы – это процедуры, управляющие соответственно инициализацией и уничтожением объектов. Методы `Class_Initialize` и `Class_Terminate` заменены процедурами `Sub New` и `Sub Finalize`. Но, в отличие от `Class_Initialize`, процедура `Sub New` вызывается только один раз – при создании объекта. Вызвать ее явно нельзя, за исключением некоторых очень редких случаев.

Процедура `Sub Finalize` вызывается системой, когда объекту присваивается значение `Nothing` или когда на него больше никто не ссылается. Однако точно сказать, в какой именно момент будет вызвана процедура `Finalize`, невозможно из-за механизма работы сборщика мусора (о нем рассказывается в следующем разделе).

Одна из причин существования конструкторов заключается в желании передать объекту некоторые начальные параметры в момент создания. Предположим, например, что вам нужно создать класс для хранения данных об учебном курсе, и вы хотите при создании указать номер курса, чтобы извлечь информацию из базы данных. Тогда вы создаете в классе процедуру `Sub New`, которая принимает номер курса в качестве аргумента. В первой строке Sub New стоит вызов другого конструктора, обычно базового класса. К счастью, VB.NET позволяет легко вызвать конструктор базового класса, достаточно написать MyBase.New:

```
Class Course
    Sub New(ByVal CourseID As Integer)
        MyBase.New()
        FindCourseInfo(CourseID)
        ...
    End Sub
End Class
```

Чтобы создать объект такого класса в приложении, нужно написать:

```
Dim TrainingCourse As Course = New Course(5491)
```

О работе процедур Sub Finalize и Sub Dispose рассказывается в разделе, посвященном сборке мусора.

Пространства имен

Возможно, одной из самых чуждых концепций VB.NET для программистов на VB будут пространства имен. Пространство имен – это простой способ организации объектов в сборке. Когда объектов много (как, например, в пространстве имен System, предоставляемом средой исполнения), пространство имен позволяет упростить доступ за счет введения иерархической организации, при которой логически связанные объекты оказываются в одном узле.

Предположим, вы хотите построить модель объектов, методов и свойств для зоомагазина. Начинаете вы с создания пространства имен PetStore. Затем в нем создаете подпространства. Например, животные и корма могут быть отнесены к различным категориям. В категории «животные» могут быть собаки, кошки и рыбки. Если это напоминает вам объектную модель, не стану спорить, сходство есть. Но все это не объекты. У вас может быть пространство имен PetStore.Animals.Dogs, а в нем будут классы и методы, необходимые для торговли собаками. Если вам нужно получить информацию о запасах, то соответствующие классы будут находиться в пространстве имен PetStore.Supplies. А если нужно узнать, какие виды кормов для собак есть на складе, то ищите нужные классы в пространстве имен PetStore.Supplies.Dogs. Где будут находиться классы, решать вам. Их можно поместить в одну большую сборку, но логически они разнесены по различным пространствам имен.

Если вы хотите пользоваться классами из некоторой сборки, не указывая каждый раз полное имя, воспользуйтесь предложением Imports. Оно позволяет обращаться к классам, не квалифицируя имя полным путем в иерархии пространств имен.

Например, создавая свой первый проект на VB.NET в главе 2, вы встречали несколько предложений Imports в начале модуля формы. Одним из них было

`Imports System.WinForms`. Это предложение делает доступными модулю все классы, интерфейсы, структуры, делегаты и перечисления из указанного пространства имен без необходимости полностью перечислять квалифицированные имена. Значит, следующий код правильный:

```
Dim x As Button
```

Если бы предложения `Imports System.WinForms` не было, эту строку пришлось бы записать в следующем виде:

```
Dim x As System.WinForms.Button
```

На самом деле даже функция `MsgBox`, которую вы так хорошо знаете и любите, заменена функцией `System.WinForms.MessageBox`, а `MsgBox` оставлена для совместимости и находится в пространстве имен `Microsoft.VisualBasic.Interaction` наряду с целым рядом других методов, которые аппроксимируют функции из предыдущих версий VB.

Если вам интересно, почему в Microsoft перенесли некоторые механизмы из языка в среду исполнения, отвечу: чтобы каждый язык, совместимый с этой средой, на любой платформе имел доступ к общей функциональности. Это означает, например, что в программе на языке C# можно иметь окно сообщения, для этого достаточно импортировать пространство имен `System.WinForms` и обратиться к классу `MessageBox`. Этот класс представляет собой очень мощное средство. Так, один лишь метод Show благодаря перегрузке имеет 12 вариантов.

Создание собственных пространств имен

Внутри сборок можно создавать свои собственные пространства имен. Для этого достаточно вставить блок `Namespace ... End Namespace`. Внутри него могут быть структуры, классы, перечисления, интерфейсы и другие элементы. Такому блоку необходимо присвоить имя, тогда его можно импортировать. Вот как мог бы выглядеть код:

```
Namespace VolantTraining
    Public Class Customer
        ' Здесь находится ваш код.
    End Class
    Public Class Student
        ' Здесь находится ваш код.
    End Class
End Namespace
```

Пространства имен могут быть вложенными, например:

```
Namespace VolantTraining
    Namespace Customer
        Class Training
        ...
        End Class
```

```
    Class Consulting
    ...
    End Class
  End Namespace
  Namespace Student
  ...
    End Namespace
  End Namespace
```

Здесь в пространство имен `VolantTraining` вложено два других: `Customer` и `Student`. В пространстве имен `VolantTraining.Customer` находятся классы `Training` и `Consulting`, поэтому могут быть клиенты, пользующиеся как образовательными, так и консалтинговыми услугами.

Если вы не станете явно создавать пространства имен, то все ваши классы и модули все равно попадут в некоторое пространство имен. По умолчанию его имя будет совпадать с именем проекта. Увидеть это пространство имен и изменить его имя можно, открыв диалоговое окно свойств проекта **Project Properties**. В поле **Root Namespace** находится имя корневого пространства имен, в которое погружены все остальные пространства имен, определенные в вашем проекте. Таким образом, если корневое пространство имен называется `Project1`, то полное имя определенного выше пространства имен `VolantTraining` будет `Project.VolantTraining`.

Наследование

На протяжении многих лет наследование было основной функцией, которой недоставало в языке VB. Компания Microsoft неоднократно заявляла, что VB и так поддерживает наследование – интерфейсов. Это означает, что можно было наследовать (то есть *реализовывать*) интерфейс. Однако сам интерфейс в VB не мог иметь реализации, а если таковая и была, то игнорировалась. Значит, класс, реализующий интерфейс, должен был предоставить реализацию всех методов, объявленных в интерфейсе. А если один и тот же интерфейс реализовывали несколько классов, то в каждом из них реализацию всех методов приходилось писать заново. Программисты же хотели, чтобы можно было написать реализацию только один раз – в базовом классе, а затем наследовать этому классу (а не интерфейсу) в *производных классах*. Производные классы могли бы пользоваться кодом, уже написанным для базового. В VB.NET эта мечта наконец исполнилась.

Производный класс может не только наследовать свойства и методы базового, но и расширять их, и, разумеется, создавать новые методы (существующие только в производном классе). Производный класс может также переопределить любой метод базового класса, *заместив* его новым методом с таким же именем. Формы, представляющие собой не что иное, как классы, тоже можно наследовать для создания новых форм.

С наследованием связано много различных концепций, и именно этой теме посвящена глава 5.

Перегрузка

Этот механизм позволяет несколько раз определить процедуру с одним и тем же именем при условии, что у разных вариантов будут различные параметры.

В VB был довольно «корявый» способ имитировать этот механизм. Можно было передать аргумент типа `Variant`, а затем с помощью функции `VarType` проверить тип полученного аргумента. Но это очень некрасиво, а если процедура к тому же могла принимать массив или набор, то код становился совсем безобразным.

VB.NET предлагает элегантный способ решения задачи. Пусть, например, нужна процедура, которая может принимать строку или массив, при этом ее действия сильно зависят от типа аргумента. Соответствующий код может выглядеть так:

```
Overloads Function FindCust(ByVal psName As String) As String
  ' Искать клиента по имени psName.
End Function
Overloads Function FindCust(ByVal piCustNo As Integer) As String
  ' Искать клиента по идентификатору.
End Function
```

Теперь у вас есть функция `FindCust`, которой можно передать либо целое, либо строку. Вызывается она следующим образом:

```
Dim x As String
x = FindCust("Smith")
x = FindCust(1)
```

Если включен режим `Option Strict` (а по умолчанию он выключен, по крайней мере в версии Beta2), то компилятор обнаружит неправильный вызов и выдаст ошибку. Например, не существует перегруженной функции, которая принимает число с плавающей точкой. Поэтому такой код в VB.NET не откомпилируется:

```
x = FindCust(12.5)
```

Многопоточность

В VB.NET программистам впервые предоставлена возможность создавать истинно многопоточные приложения. Если ваша программа начала, к примеру, обрабатывать большое число записей или выполнять сложные математические операции, то для этой цели можно назначить отдельный поток; при этом прочие функции программы останутся доступными. В VB6, чтобы приложение не выглядело зависшим, вы должны были периодически вызывать метод `DoEvents`.

Ниже приведен написанный для VB.NET код. Он обрабатывает событие щелчка по кнопке **Button4** и вызывает процедуру BeBusy, единственное назначение которой – потреблять время процессора. Находясь внутри этой процедуры, вы занимаете единственный поток приложения, поэтому интерфейс пользователя не реагирует ни на какие действия.

Внимание   *На моей машине эта процедура выполняется около восьми секунд,*
а на вашей может потребовать больше или меньше времени. Но рад
сообщить вам, что среда разработки VB.NET исполняется в от-
дельном потоке, так что если вам надоест ждать, просто выбери-
те из меню Debug пункт Stop Debugging (Прекратить отладку).

```
Private Sub Button4_Click(ByVal sender As System.Object, _
   ByVal e As System.EventArgs) Handles Button4.Click
      BeBusy()
End Sub

Sub BeBusy()
   Dim i As Decimal
   For i = 1 to 10000000
      ' Ничего не делает, но задерживает работу программы.
   Next
   Beep()
End Sub
```

Если вы запустите эту программу и попробуете щелкнуть по форме, пока процедура BeBusy работает, то обнаружите, что форма не реагирует ни на какие события, например на щелчки по другим кнопкам. Чтобы такого зависания не происходило, можно запустить BeBusy в отдельном потоке.

Чтобы создать новый поток, понадобится класс System.Threading.Thread.
Конструктору этого класса передается имя процедуры или метода, который должен исполняться в потоке, причем имени процедуры или метода должен предше-
ствовать оператор AddressOf. Например:

```
Dim busyThread As New System.Threading.Thread(AddressOf BeBusy)
```

Итак, чтобы исправить ситуацию и вынести исполнение BeBusy из главного
потока программы, мы создали для этой процедуры новый поток. Однако одной
показанной выше строки недостаточно. Нужно еще вызвать метод Start нового
потока. В VB.NET запуск BeBusy в отдельном потоке осуществляется так:

```
Private Sub Button4_Click(ByVal sender As System.Object, _
   ByVal e As System.EventArgs) Handles Button4.Click
      Dim busyThread As New System.Threading.Thread(AddressOf
BeBusy)
      busyThread.Start()
End Sub
```

В саму процедуру BeBusy никаких изменений вносить не надо. Запустив мо-
дифицированную программу, вы увидите, что интерфейс продолжает отвечать на
ваши действия, пока BeBusy работает. Когда процедура завершится, функция
Beep подаст звуковой сигнал.

Однако при использовании потоков может возникнуть ряд проблем. Впрочем, каждая из них вполне решаема. Перечислю некоторые из возможных ловушек и способы их избежать:

❑ процедура или метод, исполняемые в потоке, не могут принимать никаких аргументов. Для этого можно использовать глобальные переменные, а лучше создать свойства или поля в классе, чей метод вызывается, и установить их значения после создания объекта. Очевидно, в рассмотренном выше примере это не получится, поскольку вызывается обычная процедура, а не метод класса;

❑ процедура или метод, исполняемые в потоке, не могут возвращать значений. Для этого можно воспользоваться глобальными переменными, однако при таком решении программа должна периодически проверять, завершился поток или нет, поскольку использовать значение глобальной переменной безопасно только после завершения потока. Лучше вместо этого возбудить событие, передав возвращаемое значение в виде параметра этого события.

Кроме того, в многопоточных приложениях возникает проблема синхронизации. Если в одном потоке вы выполняете сложные вычисления, то остальные части программы должны дождаться, пока поток закончится, и только потом использовать результаты вычислений. Вы можете периодически проверять, не завершились ли интересующие вас потоки, или включить метод, который будет возбуждать события, извещающие программу о том, что все готово. VB.NET поддерживает для каждого потока свойство `IsAlive`, позволяющее проверить, работает поток или уже завершился.

О многопоточности можно рассуждать довольно долго, и на эту тему мы подробнее поговорим в главе 11.

Сборка мусора

Сборкой мусора теперь занимается среда исполнения. В VB6, если объекту присваивалось значение `Nothing`, он немедленно уничтожался. В VB.NET дело обстоит иначе. Когда объекту присваивается значение `Nothing` или на него больше не остается ссылок, он помечается как доступный для «уборки». Однако он все еще остается в памяти и потребляет ресурсы. Сборщик мусора работает в отдельном потоке и время от времени активизируется и ищет объекты, которые можно уничтожить. Но пробуждается он только тогда, когда у программы остается мало ресурсов. Если система сильно загружена, то до активизации сборщика мусора может пройти много времени.

Поскольку объект не уничтожается сразу после присвоения ему значения `Nothing`, в Microsoft говорят о «недетерминированной очистке», подразумевая, что программист больше не может управлять моментом уничтожения объекта. Метод `Sub Finalize` будет вызван только тогда, когда сборщик мусора решит уничтожить объект.

Несмотря на то что объект помечен как готовый к уборке, все открытые им ресурсы остаются закрепленными за ним, не исключая блокировок на данные или файлы. Поскольку объект находится в памяти и удерживает открытые им ссылки, то вы можете вызвать сборщика мусора, обратившись к методу Collect класса GC из пространства имен System. При этом сборщик мусора принудительно пробуждается и вычищает все объекты, готовые для уборки.

При уничтожении объекта автоматически вызывается метод Sub Finalize. Однако среди разработчиков на платформе .NET принято соглашение о включении в класс метода Sub Dispose. Он предназначен специально для освобождения ресурсов. Если код внутри метода Sub Dispose корректно закрывает все ресурсы, то можно считать, что он выполняет процедуру детерминированного завершения в VB6. Вы должны вызывать метод Sub Dispose для закрытия таких ресурсов, как файлы, соединения с базой данных и т.п. Тогда принудительно вызывать сборщика мусора уже не потребуется.

Чтобы увидеть сборщика мусора в действии, создайте новое приложение Windows, назвав его GCtest. Поместите в форму две кнопки. Включите в проект компонент и назовите его Garbage. Добавьте в компонент такой код:

```
Protected Overrides Sub Finalize()
    Beep()
End Sub
```

Он просто подает звуковой сигнал, когда объект удаляется из памяти сборщиком мусора.

Теперь добавьте в форму такой код:

```
Dim oGarbage As New Garbage()

Protected Sub Button1_Click(ByVal sender As System.Object, _
  ByVal e As System.EventArgs) Handles Button1.Click
  oGarbage = Nothing
End Sub

Private Sub Button2_Click(ByVal sender As System.Object, _
  ByVal e As System.EventArgs) Handles Button2.Click
  GC.Collect()
End Sub
```

Запустите проект. При щелчке по кнопке **Button1** объекту присваивается значение Nothing. Однако никакого звукового сигнала вы не слышите, так как объект еще не уничтожен. Теперь щелкните по кнопке **Button2**, тут же раздастся сигнал. Вы активизировали сборщика мусора и заставили его вычистить объект, в результате чего сработала процедура Sub Finalize.

Изменения в интегрированной среде разработки

IDE претерпела многочисленные изменения. Некоторые из них упоминались в главе 2: отсутствие элементов управления Line и Shape, новый построитель меню, новый способ задания порядка обхода и окно динамической подсказки.

Рядом интересных изменений среда обязана библиотеке GDI+. Я уже говорил, что элементов управления Line и Shape больше нет. Прямые линии можно заменить метками высотой в один пиксел с включенной рамкой или вместо этого прибегнуть к пространству имен System.Drawing. Так, например, в нем есть класс Graphics, который содержит такие методы, как DrawCurve, DrawEllipse, Draw-Line и DrawRectangle. Чтобы нарисовать отрезок прямой, нужно совсем немного кода. Чтобы он вызывался автоматически, вы должны поместить его в процедуру OnPaint. Создайте новую форму и добавьте в нее приведенный ниже код, только не забудьте поместить в начало предложение Imports System.Drawing.

```
Protected Overrides Sub OnPaint(ByVal e As PaintEventArgs)
    Dim LineMaker As Graphics
    LineMaker = e.Graphics
    Dim RedPen As New Pen(Color.Red, 3)
    Dim Point1 As New Point(30, 30)
    Dim Point2 As New Point(Me.Size.Width - 30, 30)
    LineMaker.DrawLine*RedPen, Point1, Point2)
End Sub
```

Результат работы этой программы показан на рис. 3.1.

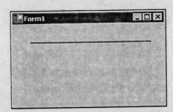

Рис. 3.1. Прямая, нарисованная на форме с помощью библиотеки GDI+

Но просто рисовать прямые не очень интересно. В VB.NET можно создавать непрямоугольные формы. Чтобы получить, к примеру, круглую форму, создайте обычную форму и поместите в нее кнопку. Добавьте в начало предложение Imports System.Drawing.Drawing2D и следующий код:

```
Private Sub Button1_Click_1(ByVal sender As System.Object, _
    ByVal e As System.EventArgs) Handles Button1.Click
```

```
Dim graPath As GraphicsPath = New GraphicsPath()
graPath.AddEllipse(New Rectabgle(0, 0, 200, 200))
Me.Region = New [Region](graPath)
End Sub
```

Запустите проект и щелкните по кнопке. Форма превратится в круг, как показано на рис. 3.2.

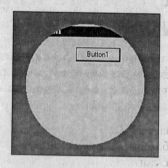

Рис. 3.2. Круглая форма, спасибо GDI+

Резюме

При переходе к VB.NET в язык Visual Basic было внесено немало изменений. Важно не забывать о них при освоении нового материала. Одни изменения не очень существенны, скажем, обязательное употребление скобок и отсутствие свойств по умолчанию. Другие, например обработка ошибок с помощью конструкции Try...Catch...Finally, более интересны.

Но появились и принципиально новые возможности. Самая важная из них — пространства имен, которые не может игнорировать ни один программист на VB.NET. Наследование и истинная многопоточность также во многом изменят наши представления о том, как писать приложения.

Итак, вы познакомились с наиболее значительными изменениями языка, а в последующих главах мы будем рассматривать новые функции (например, сервисы Windows и Web-сервисы) или изменения привычных подходов (например, построение классов и сборок).

Глава 4. Построение классов и сборок в VB.NET

На протяжении примерно трех последних лет программисты на VB занимались преимущественно созданием COM-компонентов, которые применялись на промежуточном уровне n-уровневых систем. Достоинства n-уровневых приложений широко известны:

- повторное использование кода;
- решение многих проблем распространения ПО;
- инкапсуляция бизнес-логики и доступа к базам данных.

Неудивительно поэтому, что VB.NET также позволяет создавать компоненты, но это уже не COM-компоненты. У COM-компонентов есть такие элементы, как идентификаторы классов (CLSID), библиотеки типов и идентификаторы интерфейсов (IID). Каждый класс COM-компонента должен поддерживать интерфейсы IUnknown и IDispatch.

В VB.NET один или несколько классов транслируются в файл, который называется *библиотекой классов*, а не COM-компонентом. Библиотеки классов объединяются в сборку (assembly), которая часто имеет расширение .DLL. Классы, входящие в библиотеку, используются аналогично классам из COM-компонентов. Можно создавать в приложении экземпляры таких классов, а затем вызывать их свойства и методы. Однако .NET-сборки – это *не* COM-компоненты.

Создание первой библиотеки классов

Чтобы узнать, как создаются библиотеки классов, запустите Visual Studio.NET и на начальной странице щелкните по ссылке **Create New Project**. В диалоговом окне **New Project** из списка видов проектов выберите **Visual Basic Projects**, а из списка шаблонов **Templates** – пункт **Class Library**. Назовите проект Healthcare (Здравоохранение) и щелкните по кнопке **OK**.

Среда создаст для вас новый класс. Прежде всего заметим, что в этом классе нет дизайнера, то есть «формы», на которую можно было бы перетащить элементы управления. Именно отсутствием дизайнера отличается этот вид проекта от большинства других, таких как Forms, Web Forms и даже Web Service. Вы начинаете работу примерно с того же, что в VB6, – с пустого класса. Visual Studio.NET даже не сгенерировала никакого начального кода, как в большинстве других проектов.

Сейчас у вас есть единственный класс с именем `Class1`. И здесь уже намечается первое расхождение с VB6, так как в каждом модуле класса был ровно один класс, а компилировались они в один компонент. Модули класса в VB6 имели расширение .CLS. В VB.NET модуль имеет расширение .VB, и в одном .VB-файле может быть несколько классов. Новый класс можно создать в любом месте, записав его внутри операторных скобок `Class...End Class`. И наконец, в одной сборке может быть один или несколько исходных файлов.

В окне кода замените в строке определения класса имя класса на `Patient` (Пациент), то есть вместо строки

```
Public Class Class1
```

введите строку

```
Public Class Patient
```

Имя класса вы изменили, но если посмотрите на окно **Solution Explorer** или просто на текущую вкладку в окне кода, то увидите, что файл по-прежнему называется Class1.vb.

Щелкните правой клавишей по иконке **Class1.vb** в окне **Solution Explorer** и выберите из контекстного меню пункт **Rename** (Переименовать). Назовите файл Healthcare.vb. Имя на вкладке в окне кода тоже должно измениться. Только что вы переименовали файл, содержащий один или несколько классов.

Добавление «навороченного» класса

Один класс у вас уже есть, его подготовила среда в процессе создания библиотеки классов. Этот класс называется `Patient`, но у него еще нет Конструктора (процедуры `Public Sub New`). Если вы считаете, что класс должен иметь Конструктор (а обычно так оно и есть), добавьте его сами.

Наш класс не имеет не только Конструктора, но и Дизайнера. В принципе можно создать класс с уже готовыми Конструктором и Дизайнером. В окне **Solution Explorer** щелкните правой клавишей по имени проекта, выберите из меню пункт **Add**, а затем **Add Component** (Добавить компонент). В появившемся диалоговом окне выберите класс **Component** и щелкните по кнопке **Open**. При этом в проект будет добавлен новый файл, содержащий только класс. Впрочем, у этого класса будет Дизайнер, как показано на рис. 4.1.

Раз в классе есть Дизайнер, то вы можете, например, перетащить на него объект соединения с базой данных, чтобы упростить создание компонентов для доступа к данным.

Двойной щелчок по окну Дизайнера открывает окно кода. В этом окне больше текста, чем в том, что было создано при открытии нового проекта. Посмотрев на сгенерированный код, вы сразу заметите строку

```
Inherits System.ComponentModel.Component
```

Она означает, что новый класс наследует классу `Component` из пространства имен `System.ComponentModel`. Если добавить такую же строку в класс `Healthcare`, вы получите доступ к Дизайнеру и в нем тоже.

Но пока вернемся к классу `Healthcare`.

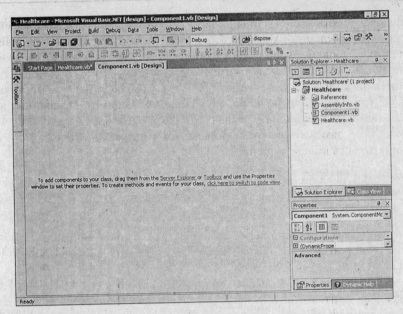

Рис. 4.1. Новый класс, для которого уже созданы Дизайнер и Конструктор

Создание свойств

Можно уже приступить к добавлению в класс свойств, но имейте в виду, что синтаксис описания свойств изменился.

Для добавления свойства `FirstName` сначала создайте закрытую переменную:

```
Dim msFirstName As String
```

Затем введите показанный ниже код. Как только первая строка будет набрана, почти весь остальной код добавит среда разработки. Вам останется включить предложение `Return` и оператор присваивания.

```
Public Property FirstName() As String
   Get
      Return msFirstName
   End Get
   Set(ByVal Value As String)
      msFirstName = Value
   End Set
End Property
```

Обратите внимание на синтаксис свойств. Больше не нужно создавать парные процедуры `Public Property Get`/`Public Property Let`. Вместо этого создается блок `Public Property`, а в нем — секции `Get` и `Set`. Ключевого слова `Let` больше нет, что упрощает программирование.

Заметьте, что добавлять аргумент в определение свойства, как это было в предложении `Public Property Let`, больше не нужно. Иными словами, не нужно специально объявлять формальный аргумент, соответствующий передаваемому

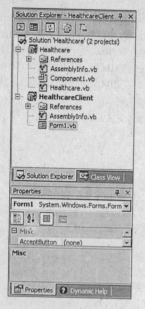

*Рис. 4.2. Два одновременно загруженных проекта в окне **Solution Explorer***

значению; если вызывающая программа передаст значение, оно автоматически будет доступно через встроенную переменную `Value`.

Создание тестового клиента

Настало время протестировать класс.

Конечно, в нем есть всего одно свойство, но надо же узнать, как обращаться к этому классу из клиентского приложения. Из меню **File** выберите пункт **New**, а затем **Project**. На этот раз создадим приложение Windows. Назовите его HealthcareClient, и перед тем, как нажать кнопку **OK**, убедитесь, что переключатель **Add to Solution** (Добавить к решению) включен. По умолчанию текущее решение закрывается и открывается новое. Добавление нового проекта к существующему решению – это то же самое, что создание группы проектов в VB6.

После щелчка по кнопке **OK** новый проект появляется в окне обозревателя проекта **Solution Explorer** (рис. 4.2). Как и в VB6, полужирным шрифтом выделяется имя проекта, с которого начнется исполнение приложения. Поэтому щелкните правой клавишей по проекту HealthcareClient и выберите из контекстного меню пункт **Set as StartUp Project** (Назначить стартовым проектом).

В окне **Solution Explorer** щелкните правой клавишей по узлу **References** (Ссылки) в проекте HealthcareClient и выберите из меню пункт **Add Reference** (Добавить ссылку). Появится диалоговое окно **Add Reference**. Щелкнув по вкладке **Projects**,

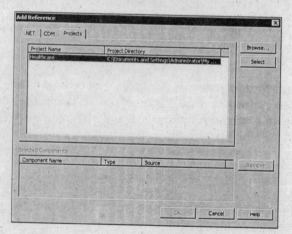

*Рис. 4.3. Диалоговое окно **Add Reference***

вы увидите свой проект Healthcare. Он уже выделен, но кнопка **OK** неактивна (рис. 4.3). Щелкните по кнопке **Select**, чтобы переместить проект Healthcare в список **Selected Components** (Выбранные компоненты), а затем нажмите кнопку **OK**.

Теперь добавьте кнопку в форму HealthcareClient. Дважды щелкните по этой кнопке, чтобы перейти в окно кода, и введите текст процедуры Button1_Click:

```
Protected Sub Button1_Click(ByVal sender As Object, _
    ByVal e As System.EventArgs) Handles Button1.Click
    Dim myPatient As New Healthcare.Patient()
    myPatient.FirstName = "Bob"
    MsgBox(myPatient.FirstName)
End Sub
```

Разработчикам на VB6 этот код знаком. После добавления ссылки вы можете создать экземпляр объекта, присвоив переменной myPatient значение New Healthcare.Patient(). Если вы привыкли работать в VB6, может возникнуть соблазн сократить эту строку до

```
Dim myPatient As New Patient()
```

Но тогда компилятор выдаст сообщение об ошибке User-defined type not defined (Определяемый пользователем тип не определен). Это значит, что имя компонента должно быть квалифицировано полностью. В данном случае Healthcare – это не имя сборки, а имя пространства имен.

Для решения проблемы можно импортировать пространство имен, содержащее класс Patient. Как вы знаете из главы 3, у любого проекта по умолчанию есть пространство имен, и называется оно так же, как сам проект. Следовательно, если вы добавите в начало модуля кода предложение

```
Imports Healthcare
```

то показанная выше сокращенная запись строки присваивания будет работать правильно.

Возможно, при создании объекта вы обратили внимание на ключевое слово. В VB6 его можно было использовать в двух вариантах:

```
Dim myPatient As New Healthcare.Patient
```

В VB6 эта конструкция работала, хотя такой способ создания объектов не является оптимальным. В этом случае фактическое создание объекта откладывалось до первого обращения к какому-либо из его свойств или методов. То есть при каждом обращении к свойству или методу приходилось проверять, создан объект или нет. Чтобы избежать накладных расходов, в VB6 применялся другой способ:

```
Dim myPatient As New Patient
Set myPatient = New Healtcare.Patient
```

В VB.NET обе представленные конструкции эквивалентны:

```
Dim myPatient As New Patient()
```

```
Dim myPatient As Patient = New Patient()
```

В обоих случаях объект сразу же создается в памяти. Таким образом, в VB.NET объект находится в памяти, и проверять этот факт при каждом обращении не нужно.

Свойства, доступные только для чтения или для записи

Вернемся к созданной ранее библиотеке классов. В определении свойства FirstName в блоке Property присутствовали обе секции: Get и Set. В VB6, если вы хотели сделать свойство доступным только для чтения, то опускали процедуру Public Property Let, а желая создать свойство, доступное только для записи, опускали процедуру Public Property Get.

Признайтесь, вы подумали о том, что для создания свойства, доступного только для чтения, достаточно опустить блок Set...End Set. Однако в VB.NET этот вопрос решается по-другому. Вы должны добавить в объявление свойства ключевое слово. Чтобы создать доступное только для чтения свойство Age (Возраст) (предположим, что это число полных лет с момента рождения), нужно написать такой код:

```
Public ReadOnly Property Age() As Single
    Get
        ' Получить дату рождения.
        ' Вычислить количество полных лет.
        ' Вернуть возраст.
    End Get
End Property
```

Создание свойств, доступных только для записи, ничуть не сложнее. Нужно лишь добавить в объявление свойства ключевое слово WriteOnly и оставить в процедуре свойства только блок Set...End Set.

Параметризованные свойства

Можно создавать и параметризованные свойства. Возвращаясь к рассматриваемому примеру, легко себе представить, что в каждый момент времени пациента наблюдают несколько врачей. Поэтому в библиотеке классов Healthcare может быть класс Physician (Врач), а в классе Patient — набор объектов класса Physician. Должен быть способ обратиться к этому набору, как к параметризованному свойству, и обойти все его элементы.

Создание параметризованного свойства не вызывает особых проблем. Надо лишь добавить параметр к процедуре свойства. Так, для определения свойства Physicians нужно написать следующий код:

```
Dim Physicians As New Collection()
Public ReadOnly Property Physicians(ByVal iIndex As Integer) As
Physician
    Get
        Return CType(PhysicianList(iIndex, Physician)
    End Get
End Property
```

Возможно, вы обратили внимание на несколько необычных конструкций в этом коде. Его основная функция – вернуть объект набора с указанным индексом. Заметим, что `PhysicianList` имеет тип данных `Collection`, а в режиме `Option Strict` автоматическое преобразование из типа `Collection` в тип `Physician` запрещено. Поэтому необходимо воспользоваться функцией `CType`. Ей передается объект и тип, к которому его необходимо привести. Только в этом случае предложение `Return` сработает нормально.

Свойства по умолчанию

В начале главы 3 я говорил о том, что свойств по умолчанию больше нет, добавив при этом, что исключены лишь свойства по умолчанию *без параметров*. Если же свойство имеет один или несколько параметров, оно может быть назначено свойством по умолчанию. Так, можно объявить `Physicians` свойством по умолчанию.

Для этого достаточно добавить ключевое слово `Default` в начале объявления свойства. Значит, объявление свойства `Physicians` должно быть таким:

```
Default Public ReadOnly Property _
    Physicians(ByVal iIndex As Integer) As Physician
```

Теперь в клиентской программе можно обратиться к свойству по умолчанию объекта `Patient`. Последние две строки показанного ниже фрагмента эквивалентны:

```
Imports Healthcare
...
Dim Patient As New Patient()
Dim Phys As New Physician()
Phys = Patient.Physicians(1)
Phys = Patient(1)        ' Эквивалентно предыдущей строке.
```

Конструкторы классов

В рассмотренном классе `Patient` не было конструктора, то есть отсутствовала процедура `Sub New`. Но конструкторы могут пригодиться, поскольку позволяют создавать новый объект, инициализируя некоторые внутренние члены.

Предположим, например, что вы хотели при создании объекта `Patient` указать идентификатор пациента `PatientID`. Тогда в момент создания объекта можно было обратиться к базе данных и извлечь из нее сведения о пациенте. Определение процедуры `Sub New` выглядит так:

```
Public Sub New(Optional ByVal iPatientID As Integer = 0)
```

Теперь при создании объекта клиент может указать идентификатор пациента, для чего подойдет любая из приведенных строк:

```
Dim Patient As New Patient(1)
Dim Patient As Patient = New Patient(1)    ' Эквивалентно
                                           ' предыдущей строке.
```

Классы без конструкторов

Очевидно, наличие в классе конструктора необязательно. Если для создания нового класса используется блок `Class...End Class`, то процедуры `Sub New` в нем не будет. Независимо от того, есть ли в классе конструкторы и реализует ли он интерфейс `System.ComponentModel.Component`, в нем могут быть свойства и методы, и его экземпляры создаются, как для любого другого класса. Так, определение класса `Physician` из рассмотренного выше примера могло бы выглядеть следующим образом:

```
Public Class Physician
    Dim miPhysID As Integer
    Public Property PhysicianID() As Integer
        Get
            Return miPhysID
        End Get
        Set
            miPhysID = Value
        End Set
    End Property

    Public ReadOnly Property Age() As Single
        Get
            ' Получить дату рождения.
            ' Определить число полных лет.
            ' Вернуть возраст.
        End Get
    End Property
End Class
```

Добавление в класс методов

Методы добавляются в класс точно так же, как в VB6. Чтобы добавить метод `Admit` (Зарегистрировать) в класс `Patient`, включите в последний такой код:

```
Public Function Admit() As Boolean
    ' Добавить запись о пациенте в базу данных, послать извещение
    ' подсистеме выставления счетов и т.д.
    Return True
End Function
```

Обращение к этому методу из клиента выглядит следующим образом:

```
If Patient.Admit Then...
```

Но не делайте поспешного вывода о том, что методы не подверглись никаким изменениям, — синтаксис определения методов поменялся довольно сильно. Однако эти изменения касаются наследования, так что отложим их обсуждение до пятой главы.

Добавление событий

Для объявления событий предназначено ключевое слово Event. Предположим, что вы хотите реализовать событие, извещающее о готовности лабораторных анализов. Для этого нужно добавить в класс, отвечающий за возбуждение события, следующий код:

```
Event LabResult(ByVal LabType As String)
```

При этом событие всего лишь объявляется. Чтобы возбудить его, необходимо в коде разместить предложение RaiseEvent. Например, когда устанавливается свойство PatientID, можно проверить по базе данных, не готовы ли для пациента новые лабораторные анализы, и, если готовы, возбудить событие. Такой код мог бы выглядеть следующим образом:

```
Dim miPatientID As Integer
Public Property PatientID() As Integer
   Get
       Return miPatientID
   End Get
   Set
       miPatientID = Value
       ' Проверить, есть ли в базе данных новые анализы для этого
       ' пациента.
       ' Если есть, возбудить событие.
       RaiseEvent LabResult("РОЭ")
   End Set
End Property
```

В реальной процедуре вместо "РОЭ" вы, наверное, подставили бы вариант выполненного анализа, взятый из базы.

Обработка событий, ключевое слово WithEvents

Клиент может обработать событие двумя способами: воспользоваться ключевым словом WithEvents или предложением AddHandler.

В первом случае в объявление объекта необходимо включить слово WithEvents. Отметим, что такое объявление не может быть локальным для функции или процедуры. Иными словами, приведенное ниже предложение может встречаться только на уровне модуля, вне всех функций и процедур:

```
Dim WithEvents Patient As New Patient
```

Эта строка предполагает, что вы импортировали пространство имен HealthCare.

Чтобы добавить процедуру обработки события, щелкните по выпадающему списку **Class Name** (Имя класса) в верхней части окна кода и выберите класс Patient. В выпадающем списке **Method Name** (Имя метода) выберите метод LabResult. При этом будет создана процедура Patient_LabResult, объявление которой выглядит так:

```
Public Sub Patient_LabResult(ByVal LabType As System.String) _
    Handles Patient.LabResult
    ...
End Sub
```

Обработка событий, предложение AddHandler

Обрабатывать события можно также с помощью предложения AddHandler. Теперь не нужно в объявлении класса пользоваться ключевым словом With-Events. Класс определяется так же, как раньше. Кроме того, должна быть определена процедура или функция, выполняющая задачу обработчика события.

Затем используется предложение AddHandler для привязки конкретного события объекта к процедуре его обработки.

Предположим, например, что вы хотите создать процедуру обработки события с именем LabHandler. Сама процедура определяется стандартным образом. Она должна принимать в качестве аргументов те параметры, которые возвращает событие, определенное в классе Patient. В нашем примере вместе с событием LabResult передается параметр типа String. Поэтому обработчик должен принимать строковый аргумент.

В предложении AddHandler указывается имя события в классе Patient, которое вы собираетесь обрабатывать (LabResult), и процедура, которая будет этим заниматься (LabHandler). Но указывается не просто имя процедуры-обработчика, а ее адрес, для получения которого предназначен оператор AddressOf. Таким образом, для подготовки к обработке события нужно написать следующий код:

```
Protected Sub Button1_Click(ByVal sender As Object, _
    ByVal e As System.EventArgs) Handles Button1.Click
    Dim Patient As New Patient()
    AddHandler patient.LabResult, AddressOf Me.LabHandler
    ...
End Sub

Private Sub LabHandler(ByVal LabType As String)
    ...
End Sub
```

Обратите внимание, что в предложении AddHandler для указания имени объектной переменной (Patient) и имени события (LabResult) используется синтаксис Объект.Событие.

Так зачем два механизма? Чем AddHandler лучше WithEvents? Преимущество предложения AddHandler в том, что можно создать одну процедуру для обработки нескольких событий, даже если их возбуждают различные компоненты. Можно также обрабатывать события от объектов, создаваемых во время исполнения. Например, предложение AddHandler позволяет обработать события от объектов из набора, переданного вызывающей программой.

Окончательный вариант кода

Приведенный ниже код практически ничего не выполняет, и из него удалены отдельные изменения, которые мы вносили по ходу изложения материала. Если вы захотите увидеть программу целиком и убедиться, что она транслируется нормально, приведу текст проекта Healthcare:

```
Public Class Patient
    Dim msFirstName As String
    Dim PhysicianList As New Collection()
    Dim miPatientID As Integer

    Public Property FirstName() As String
        Get
            Return msFirstName
        End Get
        Set(ByVal Value As String)
            msFirstName = Value
        End Set
    End Property

    Default Public ReadOnly Property Physicians(ByVal iIndex As
Integer) _
        As Physician
        Get
            Return CType(PhysicianList(iIndex), Physician)
        End Get
    End Property

    Public Function Admit() As Boolean
        ' Добавить запись о пациенте в базу данных, послать
        ' извещение подсистеме выставления счетов и т.д.
        Return True
    End Function
    Event LabResult(ByVal LabType As String)
    Public Property PatientID() As Integer
        Get
            Return miPatientID
        End Get
        Set
            miPatientID = Value
            ' Проверить, есть ли в базе данных новые анализы для
            ' этого пациента. Если есть, возбудить событие.
            RaiseEvent LabResult("РОЭ")
        End Set
    End Property
End Class
```

```
Public Class Physician
    Dim miPhysID As Integer
    Public Property PhysicianID() As Integer
        Get
            Return miPhysID
        End Get
        Set(ByVal Value As Integer)
            miPhysID = Value
        End Set
    End Property
    Public ReadOnly Property Age() As Single
        Get
            ' Получить дату рождения.
            ' Вычислить количество полных лет.
            ' Вернуть возраст.
        End Get
    End Property
End Class
```

Компиляция сборки

После того как вы создали библиотеку из двух классов (`Patient` и `Physician`), самое время откомпилировать ее в сборку. В VB6 вы бы откомпилировали компонент, но времена VB6 прошли. Теперь вы пишете программы для каркаса .NET Framework, а это значит, что компилируется не компонент, а сборка. Файл сборки имеет расширение .dll, но это не традиционная DLL для Windows API. Это также и не COM DLL для VB6.

Построить сборку несложно – нужно воспользоваться не меню **File**, а отдельным меню **Build**. Щелкнув по нему, вы увидите несколько вариантов действий. Поскольку в рассмотренном выше примере у нас есть решение, содержащее библиотеку классов (Healthcare) и приложение Windows (HealthcareClient), то в меню будут пункты для построения или обновления решения. Есть также пункт для развертывания решения. В следующем разделе меню **Build** имеются пункты для построения или обновления одного из проектов, входящих в состав решения, а именно того, который выделен полужирным шрифтом в окне **Solution Explorer**. И наконец, представлен пункт **Batch Build** для пакетного построения сборки и еще один, относящийся к Менеджеру конфигурации (Configuration Manager).

На платформе .NET компилировать сборку можно в режиме отладочной (Debug) или выпускной (Release) версии либо создать свой собственный режим. В отладочном режиме в сборку включается информация, необходимая для символьной отладки, а все виды оптимизации компилятора отключены. Очевидно, что во время разработки и отладки приложения вы будете пользоваться отладочным режимом. После того как все ошибки устранены и приложение готово к развертыванию, вы переключаетесь в выпускной режим и перекомпилируете всю сборку. Не забывайте, что настройки обоих режимов можно переопределить или вообще создать свой

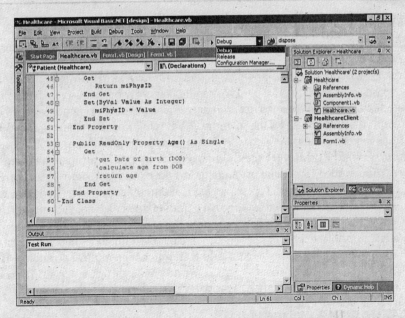

Рис. 4.4. Раскрытый список конфигураций решения на панели инструментов

собственный режим. Например, можно было бы включить отладочную информацию в проекты, откомпилированные в выпускном режиме.

Взглянув на панель инструментов, вы увидите, что выставлен отладочный режим (Debug). Выпадающий список конфигураций решения позволяет выбрать отладочный либо выпускной режим или открыть окно менеджера конфигурации (Configuration Manager).

Щелкните по проекту Healthcare в окне **Solution Explorer**. Тем самым вы выберете, какой проект будет строиться, если вы не хотите строить все решение. Теперь откройте меню **Build** и выберите из него пункт **Build Healthcare**. Когда процесс построения закончится, в окне **Output**, расположенном в нижней части IDE, появится сообщение, в котором будет сказано, сколько проектов построено успешно, неудачно и пропущено. Но в данном случае проект HealthcareClient пропущенным не считается, так что успешно будет построен один проект, неудачно – ноль, пропущено – ноль.

В процессе компиляции создаются два файла. По умолчанию проект располагается в папке My Documents\Visual Studio\Projects\Healthcare. Заглянув в нее, вы увидите папку bin, внутри которой размещены два файла: Healthcare.dll и Healthcare.pdb. Файл с расширением .dll – это сборка, а файл с расширением .pdb содержит отладочную информацию и появился только потому, что вы компилировали в отладочном режиме. Аббревиатура .PDB расшифровывается как *база данных программы* (program database). Расширение .PDB многим покажется неудачным, поскольку такое же расширение используется в операционной системе Palm. А это означает, что .PDB-файлы ассоциированы с приложениями для программы Palm Desktop.

Повторное использование сборок в других приложениях

Одно из основных отличий VB.NET состоит в том, что сборки не регистрируются в реестре. Просмотрев реестр, вы не найдете никаких упоминаний о сборке Healthcare. Информация о проекте и решении присутствует, но она была занесена программой Visual Studio для показа недавно открывавшихся файлов.

Поскольку в реестре ничего нет, то каким образом можно использовать сборку в других приложениях? Если вы начнете в VB.NET новый проект вида Windows Application и дважды щелкнете по узлу **References** в окне Solution Explorer, появится диалоговое окно **Add References**. Однако компонента Healthcare в нем не будет. И это не удивительно – раньше вы видели его потому, что проект HealthcareClient был частью того же решения. Теперь же вы начали новый проект, а значит, и новое решение. Оно находится в другом каталоге и никак не связано с компонентом Healthcare.

Чтобы использовать компонент Healthcare в новом проекте, перейдите на вкладку **.NET Framework** диалогового окна **Add Reference** и щелкните по кнопке **Browse**. Откройте папку My Documents\Visual Studio\Projects\Healthcare\bin и выберите файл Healthcare.dll. После этого в узле **References** в окне Solution Explorer появится компонент Healthcare.

Теперь в новом приложении можно пользоваться компонентом Healthcare. Для создания объекта нужно написать такой код:

```
Dim Patient As New Healthcare.Patient()
```

А если добавить в начало модуля предложение Imports Healthcare, эту запись удастся сократить до

```
Dim Patient As New Patient()
```

Поиск сборок

Вспомним COM: когда приложение обращается к компоненту, программа Service Control Manager ищет информацию об этом компоненте в реестре, создает объект и возвращает указатель на него приложению. Но .NET не пользуется реестром, поэтому должен существовать другой механизм обнаружения сборок, на которые есть ссылки в приложении (или в других сборках). Детальное описание процесса поиска не так уж важно для разработчиков компонентов, но знать его основы необходимо для устранения причин ошибок.

Шаг 1. Получение информации из ссылки

Приложение пытается найти сборку, на которую есть ссылка. Ссылка содержит следующую информацию:

- ❑ имя;
- ❑ версию;
- ❑ идентификатор региона;
- ❑ открытый ключ (для сборок с сильной схемой именования).

Эту информацию среда исполнения использует следующим образом.

Шаг 2. Просмотр конфигурационного файла

Конфигурационный файл предоставляет широкие возможности. В нем можно прописать любую информацию о ссылках, которые могут изменяться. Например, если вы полагаете, что возникла необходимость перейти на новую версию сборки, то никто не мешает поместить соответствующую информацию в конфигурационный файл. Можно также заставить приложение пользоваться только теми версиями компонентов, которые существовали на момент его построения. Такой режим называется *безопасным* (Safe Mode). Конфигурационный файл записывается в формате XML.

Шаг 3. Использование параметра `CodeBase`. Апробирование

Если хотите избежать апробирования, то можете указать в конфигурационном файле значение параметра `CodeBase`. Перед загрузкой файла, на который указывает `CodeBase`, среда исполнения проверяет версию, сравнивая ее с той, что прописана в ссылке приложения. По умолчанию, если найдена сборка с тем же или новым номером версии, она принимается.

Если параметр `CodeBase` не задан, начинается процесс *апробирования* (probing). Так называется последовательный поиск средой исполнения сборки, удовлетворяющей ряду критериев. Если сборка имеет сильное имя, то скачала ее поиск выполняется в глобальном кэше сборок (GAC). Приватные (private) сборки ищутся только в корневом каталоге приложения (он еще называется AppBase). Если среда исполнения обнаруживает в приложении ссылку на сборку `Healthcare`, то она пытается найти файл Healthcare.dll.

Если в каталоге AppBase ссылка не найдена, апробирование продолжается, и среда просматривает путь, указанный в конфигурационном файле. Путь прописан внутри тега `<AppDomain>`, например:

```
<probing privatePath="MyAssemblies"/>
```

При этом среда автоматически модифицирует путь поиска. Так, если ведется поиск сборки `Healthcare`, то будут просмотрены каталоги `AppBase\Healthcare` и `AppBase\bin`. Поскольку в теге `<AppDomain>` указан каталог `MyAssemblies`, то среда просматривает и каталог `AppBase\MyAssemblies`.

И наконец, среда учитывает информацию о регионе. Если вы создали многоязычное или локализованное приложение, то добавляется также локализующий идентификатор. Если он равен de, то в множество путей поиска будут включены `AppBase\Healthcare\de` и `AppBase\MyAssemblies\de`.

Шаг 4. Глобальный кэш сборок

Напомним, что в глобальном кэше (GAC) хранятся сборки, используемые несколькими приложениями, установленными на одной и той же машине. Даже если сборка найдена в процессе апробирования или на основе параметра `CodeBase`, то среда исполнения будет искать самую последнюю версию в GAC при условии, что вы не отключили эту функцию. Если новая версия существует, то именно она будет использоваться.

Чтобы добавить сборку в GAC, удалить ее оттуда или просмотреть содержимое глобального кэша, воспользуйтесь консольным приложением gacutil.exe, которое поставляется с каркасом .NET Framework. GAC – это обычный каталог, поэтому поместить в него сборку можно простым копированием файла.

Шаг 5. Вмешательство администратора

Администратор может создать файл, в котором указана конкретная версия сборки. Если приложение ищет версию 2.1.4.0 сборки Healthcare, то в этом файле можно указать другую версию, заставив приложение изменить требования.

Работа со сборками и с GAC

Примечание   *Для выполнения примеров, описанных в этом разделе, вам нужны полномочия администратора. Только администратору разрешено удалять файлы из глобального кэша сборок.*

Часто при создании сборки требуется, чтобы ее могли использовать несколько приложений. Это не является проблемой, поскольку разные приложения могут указывать на одну и ту же DLL. Но если вы задаете ссылку на DLL в проекте, то в ее составе будет храниться и полный путь к файлу библиотеки. Но как поступить, если он потом изменится или вы просто не знаете, где будет размещаться файл на промышленной машине?

Ранее уже говорилось, что GAC – это кэш компонентов, доступный всем приложениям. Значит, сборку Healthcare.dll можно поместить в GAC, где ее найдет любое приложение.

Задание сильного имени

Для проработки материала этого раздела прежде всего нужно задать сильное имя компонента. Сильное имя – это способ однозначной идентификации компонента. В него входит стандартная информация: имя сборки, номер версии, регион, а также открытый ключ и цифровая подпись.

Сильные имена позволяют клиенту удостовериться в том, что сборка не изменилась по сравнению с тем, что было на момент построения клиента. В частности, клиент может быть уверен, что сборка была создана заслуживающей доверия стороной. Для создания сильного имени выполняются следующие действия:

1. При компиляции сборки устанавливается режим создания сильного имени. На закрытом ключе разработчика создается цифровая подпись, которая помещается в переносимый исполняемый файл сборки. Комбинация имени и ключа обеспечивает уникальность. В COM для этой цели использовались глобально уникальные идентификаторы (GUID).

2. Клиент ссылается на сборку. В состав ссылки включается открытый ключ сборки. Строго говоря, для экономии места включается только часть открытого ключа.

3. Во время исполнения клиент проверяет сильное имя, используя открытый ключ для проверки цифровой подписи. Протокол проверки гарантирует, что сборка не была изменена и что создал ее человек, которому принадлежит открытый ключ.

Задание сильного имени гарантирует также, что никто не может создать новую версию компонента. Так как компонент подписан уникальным ключом, то создать новую версию, не владея этим ключом, нельзя. Поэтому клиенты могут быть уверены, что новые версии исходят только от автора компонента. И ко всему прочему сильные имена позволяют проверить, что с момента построения компонент не модифицировался. Это аналогично тому, как с помощью технологии Authenticode верифицируются элементы управления ActiveX, загружаемые браузером.

Чтобы задать сильное имя для сборки `Healthcare`, выберите проект `Healthcare` в окне **Solution Explorer**. Выберите из меню **Project** пункт **Properties**, чтобы открыть страницу свойств `Healthcare`. Щелкните по узлу **Strong Name** в левом окне навигации.

Создать сильное имя можно двумя способами: с помощью ключевого файла или контейнера ключей. Первый метод не так безопасен, как второй. Работая с ключевым файлом, вы помещаете его в проект, а это создает угрозу его случайного разделения, о чем система предупредит вас в окне сообщения. Доступ же к контейнеру ключей производится из среды исполнения, так что ключевой файл в проекте вообще не хранится. Но для начала воспользуемся более простым методом ключевого файла.

Щелкните по кнопке **Generate Key** (Сгенерировать ключ), расположенной чуть ниже поля **Key File** (Ключевой файл). В этом поле появится строка `KeyFile.snk` (рис. 4.5).

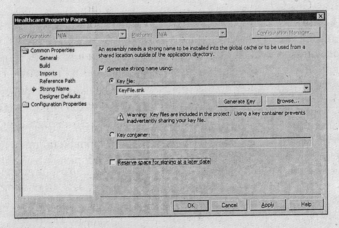

*Рис. 4.5. Вкладка **Strong Name** в диалоговом окне свойств проекта*

После нажатия на кнопку **OK** вы увидите, что файл KeyFile.snk появился в проекте (в окне **Solution Explorer**).

Следующие шаги на первый взгляд могут показаться странными, но я объясню, что происходит. Не забывайте, что ваша цель – протестировать поиск компонента сначала по указанному пути, а потом в GAC.

Добавление сборки в GAC

Имея сильное имя, снова постройте сборку, выбрав из меню **Build** пункт **Build Healthcare**. Напомним, что по умолчанию сборка создается в каталоге My Documents\Visual Studio Projects\Healthcare\bin (если вы не изменяли предложенный системой каталог). На этот раз скопируйте только что созданную сборку в другой каталог, лично я для этой цели воспользовался корневым каталогом диска C:. Главное, чтобы это был другой и при этом доступный каталог.

Теперь создайте новый проект вида Windows Application и назовите его New-HealthcareClient. Щелкните правой клавишей по узлу **References** в окне Solution Explorer и выберите из меню пункт **Add Reference**. Щелкните по вкладке **Projects** и нажмите кнопку **Browse**. Перейдите в корневой каталог диска C: и укажите на скопированный туда файл Healthcare.dll, после чего нажмите **OK**.

Итак, вы добавили в новое клиентское приложение ссылку на ранее созданную сборку. Если вы раскроете узел **References** в окне Solution Explorer, щелкнете по проекту Healthcare и посмотрите на его окно свойства, то увидите, что свойство Path равно C:\Healthcare.dll. Все это очень похоже на предыдущий пример, только теперь сборка имеет сильное имя.

Затем в форму из проекта NewHealthClient добавьте кнопку и вставьте следующий код в ее обработчик:

```
Private Sub Button1_Click(ByVal sender As System.Object, _
  ByVal e As System.EventArgs) Handles Button1.Click
  Dim myPatient As New Patient()
  myPatient.FirstName = "Sue"
  MsgBox(myPatient.FirstName)
End Sub
```

Прежде чем тестировать приложение, постройте его, выбрав пункт **Build** из одноименного меню. Файл NewHealthcareClient.exe по умолчанию создается в каталоге My Documents\Visual Studio Projects\NewHealthcareVlient\bin. Но, заглянув в него, вы увидите копию файла Healthcare.dll. Этот файл автоматически был скопирован в каталог приложения.

Не всегда нужна одна и та же DLL в каталоге каждого приложения. Во-первых, в ряде случаев приложение может ссылаться на десятки сборок; во-вторых, если одна сборка должна использоваться многими приложениями, то вряд ли вам захочется помещать копию каждой новой версии во все каталоги.

Из каталога, в котором оказался EXE-файл, запустите приложение NewHealthcareClient, чтобы убедиться в его работоспособности. А теперь удалите из этого каталога файл Healthcare.dll. Снова запустите приложение и нажмите кнопку.

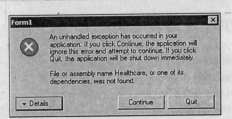

Рис. 4.6. Ошибка, говорящая о том, что сборка не найдена

В ответ появляется очень неприятное сообщение о необработанном исключении, показанное на рис. 4.6.

Щелкнув по кнопке **Details**, вы увидите следующее пояснение:

```
System.IO/FileNotFoundException: File or assembly name
Healthcare, or one of its dependencies, was not found.
Не найден файл или сборка Healthcare либо какая-то из тех, от
которых она зависит.
```

Странно! Вы сослались на сборку в корневом каталоге диска C:, и нужный файл там есть. Но, судя по всему, приложение ищет файл только в текущем каталоге. А поскольку оттуда мы его удалили, то появляется сообщение об ошибке.

Но поиск файла ведется также в GAC, а там его нет. Чтобы приложение смогло его найти, файл нужно поместить в глобальный кэш сборок.

Откройте окно консоли и перейдите на диск C:. Сейчас мы воспользуемся утилитой gacutil для записи сборки в GAC. Но сначала нужно найти эту утилиту и либо указать ее полный путь, либо скопировать ее в корневой каталог диска C:. Сделав это, введите следующую команду:

```
gacutil /i healthcare.dll
```

Теперь сборка установлена в GAC. Если бы вы не создали сильное имя, то получили бы сообщение о том, что сборку без сильного имени нельзя поместить в GAC.

Снова запустите приложение NewHealthcareClient. На этот раз оно выполняется без ошибок. При этом никаких изменений в клиента вы не вносили, но во время поиска сборки среда исполнения проверяет не только текущий каталог (в котором сборки нет), но и GAC, где она обнаруживается.

Удалим сборку из GAC. В окне консоли наберите команду

```
gacutil /u healthcare
```

Заметьте, что расширение .dll файла удаляемой сборки не указывается. После удаления снова запустите клиента. При этом события могут развиваться в двух направлениях. Если перед удалением сборки из GAC вы не завершили клиентское приложение, то оно продолжит нормально работать. Если же вы закрыли его и снова запустили, появится сообщение об ошибке, потому что работающий клиент закэшировал информацию о сборке в памяти и даже не заметил, что ее удалили.

Нумерация версий и сборки .NET

Очень важно понимать, как нумеруются версии сборок .NET. Первое правило простое: политика нумерации версий применяется только к сборкам с сильными именами. Поэтому, если вы не используете сильных имен, то и беспокоиться не о чем.

Но предположим, что вы собираетесь присвоить сборке сильное имя – то ли для того, чтобы поместить ее в GAC, то ли в целях безопасности. Независимо от причины нужно разобраться, как в этом случае работает система нумерации версий.

Номера версий в .NET

Номер версии в .NET состоит из четырех частей:

```
<major number>.<minor number>.<build>.<revision>
```

Предположим, что вы регулярно создаете новую версию проекта. При этом каждый день увеличивается значение компонента `build`. Если в какой-то день вы перестраивали проект несколько раз, то увеличивать следует значение компонента `revision`. Как бы вы ни использовали части номера версии для целей управления проектом, любое их изменение важно.

Первые две части обычно называют *логическим номером версии* сборки. Например, при использовании COM на вопрос «С какой версией ADO вы работаете?» часто можно было услышать ответ «2.5» или «2.6».

Хотя логический номер версии составляют только первые два числа, клиентам с сильными именами сборок важны все четыре компонента. Среда исполнения рассматривает сборки с разными номерами версий как разные сборки, а значит, они по умолчанию будут выглядеть так и для клиента. Правда, при необходимости администратор может отменить такое поведение.

Задать номер версии можно двумя способами. Если вы откроете файл AssemblyInfo.vb, входящий в состав проекта, то увидите следующую строку:

```
<Assembly: AssemblyVersion("1.0.*")>
```

В ней можно указать номер версии или включить в кодовый модуль для каждого класса такие строки:

```
Imports System.Reflection
<Assembly: AssemblyVersionAttribute("2.3.4.6")>
```

Они должны находиться вне всех классов.

Резюме

Создание классов (или объектов) – одна из типичных задач программиста на Visual Basic. В VB.NET классы создаются иначе, чем в VB6, что и было продемонстрировано в настоящей главе. При изучении наследования изменения станут более наглядными.

Основные отличия связаны с порядком создания свойств, объявлением свойств, доступных только для чтения или только для записи, объявлением свойств по умолчанию и обработкой событий. Важно также, что теперь создаются сборки, а не COM-компоненты. И наконец, полностью изменился механизм поиска файлов.

В этой главе говорилось также о том, как глобальный кэш сборок позволяет нескольким приложениям совместно использовать сборки, и о том, как нумеруются версии сборок на платформе .NET. В следующих главах еще не раз будет показано, как библиотеки классов используются для инкапсуляции функций приложения.

Глава 5. Наследование в языке VB.NET

Еще со времен Visual Basic 1.0 наследование считалось одной из самых недостающих функций. Наконец-то оно появилось в языке, и это прекрасно. Однако хочу предупредить, что наследование – очень мощный механизм, пользоваться которым без необходимости не следует.

Если раньше вы не сталкивались с наследованием, то, возможно, не вполне понимаете, что оно может дать вообще и вам в частности. В этой главе рассказывается о том, как наследование реализовано на платформе .NET.

Что такое наследование

В течение многих лет разработчики на Visual Basic настойчиво требовали поддержки наследования. В Microsoft предлагали некую форму наследования, а именно *наследование интерфейса*, и оно появилось в VB с момента поддержки объектов, то есть с версии VB4. Но программистам нужен был механизм, называемый *наследованием реализации*. В VB.NET они, наконец, получили то, что хотели, благодаря единой среде исполнения. Если вам непонятно, чем наследование интерфейса отличается от наследования реализации, читайте дальше.

Наследование – это очень мощный механизм повторного использования кода. Предположим, что вы написали некоторый класс, обладающий свойствами и методами. Благодаря наследованию вы можете положить его в основу других классов, то есть сделать *базовым классом*. Классы, наследующие базовому, называются *производными*. Чаще всего такие классы расширяют функциональность базового.

Допустим, вам надо создать приложение, моделирующее некоторые стороны работы университета. В составе такого приложения будут объекты, представляющие студентов и профессоров. У тех и других много общего: имя, адрес и т.д. Но есть и различия. Так, у каждого студента есть профилирующая дисциплина, а профессора читают те или иные курсы. Студенты вносят плату за обучение, а профессора получают зарплату. Профессора присваивают звания, а студенты получают их.

Итак, при проектировании этих объектов необходимо принять во внимание как сходство, так и различия. Смысл наследования в том, чтобы код для схожих аспектов поведения писался только один раз и включался и в класс Student, и в класс Professor.

Наследование интерфейса в VB6

В VB6 существовал механизм наследования интерфейса. Пользуясь им, вы могли создать интерфейс (или объявление) повторно используемого компонента. Предположим, что нужен объект Person, в котором сосредоточены атрибуты, общие для студентов и профессоров. В VB6 можно было создать модуль класса, содержащий объявления этих атрибутов, но без кода реализации. Такой интерфейсный класс можно было назвать iPerson, и вот как он мог выглядеть:

```
Public Property Get Name() As String
End Property
Public Property Let Name(psName As String)
End Property

Public Property Get Address() As String
End Property
Public Property Let Address(psAddress As String)
End Property

Public Function Enroll() As Boolean
End Function
```

В VB6 интерфейсы оформлялись как модули классов. Строго говоря, VB не умел создавать интерфейсы, но можно было пойти на хитрость — поместить в модуль класса только определения свойств и методов, а реализовать их в другом классе. То есть, по сути дела, вы создавали класс, не имеющий реализации, и называли его интерфейсом. Так, метод Enroll (Записать на курс) в примере выше не содержит никакого кода. Если вам интересно, зачем в интерфейсе iPerson функция Enroll, отвечу: потому что профессора тоже могут посещать курсы в университете, причем в большинстве учреждений для них это бесплатно.

Чтобы воспользоваться этим интерфейсом в других классах, надо было включить в объявление класса такую строчку:

```
Implements Person
```

Она говорит о том, что новый класс наследует интерфейс класса iPerson. В VB6 методы, объявленные в интерфейсном классе, могли содержать код, но при реализации интерфейса в другом классе он полностью игнорировался.

Допустим, что в объявлении класса Student есть ключевое слово Implements. Тогда этот класс должен реализовать все открытые свойства, методы и события, объявленные в iPerson. Поэтому его код должен выглядеть примерно так:

```
Public Property Get iPerson_Name() As String
    iPerson_Name = msName
End Property

Public Property Let iPerson_Name(psName As String)
    msName = psName
End Property
```

```
Public Property Get iPerson_Address() As String
    iPerson_Address = msAddress
End Property

Public Property Let iPerson_Address(psAddress As String)
    msAddress = psAddress
End Property

Public Function Enroll() As Boolean
    ' Открыть базу данных.
    ' Проверить, есть ли свободные места на курсе.
    ' Если да, добавить студента.
End Function
```

Код в классе Student реализует интерфейс, объявленный в классе iPerson. Вероятно, вы понимаете, что в классе Professor будет точно такой же код, как в классе Student, по крайней мере, когда речь идет об этих четырех членах. Не проще было бы включить реализацию в класс iPerson и каким-то образом воспользоваться ей в классах Student и Professor? Именно это и называется наследованием реализации.

Наследование реализации в VB.NET

В VB.NET необязательно создавать отдельный интерфейс, хотя в принципе никто не запрещает. Достаточно создать класс, содержащий реализацию, и унаследовать его в других классах. Значит, реализовать свойства Name и Address, а также метод Enroll можно уже в классе Person. Затем классы Student и Professor наследуют классу Person, тем самым получают доступ к содержащемуся в нем коду. При желании они могут заменить унаследованный код собственным.

Следует сразу отметить, что в VB.NET любому классу по умолчанию можно наследовать. Это относится и к формам, представляющим собой не что иное, как классы. А значит, можно создать форму, производную от уже существующей. Как это делается, вы увидите чуть позже.

Несмотря на то что VB.NET поддерживает истинное наследование реализации, интерфейсы никуда не делись. Они даже были значительно усовершенствованы; в совокупности наследование и интерфейсы позволяют реализовать полиморфизм. Мы поговорим об этом в конце главы.

Простой пример наследования

Создайте новый проект вида Windows Application, назвав его InheritanceTest. Поместите в форму одну кнопку и перейдите в окно кода. Добавьте код показанного ниже класса, не забыв, что он должен находиться вне класса самой формы.

```
Public Class Person

    Dim msName, msAddress As String

    Property Name() As String
        Get
            Name = msName
        End Get
```

```
      Set(ByVal Value As String)
          msName = Value
      End Set
   End Property
   Property Address() As String
      Get
          Address = msAddress
      End Get
      Set(ByVal Value As String)
          msAddress = Value
      End Set
   End Property
   Public Function Enroll() As Boolean
      ' Проверить, сколько людей записалось на курс.
      ' Если число записавшихся меньше максимума,
      ' записать студента на курс.
      Enroll = True
   End Function
End Class
```

Здесь создается класс Person с двумя свойствами Name и Address и методом Enroll. Пока что в нем нет ничего такого, чего бы вы ни встречали раньше.

Теперь добавим второй класс – Student. Его код должен выглядеть так:

```
Public Class Student
   Inherits Person
End Class
```

Как видите, в нем совсем нет реализации – ни свойств, ни методов. Все это
унаследовано от класса Person.

Поместите в обработчик события Button1_Click следующий код:

```
Private Sub Button1_Click(ByVal sender As System.Object, _
   ByVal e As System.EventArgs) Handles Button1.Click
   Dim myStudent As New Student()
   MsgBox(myStudent.Enroll)
End Sub
```

Форма создает экземпляр класса Student. И хотя в классе Student не было
ничего, кроме предложения Inherits, но благодаря наследованию вы можете вызывать метод Enroll, определенный в классе Person, как будто он принадлежит
классу Student. Запустите проект и убедитесь, что в окне сообщения действительно отображается значение True.

Можно ли создать экземпляр самого класса Person? В данном случае – да. Так,
код обработчика события можно было бы модифицировать следующим образом:

```
Dim myStudent As New Student()
Dim myPerson As New Person()
MsgBox(myStudent.Enroll)
MsgBox(myPerson.Enroll)
```

II оба вызова Enroll будут функционировать нормально.

Здесь сразу возникает ряд вопросов. Например, можно ли в классе `Student` переопределить метод `Enroll` и не пользоваться кодом из класса `Person`? Да, можно. Можно ли запретить создание экземпляров самого класса `Person`, разрешив лишь создавать экземпляры производных от него классов? Тоже можно. Как делается это и многое другое, вы узнаете в следующих разделах.

Разделяемые члены

В VB.NET появилось понятие разделяемых членов. *Разделяемым* называется член (свойство, метод или поле), общий для всех экземпляров класса. Например, можно создать свойство, в котором будет храниться строка соединения с базой данных. Для всех объектов этого класса оно будет одним и тем же, так что разумно сделать его разделяемым. В контексте наследования разделяемые свойства применяются очень часто, чтобы все объекты производных классов имели доступ к единственному экземпляру свойства. Однако разделяемые члены можно использовать и независимо от наследования.

Чтобы продемонстрировать разделяемые свойства на практике, представим себе, что нужно создать механизм протоколирования, способный записывать в протокол любое сообщение, переданное приложением (информационное, об ошибке и т.д.). К примеру, вы хотите не только поместить сообщение в файл, но и подсчитывать общее число записанных сообщений.

Запустите Visual Studio.NET и создайте новый проект вида Windows Application, назвав его MessageLogTest. В то же решение добавьте еще один проект MessageLogger – в нем вы создадите библиотеку классов.

В проекте MessageLogger переименуйте класс в `Logger` и введите следующий код:

```
Imports System.IO
Public Class Logger
    Public Function LogMsg(ByVal psMessage As String)
        Static iCount As Integer
        iCount += 1
        Dim file As TextWriter = New StreamWriter("c:\output.txt",
True)
        file.WriteLine(psMessage & ". " iCount)
        file.Close()
    End Function
End Class
```

В этом классе есть всего один метод `LogMsg`, принимающий строку. Внутри метода определена статическая целая переменная `iCount`, в которой хранится общее число выведенных в протокол сообщений. Его текущее значение добавляется в конец каждого сообщения.

Обратимся теперь к приложению MessageLogTest. Щелкните правой клавишей мыши по узлу **References** в окне **Solution Explorer** и выберите из меню пункт **Add Reference**. Перейдите на вкладку **Project** – вы увидите проект MessageLogger.

Нажмите кнопку **Select**, а затем **OK**. Тем самым вы добавите ссылку на только что созданную библиотеку классов.

Поместите на форму две кнопки. Перейдите в окно кода и введите следующий текст (мы не показываем код, сгенерированный Дизайнером форм Windows):

```
Imports MessageLogger
Public Class Form1
    Inherits System.Windows.Forms.Form

#Region " Windows Form Designer generated code "

    Dim infoLogger As New MessageLogger.Logger()
    Dim errorLogger As New MessageLogger.Logger()

    Private Sub Button1_Click(ByVal sender As System.Object, _
        ByVal e As System.EventArgs) Handles Button1.Click
        infoLogger.LogMsg("Информационное сообщение")
    End Sub

    Private Sub Button2_Click(ByVal sender As System.Object, _
        ByVal e As System.EventArgs) Handles Button2.Click
        errorLogger.LogMsg("Сообщение об ошибке")
    End Sub
End Class
```

Запустите приложение (убедившись предварительно, что проект MessageLog-Test является стартовым; так оно и будет, если вы создавали его первым). Щелкните один раз по каждой кнопке. Выходной файл output.txt будет состоять из двух строк:

```
Информационное сообщение. 1
Сообщение об ошибке. 1
```

Заметьте, что оба объекта (`infoLogger` и `errorLogger`) успешно записали данные в текстовый файл. Но почему статический счетчик сообщений в обоих случаях принимает значение 1?

Вы создали в памяти два отдельных объекта. Они абсолютно не зависят друг от друга, следовательно, у каждого свой метод LogMsg, а значит, и своя копия статического члена iCount. Первое сообщение выводил объект `infoLogger` и присвоил ему номер 1, а второе – объект `errorLogger` и тоже присвоил ему номер 1.

Чтобы избежать этого, можно было бы сделать разделяемым метод LogMsg. Тогда одной его копией пользовались бы оба экземпляра объекта.

Для этого вернитесь в проект `MessageLogger` и измените определение метода LogMsg следующим образом:

```
Public Shared Function LogMsg(ByVal psMessage As String)
```

Поскольку в объявлении метода есть ключевое слово `Shared`, метод разделяется всеми экземплярами класса. Для проверки удалите файл output.txt. Снова запустите приложение и по разу нажмите каждую кнопку. Теперь файл output.txt будет содержать такие строки:

```
Информационное сообщение. 1
Сообщение об ошибке. 2
```

Как видите, счетчик сообщений увеличивается независимо от того, какого вида сообщение выводится. Это свидетельствует о том, что теперь обоими объектами использовался один и тот же метод LogMsg.

Ключевые слова, относящиеся к наследованию

С наследованием связано несколько ключевых слов. Напомним, что по умолчанию любому классу можно наследовать. Чтобы унаследовать классу, употребляется ключевое слово Inherits. Класс, которому наследуют, называется *базовым*, а класс, который наследует, – *производным*. Слово Inherits может встречаться только в объявлениях классов и интерфейсов. Важно подчеркнуть, что производный класс может наследовать только одному базовому.

Принудительное наследование и запрет наследования

С помощью ключевого слова NotInheritable можно сказать, что некоторому классу запрещено наследовать, то есть он не может выступать в роли базового класса. Вот как можно было бы модифицировать класс Person из приложения InheritanceTest:

```
Public NotInheritable Class Person
```

В этом случае класс Student уже не смог бы наследовать классу Person.

Прямой противоположностью слову NotInheritable является ключевое слово MustInherit. Оно свидетельствует о том, что порождать экземпляры самого класса нельзя, можно только классов, производных от него.

Если изменить объявление класса Person:

```
Public MustInherit Class Person
```

то следующая строка вызовет ошибку компиляции:

```
Dim myPerson As New Person
```

Но класс Student по-прежнему может наследовать классу Person, и создавать экземпляры класса Student не запрещено.

Замещение свойств и методов

При наследовании базовому классу его свойства и методы по умолчанию переопределить нельзя. Так, в предыдущем примере InheritanceTest нельзя создать в классе Student функцию с именем Enroll, поскольку она уже существует в классе Person.

Имеется модификатор NotOverridable, сообщающий, что некоторое свойство или метод замещать нельзя. Как уже говорилось, методы по умолчанию незамещаемы, но есть случай, когда это ключевое слово имеет смысл: если в производном классе уже замещен некоторый метод базового класса, то чтобы воспрепятствовать его дальнейшему замещению, можно пометить его модификатором NotOverridable.

Если вы хотите, чтобы свойство или метод можно было заместить в производном классе, включите в его объявление ключевое слово `Overridable`:

```
Public Overridable Function Enroll() As Boolean
```

Теперь в классе `Student` может быть свой метод `Enroll`. Для этого используется ключевое слово `Overrides`, поэтому объявление метода будет выглядеть так:

```
Public Overrides Function Enroll() As Boolean
```

Если, к примеру, в базовом классе пометить функцию `Enroll` как `Overridable`, а в производном классе ее не замещать, тогда производный класс будет пользоваться реализацией этой функции, имеющейся в базовом классе.

В интегрированной среде разработки VB.NET можно также пользоваться выпадающими списками в верхней части окна кода для замещения методов и реализации интерфейсов. На рис. 5.1 показан файл, содержащий два класса. Класс Student наследует классу `Person` и при этом может заместить метод `Enroll`. Если выбрать в списке **Class Name** строчку (`Overrides`), то в списке **Method Name** появится имя `Enroll`, его можно выбрать, чтобы создать заглушку для метода `Enroll` в производном классе `Student`.

Существует также модификатор `MustOverride`. Он требует, чтобы некоторое свойство или метод были обязательно замещены в производном классе. Модификатор `MustOverride` изменяет структуру определения свойства или метода. Поскольку замещение обязательно, то никакой реализации в этом случае быть

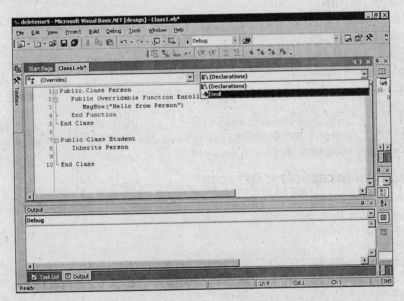

*Рис. 5.1. При наследовании в VB.NET замещаемые методы отражаются в выпадающем списке **Method Name***

не может. На самом деле при использовании этого модификатора отсутствуют даже завершители End Property, End Sub и End Function. Если в классе есть хотя бы одно свойство или метод с модификатором MustOverride, то весь класс должен быть помечен как MustInherit, поскольку воспользоваться данным свойством или методом можно будет лишь тогда, когда они переопределены в производном классе.

Так, в следующем примере имеется класс Transportation (Транспортное средство), в котором есть метод Move (Движется), объявленный с модификатором MustOverride. Это означает, что класс Transportation должен быть помечен словом MustInherit. Класс Train (Поезд) наследует классу Transportation и замещает метод Move.

```
Public MustInherit Class Transportation
    MustOverride Function Move() As Boolean
End Class

Public Class Train
    Inherits Transportation
    Public Overrides Function Move() As Boolean
        ' Здесь должна быть реализация.
    End Function
End Class
```

Ключевые слова MyBase и MyClass

Так как в производном классе свойства и методы базового класса могут быть замещены, то возможность получить доступ к их реализациям в базовом классе оставлена. Это позволяет вызывать члены базового класса из производного.

Предположим, например, что вам нужен класс Transportation с замещаемым методом Move. Класс Train наследует классу Transportation и реализует собственный вариант метода Move. Теперь из класса Train можно вызвать как реализацию метода Move из класса Train, так и реализацию из класса Transportation.

Метод CallMethods сначала вызывает Move из класса Train, а затем из класса Transportation. Пользователь увидит два окна сообщения. В первом будет текст Привет от класса Train, а во втором — Привет от класса Transportation.

На рис. 5.2 схематично показано, как работает этот код. Обращение к Move из CallMethods относится к методу из класса Train, а обращение к MyBase.Move — к методу из базового класса Transportation.

```
Public Class Transportation
    Overridable Function Move() As Boolean
        MsgBox("Привет от класса Train")
    End Function
End Class

Public Class Train
    Inherits Transportation
```

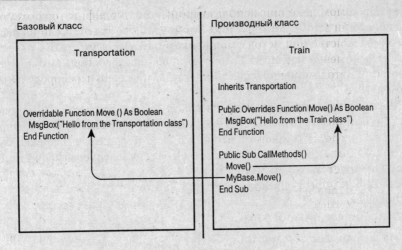

Рис. 5.2. Ключевое слово MyBase позволяет вызывать методы базового класса из производного, даже если они переопределены в последнем

```
Public Overrides Function Move() As Boolean
    MsgBox("Привет от класса Transportation")
End Function

Public Sub CallMethods()
    Move()
    MyBase.Move()
End Sub
End Class
```

С ключевым словом MyBase тесно связано слово MyClass. Предположим, что в базовом классе есть метод A, который вызывает перегружаемый метод B. Если вы хотите, чтобы вызывалась именно версия метода B, определенная в базовом классе, а не замещенная в производном, можете написать MyClass.B.

Пусть, например, в классе Transportation есть два метода: MakeReservation (Забронировать) и BuyTicket (Купить билет), причем первый вызывает второй. Оба метода замещаемые. Класс Train наследует классу Transportation и замещает метод BuyTicket последнего. Если в классе Train нет собственной реализации метода MakeReservation, то при обращении к нему будет вызван метод, определенный в классе Transportation. Однако если из метода Transportation.MakeReservation есть обращение к методу BuyTicket, то по умолчанию будет использована версия из класса Train. Вот этот код:

```
Public Class Transportation
    Overridable Function MakeReservation() As Boolean
        ' Проверить расписание
        BuyTicket()
        ' и т.д.
    End Function
```

```
    Overridable Function BuyTicket() As Boolean
        MsgBox("Обобщенная реализация в классе Transportation")
    End Function
End Class
Public Class Train
    Inherits Transportation

    Public Overrides Function BuyTicket() As Boolean
        MsgBox("Специализированная реализация в классе Train")
    End Function
End Class
```

Предположим, вам нужно, чтобы метод MakeReservation вызывал тот метод BuyTicket, который определен в классе Transportation, даже если он замещен в классе Train. Для этого измените реализацию Transportation.MakeReservation следующим образом:

```
Public Class Transportation
    Overridable Function MakeReservation() As Boolean
        ' Проверить расписание
        BuyTicket()
        MyClass.BuyTicket()
        ' и т.д.
    End Function
```

На рис. 5.3 показано, как это работает. Сначала клиент создает экземпляр класса Train, производного от Transportation, затем вызывает метод Train.MakeReservation. Поскольку метод MakeReservation не замещен в классе Train, то исполняться будет метод MakeReservation из класса Transportation.

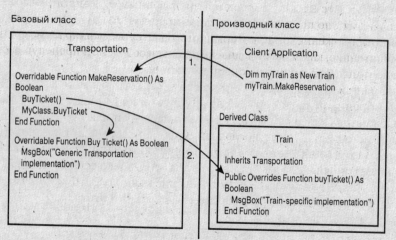

Рис. 5.3. Ключевое слово MyClass позволяет обратиться к реализации метода, находящейся в том же классе, что и вызывающая процедура, независимо от того, замещен ли этот метод в каком-нибудь производном классе

В первой строке этого метода вызывается BuyTicket. Так как метод BuyTicket замещен в классе Train, вызывается именно замещенная реализация. А в следующей строке имя метода BuyTicket обозначено ключевым словом MyClass, поэтому вызывается реализация, находящаяся в текущем классе, которым является Transportation.

Важно отметить, что если в классе Train замещен также метод MakeReservation, то класс MyClass вообще не вступит в игру. Дело в том, что реализация MakeReservation в базовом классе просто не видна, поэтому MyClass.BuyTicket — это то же самое, что и BuyTicket (конечно, в классе Train можно вызвать реализацию BuyTicket из базового класса, написав MyBase.Ticket).

Права доступа и наследование

При использовании наследования может возникнуть вопрос о правах доступа к членам класса. Для управления доступностью существует несколько модификаторов, а именно:

- Public – доступен в данном проекте и в любом ссылающемся на него;
- Friend – доступен только в данном проекте;
- Protected – доступен в классе, где создан, а также в любом производном от него;
- Protected Friend – доступен в текущем проекте, а также в производных классах;
- Private – доступен только в модуле или классе, в котором создан.

К примеру, у вас есть три класса в одной библиотеке: Person, Student и Foo. В базовом классе Person расположены процедуры с различными модификаторами видимости. Класс Student является производным от Person. Класс Foo не наследует Person, но принадлежит тому же проекту.

Еще есть приложение-клиент, в котором создается экземпляр класса Student. Обратите внимание, какие из определенных в классе Person процедур доступны классам Student, Foo и самому клиенту.

```
Public Class Person
    Public Overridable Sub PublicSub()
    End Sub

    Friend Overridable Sub FriendSub()
    End Sub

    Protected Overridable Sub ProtectedSub()
    End Sub

    Protected Friend Overridable Sub ProtectedFriendSub()
    End Sub

    Private Sub PrivateSub()
    End Sub
End Class
Public Class Student
```

```
    Inherits Person
    Public Overrides Sub PublicSub()
    End Sub

    Friend Overrides Sub FriendSub()
    End Sub

    Protected Overrides Sub ProtectedSub()
    End Sub

    Protected Friend Overrides Sub ProtectedFriendSub()
    End Sub
End Class

Public Class Foo
    Dim myStudent As New Student()
    Public Sub Test()
        myStudent.PublicSub()
        myStudent.FriendSub()
        myStudent.ProtectedFriendSub()
    End Sub
End Class
```

Заметьте, что в классе `Student`, производном от `Person`, видно все, кроме закрытого метода `PrivateSub`.

С другой стороны, в классе `Foo` видны только процедуры `PublicSub`, `FriendSub` и `ProtectedFriendSub`. Процедура же `ProtectedSub` видна только в том классе, где определена, и в производных от него.

И наконец, рассмотрим фрагмент приложения, в котором создается экземпляр класса `Student`:

```
Imports AccessibilityTest

Public Class Form1
    Inherits System.Windows.Forms.Form

    Private Sub Button1_Click(ByVal sender As System.Object, _
        ByVal e As System.EventArgs) Handles Button1.Click
        Dim myStudent As Student
        myStudent.PublicSub()
    End Sub
End Class
```

Единственный доступный клиенту метод – это `PublicSub`. На рис. 5.4 представлены все процедуры и их области видимости.

Полиморфизм

Полиморфизмом называется возможность изменять реализацию одного и того же метода в объектах различных классов. Возьмем, к примеру, велосипед и автомобиль. Тот и другой могут двигаться, но принцип движения у них совершенно разный, и расстояние, которое они могут преодолеть за час, тоже несравнимо. Тем не менее и класс `Car`, и класс `Bike` можно получить от класса `Transportation`

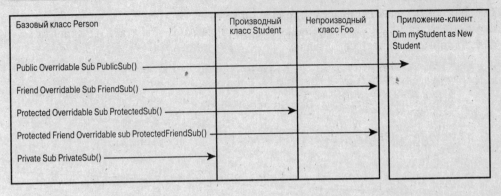

Рис. 5.4. Доступность различных методов в зависимости от модификаторов

(Транспортное средство), способного выполнять функцию базового также для классов Plane (Самолет), Train (Поезд), HotAirBalloon (Воздушный шар) и многих других.

Полиморфизм и наследование

В VB6 полиморфизм реализовывался с помощью интерфейсов (чуть позже мы поговорим об этом). VB.NET позволяет добиться полиморфного поведения за счет наследования. Отличие от сказанного выше заключается в том, что переменные типа базового класса и любого производного от него можно трактовать единообразно.

Рассмотрим приведенный ниже код. В классе Transportation есть только один метод Move. Этому классу наследуют классы Car и Bicycle. В обоих метод Move переопределен.

```
Public MustInherit Class Transportation
    Public MustOverride Function Move() As Boolean
End Class

Public Class Bicycle
    Inherits Transportation
    Overrides Function Move() As Boolean
        ' Здесь должен быть код.
        Move = True
    End Function
End Class

Public Class Car
    Inherits Transportation
    Overrides Function Move() As Boolean
        ' Здесь какой-то другой код.
        Move = True
    End Function
End Class
```

До сих пор никакой разницы с тем, что вы видели выше, нет. Создать напрямую экземпляр класса Transportation нельзя из-за атрибута MustInherit.

Однако объект любого класса, производного от `Transportation`, имеет метод `Move`, поэтому можно не задумываться о точном типе объекта. Код клиента может, например, сделать следующее:

```
Protected Sub Button1_Click(ByVal sender As System.Object, _
   ByVal e As System.EventArgs) Handles Button1.Click
   Dim myCar As New Car()
   Dim myBike As New Bicycle()

   PerformMovement(MyCar)
   PerformMovement(myBike)
End Sub

Public Sub PerformMovement(ByVal Vehicle As Transportation)
   If Vehicle.Move() Then
      ' Сделать что-нибудь.
   End If
End Sub
```

Заметьте, что процедура `PerformMovement` (Передвинуть) принимает аргумент типа `Transportation`. Для нее не имеет значения, будет ли передан объект класса `Car` или `Bicycle`. Так как он наследует классу `Transportation`, то у него обязательно есть метод `Move`, поэтому код выполнится без ошибок.

Реализация полиморфизма с помощью интерфейсов

В VB.NET остались интерфейсы. И в VB6, и в COM они применяются главным образом для того, чтобы модифицировать код, не затрагивая существующих клиентов. Можно изменить все внутреннее устройство класса, лишь бы интерфейс остался таким же, как в предыдущей версии. Тогда и клиенты будут довольны, и функциональность класса можно совершенствовать.

Интерфейсы в VB.NET можно использовать и таким образом. Однако лучше всего применять их в том случае, когда объекты разных типов должны вести себя одинаково, но при этом необязательно наследовать одному базовому типу. Например, интерфейс `IEnumerable` позволяет классу раскрыть итератор. С его помощью можно перебрать все элементы класса в цикле `For Each`, даже если этот класс не является производным от `Collection`.

Продемонстрировать полиморфизм на основе интерфейсов можно на том же примере классов `Car` и `Bicycle`. На этот раз `Transportation` будет не классом, а интерфейсом, поскольку реализация метода `Move` в классах `Car` и `Bicycle`, скорее всего, окажется очень разной. Затем мы реализуем интерфейс `Transportation` и напоследок вызовем метод `Move` для объектов разных классов.

```
Interface Transportation
   Function Move() As Boolean
End Class

Public Class Bicycle
   Implements Transportation
   Function Move() As Boolean Implements Transportation.Move
      ' Здесь должен быть код.
      Move = True
```

```
   End Function
End Class

Public Class Car
   Implements Transportation
   Function Move() As Boolean Implements Transportation.Move
      ' Здесь какой-то другой код.
      Move = True
   End Function
End Class
```

Обратите внимание, что при реализации интерфейса не нужно пользоваться модификатором `Overrides`. Кроме того, вслед за объявлением метода идет ключевое слово `Implements`, свидетельствующее о том, какой именно метод интерфейса выполняется. Это позволяет в разных классах реализовывать один и тот же интерфейс в виде методов с разными именами. Клиентский код ничем не отличается от того, что мы видели при рассмотрении полиморфизма на основе наследования.

Пример наследования внешнего вида

До сих пор речь шла о наследовании невизуальным классам. Однако формы – это тоже классы, значит, им можно наследовать. Разработчики на VB мечтали о наследовании форм много лет, и теперь благодаря каркасу .NET Framework их мечты сбылись.

При наследовании форм возникает несколько проблем. Мы начнем с простого примера и будем постепенно его усложнять.

Создание базового проекта

Создайте новый проект вида Windows Application в Visual Studio.NET и назовите его baseVisual. Можно, конечно, создать проект другого вида, но начинать проще с приложения Windows.

Среда разработки предложит вам пустую форму в окне дизайнера. Поместите в эту форму всего две кнопки и не меняйте предложенных системой имен. Измените свойство `Text` первой кнопки на Run Code (Выполнить программу), а свойство `Text` второй кнопки – на Close (Закрыть). Расположите кнопки вдоль правого края формы, как показано на рис. 5.5.

В окне кода введите следующий текст обработчика щелчка по кнопке **Button1**:

```
Private Sub Button1_Click(ByVal sender As System.Object, _
   ByVal e As System.EventArgs) Handles Button1.Click
   MsgBox("Это код из базовой формы")
End Sub
```

Добавьте также код для кнопки **Button2**:

```
Private Sub Button2_Click(ByVal sender As System.Object, _
   ByVal e As System.EventArgs) Handles Button2.Click
   Me.Close
End Sub
```

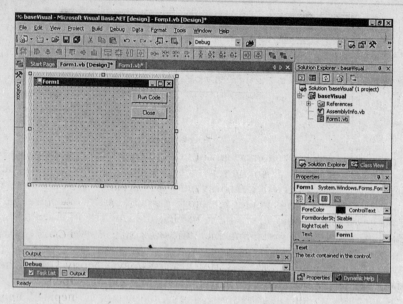

Рис. 5.5. Простая базовая форма

Примечание   *Предполагается, что кнопка Button1 используется для запуска про-*
граммы, а кнопка Button2 – для закрытия приложения.

В данный момент весь код находится в открытом классе `Form1`. Может возникнуть желание создать в том же проекте новую форму, наследующую `Form1`, но
механизм наследования форм работает несколько иначе. Прежде всего необходимо изменить вид проекта.

Щелкните правой кнопкой по проекту baseVisual в окне **Solution Explorer**
и выберите из меню пункт **Properties**. Измените значение свойства `Output Type`
(Вид выходной информации) на `Class Library`, как показано на рис. 5.6.

Результатом компиляции проекта будет DLL, но в ней окажется форма.

Добавьте к решению новый проект типа Windows Application под названием
derivedVisual. С новым проектом автоматически будет ассоциирована новая форма `Form1`. Удалите ее из проекта.

Пора бы уже унаследовать базовой форме из проекта baseVisual, но необходим еще один шаг. Нельзя унаследовать форме из другого проекта, пока не будет
выполнена сборка. Для этого щелкните правой клавишей по проекту baseVisual
в окне **Visual Explorer** и выберите из меню пункт **Build**. Заметим, что унаследовать форме, находящейся в том же проекте, можно было бы и без построения
сборки.

Построив сборку, щелкните правой клавишей по проекту derivedVisual в окне
Solution Explorer, выберите пункт **Add** и обратите внимание, что в меню появился пункт **Add Inherited Form** (Добавить унаследованную форму). Выбрав его, вы

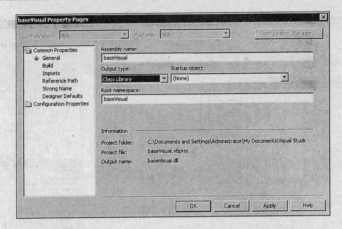

Рис. 5.6. Изменение вида проекта с Windows Application на Class Library

увидите диалоговое окно с предложением назвать новую форму. Имя значения не имеет, так что можете оставить `Form1.VB`. Нажмите кнопку **Open**.

После щелчка по кнопке **OK** происходят две вещи. Во-первых, под узлом **References** появляется проект baseVisual. Но гораздо важнее, что в проекте derivedVisual создается новая форма. Поразительно! Выглядит она точно так же, как форма из проекта baseVisual, только на обеих кнопках появились какие-то странные значки (рис. 5.8) – признак того, что кнопки унаследованы из базовой формы.

Добавьте в форму еще одну кнопку. Обратите внимание, что на ней нет символа наследования, поскольку она, естественно, не унаследована. Назначьте derivedVisual стартовым проектом и запустите приложение. Щелчок по только что добавленной кнопке не вызывает никаких действий, так как вы не запрограммировали ее обработ-

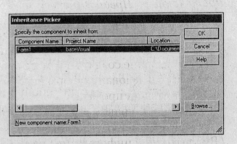

Рис. 5.7. Окно со списком форм, которым можно унаследовать

чик. Но вот щелчок по кнопке **Run Code** открывает окно сообщения, свидетельствуя о том, что был унаследован код из базового класса. Кнопка **Close**, как и раньше, закрывает форму и останавливает приложение.

Вернувшись в среду разработки, дважды щелкните по кнопке **Close**. Ничего не происходит. Дело в том, что по умолчанию нельзя ни изменить свойства объектов, унаследованных от базовой формы, ни модифицировать код их обработчиков. Разумеется, к новым объектам, добавленным в производную форму, это не относится.

Однако изменить поведение все же можно. Вернитесь к форме `Form1` из проекта baseVisual. Щелкните по кнопке **Close** и обратите внимание, что значением

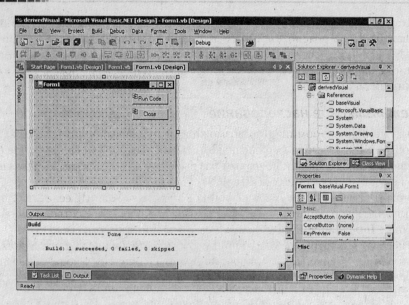

Рис. 5.8. Новая производная форма

свойства `Modifiers` (Модификаторы) является `Assembly` (Сборка). Измените его на `Family` (Семейство). Значение `Family` аналогично ключевому слову `Protected` и указывает, что объект можно модифицировать в производных классах. Значение `Assembly`, принимаемое по умолчанию, свидетельствует о том, что объект доступен всем классам, находящимся в той же сборке, что и он сам. Но derivedVisual – это другой проект, а следовательно, и другая сборка. Установите заодно свойство `Modifiers` для кнопки **Run Code** в `Family`.

Заново постройте проект baseVisual, поскольку вы внесли изменения в форму. Вернитесь в форму `Form1` в проекте derivedVisual. Возможно, вам придется закрыть Дизайнер форм и снова открыть его, чтобы увидеть изменения, произведенные в базовом классе. Дважды щелкните по кнопке **Run Code** (Button1), на этот раз откроется окно кода. Добавьте такой код:

```
Private Sub Button1_Click(ByVal sender As System.Object, _
   ByVal e As System.EventArgs) Handles Button1.Click
   MsgBox("Это код из производной формы")
End Sub
```

Снова запустите проект и щелкните по кнопке **Run Code**. Произойдет нечто странное: откроется сразу два окна сообщения – первое из базовой формы, второе – из производной. Проблема в том, что в случае форм вы не замещаете функциональность базового класса, а расширяете ее.

Можно вернуться в проект baseVisual и пометить кнопку **Button1** модификаторами `Public Overridable`, а ту же кнопку в проекте derivedVisual – модификатором

Public Overrides. Тогда будет работать только код из проекта derivedVisual, но зато дважды. Пока неясно, то ли так задумано, то ли это ошибка в версии Visual Studio.NET Beta 2. Так что следуйте простому правилу: если хотите заместить функциональность элемента управления в базовой форме, не помещайте в его обработчик никакого кода.

Межъязыковое наследование

Мы уже не раз упоминали о возможности межъязыкового наследования на платформе .NET. Пришла пора познакомиться с этим поближе. Добавьте в текущее решение новый проект, но на этот раз выберите приложение Windows на языке C#. Назовите проект derivedVisualCs.

В новом проекте будет создана форма Form1.cs. Удалите ее. Затем добавьте в проект унаследованную форму. Имя не так важно, но в качестве базовой выберите в окне **Inheritance Picker** форму Form1 из проекта baseVisual.

Поместите в форму еще одну кнопку. Вы можете добавить для нее код, дважды щелкнув по кнопке. Так как в форме может не оказаться кода, необходимого для запуска ее в качестве стартового объекта, то введите следующий текст:

```
[STAThread]
static void Main()
{
    Application.Run(new Form1());
}
private void button3_Click(object sender, System.EventArgs e)
{
    Windows.Forms.MessageBox('Привет от C#!)
}.
```

Назначьте derivedVisualCs стартовым проектом и запустите приложение. Когда форма загрузится, щелкните по кнопке **button3**. Появится окно с сообщением Привет от C#!. Щелкните по кнопке **Run Code**. Откроется окно с сообщением Это код из базовой формы (см. рис. 5.9), которое, как вы точно знаете, принадлежит форме, написанной на VB.NET! Теперь вы видите, насколько велика мощь межъязыкового наследования в .NET. Одни программисты могут теперь писать базовые формы на одном языке, а другие – наследовать им в программах, написанных на другом языке, расширяя при этом функциональные возможности.

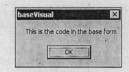

Рис. 5.9. Код, унаследованный от формы на VB.NET, исполняется в программе на C#

Использование наследования

Когда наследование впервые появилось в других языках, многие программисты начали создавать очень глубокие и чрезмерно сложные иерархии классов. Еще раз повторю: наследование – это чрезвычайно мощный и полезный механизм, но злоупотреблять им не стоит. Помню, я как-то работал вместе с одним программистом. Он потратил целый день на проектирование объектов и в конце концов воскликнул: «Ну не знаю я, как сюда пристроить полиморфизм!» Я считаю, что раз он не нашел для него места, то им не стоило пользоваться.

Существует три способа построить объектную модель:

□ *агрегирование*. Если вам нужна некоторая функция, реализованная в каком-то объекте, но ваш объект не похож на него, не наследуйте, а лучше агрегируйте экземпляр объекта. Пример: вы хотите на калькуляторе показывать отрицательные числа красным цветом. Можно создать новый элемент управления, производный от `TextBox` или `Label`, который выводит отрицательные числа красным, или просто реализовать нужную функциональность в обработчике события `Change` элемента `TextBox`;

□ *реализация интерфейса*. Если у производных объектов не очень много общего с точки зрения реализации, то лучше использовать не базовый класс, а интерфейс. Нет смысла иметь базовый класс, все методы которого должны быть перегружены, интерфейс предлагает более удобный способ достижения нужной цели. Класс может реализовывать несколько интерфейсов. Так, класс `Car` может реализовать интерфейсы `iGasPowered` (Заправляется бензином) и `iDrivable` (Ездит), а класс `Plane` – интерфейсы `iGasPowered` и `iFly` (Летает). С другой стороны, класс `Bird` (Птица) может реализовать интерфейсы `iEatWorms` (Питается червяками) и `iFly`, но не реализовывать интерфейсы `iGasPowered` и `iDrivable`;

□ *наследование*. Используйте наследование, если вам нужна функциональность базового класса, но вы хотите ее расширить, не теряя, однако, сходства с предком. Если некоторые методы базового класса не годятся для производного, то это верный признак того, что наследование – не лучшее решение задачи. Иногда простое агрегирование экземпляра другого класса и перехват обращенных к нему вызовов обеспечивает более элегантное решение.

Резюме

Итак, концептуально наследование выглядит довольно просто. Проблемы начинаются, когда вы пытаетесь спроектировать компоненты и построить объектную модель. Наследование предоставляет весьма мощные средства, но определять базовые классы следует разумно. Они должны быть достаточно функционально насыщены, чтобы им имело смысл наследовать, и в то же время достаточно общими, чтобы оказаться полезными для многих производных классов.

Наследование возможно через границы .NET-совместимых языков, что было продемонстрировано на примере наследования визуальных форм. Эта техника весьма полезна для наделения общими функциями всех форм в приложении. Прошли те времена, когда нужно было имитировать наследование путем создания модулей классов, управляющих внешним видом форм, и использовать массивы элементов управления для программного создания однотипных элементов. Такой подход остается в силе, но гораздо проще унаследовать форму и расширить ее с помощью Дизайнера форм.

С появлением наследования реализации язык VB.NET наконец-то стал полноправным членом семьи объектно-ориентированных языков. В VB6 были некоторые объектно-ориентированные конструкции, но включение наследования реализации – одной из самых принципиальных концепций ООП – намного расширило его возможности.

Глава 6. Введение в ADO.NET

ADO.NET – это новая технология Microsoft для доступа к данным. Компания Microsoft уже несколько лет пропагандирует универсальный доступ к данным, начало которому положил стандарт ODBC (Open Database Connectivity – открытый интерфейс доступа к базам данных), предложенный девять лет назад. Никто не оспаривает важность доступа к данным в современных приложениях, но конкретный способ может оказать существенное влияние на производительность и масштабируемость программы. Добавьте к этому еще и то, что приложения становятся более распределенными, поэтому передача больших объемов данных из одного места в другое очень важна при проектировании и построении приложений.

В компании Microsoft уже долго работают над проблемами доступа к данным. Технологии многократно сменяли друг друга, и ADO.NET – последняя из них. Разработчикам предлагается масса новых способов создания масштабируемых приложений для обработки данных. Объединив возможности доступа к данным, XML и каркаса .NET Framework, Microsoft предложила миру наиболее мощную на сегодняшний день технологию доступа к данным.

Значение ADO.NET

Первоначально приложения были централизованными, а доступ к ним осуществлялся с простых терминалов. Весь код программы исполнялся на большой ЭВМ, и всем управляли специалисты по информационным технологиям.

Потом появились ПК, и все изменилось. Вычислительные мощности переместились на рабочий стол: пользователи стали работать с электронными таблицами, базами данных, текстовыми процессорами и другими программами. Вскоре появились серверы, и ПК стали подключать к ним, используя для этих целей большие машины.

А когда ПК оказались связанными с серверами, наступило время клиент-серверных вычислений. Но на смену централизованной архитектуре пришла распределенная, когда на сервере хранились данные, а значительная часть функций по их обработке располагалась на клиенте.

Затем появились n-уровневые архитектуры: на сервере стали хранить объекты, инкапсулирующие бизнес-правила. При этом клиент использовался только для ввода данных, их просмотра, печати и т.п. Бизнес-правила и логика доступа к данным упаковывались в разделяемые повторно используемые компоненты, которые обращались к данным, хранящимся на средней или большой ЭВМ.

На следующем этапе эволюции возникли Web-приложения, и довольно скоро произошел возврат к централизованной модели обработки, которая, казалось бы, канула в прошлое. Браузер стал выполнять функцию терминала, который принимал от пользователя данные и выводил на экран результаты. И снова всю обработку данных контролировал отдел обработки информации, хотя теперь данные хранились не в одном месте, а были разбросаны между Web-серверами, серверами приложений и серверами баз данных.

Web-приложения до сих пор широко распространены, но многие из них следуют n-уровневой модели. Важнее, однако, то, что они породили новый класс компонентов – так называемые Web-сервисы, позволяющие рассматривать Internet как распределенную операционную систему, компоненты которой раскиданы по всему миру, а доступ осуществляется по протоколу HTTP. Подробнее о Web-сервисах вы узнаете из главы 9.

Именно в таком мире возникла технология ADO.NET, благодаря которой можно ответить на вопрос о том, как компоненты, находящиеся в разных узлах Internet, могут обмениваться данными. Кроме того, ADO.NET легко масштабируется. В некоторых аспектах ADO.NET гораздо проще предшествующих технологий доступа к данным, а в других может показаться сложнее, но обычно это обусловлено повышением уровня косвенности, что необходимо для более логичной организации доступа к данным в сегодняшних условиях.

Для лучшего понимания технологии ADO.NET сначала необходимо познакомиться с историей ее развития.

Генеалогическое древо ADO.NET

ADO.NET – это последняя версия технологий доступа к данным от компании Microsoft. Конечно, это всего лишь очередной шаг на пути эволюции, но шаг весьма большой: я бы даже рискнул сказать, что это самое серьезное изменение в доступе к данным с момента появления первой объектной модели от Microsoft. В ADO.NET впервые предпринята попытка отделить концепцию доступа к данным от концепции работы с данными.

Embedded SQL и API

С самого начала обращение к данным производилось путем встраивания предложений на языке SQL в программу вместе с информацией, необходимой для доступа к базе данных. Технология так и называлась – Embedded SQL (встроенный SQL). По большей части приложения, написанные до 1990 года, обращались к базе данных напрямую, то есть в них была встроена информация, необходимая для соединения, SQL-предложения для доступа и манипулирования данными и код для вывода данных. Такие приложения оказывались сильно связанными и были рассчитаны на то, что имя сервера и самой базы данных никогда не изменятся. Кроме того, при любой модификации структуры таблиц, как правило, приходилось перекомпилировать все клиентские программы.

Чтобы открыть базы данных для иных форм доступа, создавались специализированные интерфейсы прикладного программирования (API), к примеру DB-Lib и OCI. Такие API предназначались для того, чтобы программы, обычно написанные на C, могли обращаться к данным с машин, на которых установлены ОС UNIX или Windows. Как правило, такие библиотеки работали очень быстро, поскольку были оптимизированы под конкретный вид базы данных. Но пользоваться ими было нелегко, поскольку они предоставляли низкоуровневый API, а не объектную модель. Кроме того, библиотеки были ориентированы на продукты конкретного производителя, поэтому перенос программ на другую платформу давался с большим трудом, так как значительную часть приложения приходилось полностью переписывать под требования другой библиотеки.

ODBC, DAO и RDO

В начале 90-х годов компания Microsoft выпустила программу Access 1.0 – первую базу данных на платформе Windows. Access содержала ядро JET – персональную базу данных (SQL Server – это не персональная, а серверная база данных). В Microsoft понимали, что JET неплохо приспособлен для доступа к данным, хранящимся на ПК, но не все данные хранятся именно так. Напротив, многие компании размещали данные на серверах под управлением таких программ, как SQL Server, Oracle или DB2. Но в Microsoft добивались, чтобы можно было единообразно обращаться не только к данным в удаленных хранилищах, но и к данным, управляемым JET. Для достижения этой цели в 1993 году был предложен стандарт ODBC (Open Database Connectivity – открытый интерфейс доступа к базам данных).

В отличие от специализированных API, стандарт ODBC позволял писать программу так, что физическая структура базы данных отходила на второй план, уступая место логической схеме. Любое предложение на стандартном SQL выполнялось одинаково, независимо от того, с какой базой велась работа. Это стало возможным потому, что ODBC представлял собой промежуточный слой программного обеспечения, расположенный между приложением и базой данных. Программе сообщалось *имя источника данных* (DSN – data source name), а уже на основе DSN определялось, как работать с конкретной базой данных (путем загрузки соответствующего ODBC-драйвера) и где она находится.

Стандарт ODBC был спроектирован так, чтобы можно было не только обращаться к данным из удаленного хранилища, но и представлять эти данные так, как будто они находятся на локальном диске. Удаленные таблицы выглядели так же, как таблицы JET, поэтому можно было соединять те и другие с помощью стандартных конструкций SQL. Более того, посредством SQL и JET можно было соединять таблицы, находящиеся в разных удаленных базах, например в Oracle и SQL Server.

В состав ядра JET специалисты Microsoft включили объектную модель, получившую название *Data Access Objects* (DAO). Эта модель содержала набор классов, с помощью которых можно было обращаться к базам данных, таблицам, записям и другим объектам схемы. Можно было узнать все о колонках любой таблицы, например имя, тип данных и т.д. DAO позволяла получить из программы доступ к данным и выполнить вставку, обновление или удаление. Разрешалось пользоваться командами языка определения данных (DDL) для создания или удаления таблиц, индексов, ограничений и т.п.

JET предоставлял в распоряжение программистов богатый набор простых в применении объектов, позволяющих выбирать данные и манипулировать ими. Разработчики, использовавшие Access или Visual Basic, с помощью DAO оперировали любыми данными, управляемыми JET, в том числе присоединенными таблицами из других баз данных.

Проблема, однако, заключалась в том, что в основе модели DAO лежало ядро JET. Что нужно было делать, если данные находились в базе, управляемой SQL Server или Oracle? Можно было, конечно, с помощью ODBC присоединить все таблицы к базе под управлением JET и пользоваться DAO, но тогда между вашей программой и данными оказывалось ядро JET. Для своего времени JET считалась довольно большой программой и занимала около 1 Мб памяти на машинах с типичным объемом памяти от 4 до 16 Мб. Кроме того, в состав JET входил оптимизатор запросов, который уже имелся на удаленном сервере. Все запросы к серверу должны были сначала пройти оптимизацию через JET, после чего она заново выполнялась сервером. Поэтому вместе DAO и JET работали медленно.

Можно было не пользоваться DAO, а программировать прямо на уровне ODBC. Обычно скорость доступа к данным при этом оказывалась гораздо выше, но задача была не из простых. ODBC не имел объектной модели, как DAO. Поэтому для использования ODBC API приходилось писать гораздо больше кода, а курсорами и даже распределением памяти программист должен был управлять самостоятельно.

Долгое время в распоряжении программистов, работавших с данными на удаленном сервере, было только два варианта: либо технология DAO – простая, но (относительно) медленная, либо интерфейс ODBC API – быстрый, но трудный для программирования.

В компании Microsoft стали искать выход, поэтому вместе с Visual Basic 4.0, который был выпущен в 1995 году, была предложена новая объектная модель, построенная поверх ODBC. Она получила название *Remote Data Objects* (RDO). По структуре RDO сильно напоминала DAO, но имена большинства объектов были изменены настолько, что код, написанный для DAO, приходилось переписывать. Однако основные идеи сохранились: соединение с базой данных, последующий доступ к набору таблиц, затем к набору колонок и т.д. Сам механизм доступа к данным в моделях DAO и RDO был одинаковым, но RDO не обращалась к ядру JET, за счет чего достигались скорость, близкая к ODBC, и простота, сравнимая с DAO.

И DAO, и RDO основаны на стандарте ODBC. Обеими моделями программисты долго и плодотворно пользовались. Но в компании Microsoft предвидели современные рыночные тенденции и решили создать новую базовую технологию – OLE DB.

OLE DB и ADO

При проектировании ODBC в Microsoft ориентировались исключительно на реляционные базы данных. Несмотря на наличие ODBC-драйверов, предназначенных для работы с текстовыми файлами, таблицами Excel и другими нереляционными источниками данных, драйвер представлял их программе в реляционном виде. DAO и RDO основывались на реляционной структуре данных. После установления соединения с базой автоматически заполнялся набор таблиц и набор колонок для каждой таблицы. Наличие таких наборов и объектов объяснялось предположением о том, что удаленный источник – реляционная база данных.

В компании Microsoft понимали, что не все корпоративные данные хранятся в реляционных базах. Например, данные могли размещаться в папках **Exchange** или в каталоге **Active Directory**, а также в программе Excel в виде текстовых файлов и во многих других форматах. В Microsoft искали способ единообразного чтения любых данных – как реляционных, так и нереляционных. Результатом деятельности в этом направлении стала технология OLE DB.

OLE DB – это низкоуровневый API, как и ODBC. Однако OLE DB не предполагает, что источник данных имеет реляционную природу. Вместо этого OLE DB использует для доступа к данным собственные драйверы, называемые *провайдерами*. Наличие провайдера для конкретного источника данных – реляционного или нет – позволяет обращаться к данным из этого источника с помощью единого API.

Сама технология OLE DB – это низкоуровневый API, но опыт ODBC и RDO не прошел для Microsoft даром. Поэтому OLE DB поставлялась с объектной оболочкой, названной ActiveX Data Objects (ADO). Это простая объектная модель, построенная поверх OLE DB. Модель ADO позволяет устанавливать соединение с базой данных и получать доступ к записям. При этом ADO предоставляет единый набор объектов для доступа к данным, не зависящий от их формата.

Но, в отличие от DAO и RDO, объектная модель ADO совсем небольшая. И в DAO, и в RDO были десятки объектов, тогда как в ADO число основных объектов меньше десяти. DAO и RDO могут автоматически создавать наборы таблиц, колонок и связей. В ADO таких объектов нет вообще, поскольку она не может делать предположений о реляционной природе данных. Поэтому вы сами должны запросить у системы информацию о структуре схемы базы данных.

Примечание   *Microsoft выпустила дополнение к ADO – библиотеку ADOX, которая предполагает, что источник данных является реляционным, и включает объекты, необходимые для работы с таблицами, колонками, связями и т.д. Однако почему-то лишь немногие программисты пользуются ADOX.*

Из-за того что OLE DB не делает предположений о реляционной природе данных, число объектов в модели ADO невелико, поэтому и памяти она занимает немного. При этом ADO работает довольно быстро, так как OLE DB-провайдеры обычно превосходят по скорости ODBC-драйверы для того же источника.

В последних версиях ADO появились средства для работы с XML. Например, ADO позволяет создавать оторванные (disconnected) наборы записей. Они хранятся на диске и открывать их можно без предварительного установления соединения с базой данных. Такие наборы записей могут храниться в двоичном формате таблограмм (ADTG – advanced data tablegram) или в формате XML. Вы можете даже выполнять для оторванных наборов операции вставки, обновления и удаления, а позже синхронизировать изменения с базой.

В основном ADO ориентирована на работу в условиях постоянного соединения, когда поток записей передается от базы данных клиенту с помощью различного вида курсоров. И в этом ADO похожа на DAO и RDO, несмотря на все внутренние отличия: все три технологии сочетают *доступ к данным* с *обработкой данных*. Разграничение этих аспектов принципиально важно и будет рассмотрено в следующем разделе.

Кроме того, данные обычно извлекаются из базы и сохраняются в памяти таким образом, чтобы оптимизировать доступ и манипулирование ими в ситуации, когда объекты ADO работают в том же процессе, что и клиент. Но если данные сохраняются в COM-компоненте промежуточного уровня, а затем передаются клиенту для отображения, возникает вопрос: как лучше всего реализовать обмен данными между уровнями? Передача данных между разными процессами – постоянная проблема в n-уровневых приложениях. Технология ADO.NET пытается разрешить вопрос отделения доступа к данным от их представления и манипулирования, а также предложить решение задачи о передаче данных между уровнями. Эволюция технологий доступа к данным от компании Microsoft схематично изображена на рис. 6.1.

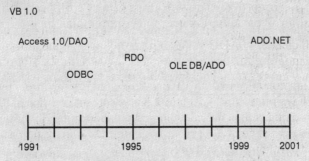

Рис. 6.1. Эволюция технологий доступа к данным

Зачем нужна ADO.NET

Основания для перехода от ODBC к OLE DB очень веские, вот почему Microsoft видит необходимость в следующем шаге. Хотя ничего плохого ни в ODBC, ни в OLE DB нет, в Microsoft понимают, что сегодня основные усилия разработчиков направлены на построение n-уровневых систем. Причем такие системы создаются не только внутри отдельной компании. Приложениям нужен доступ к специальной разновидности компонентов – Web-сервисам – через Internet по протоколу HTTP.

Благодаря инициативе, названной *Simple Object Access Protocol* (SOAP – простой протокол доступа к объектам), стало возможным вызывать компоненты, находящиеся в любом узле Internet, по протоколу HTTP. SOAP – это основанный на XML протокол для отправки и получения информации в распределенной среде, допускающий удаленный вызов процедур по HTTP. Наличие сервисов SOAP и Web позволяет сделать приложения не зависящими от платформы: Web-сервис может быть написан на языке C# и работать на сервере Windows XP, а вызывающий его клиент может быть написан на C++ и работать на Linux-машине или вообще быть сотовым телефоном или карманным компьютером. Суть дела в том, что вызов – это просто HTTP-запрос, а результаты отсылаются в виде HTTP-ответа, причем и запрос, и ответ представлены в формате XML.

Передача данных от Web-сервиса клиенту раскрывает одну из причин существования ADO.NET. В принципе передать набор записей ADO (`Recordset`) от Web-сервиса клиенту возможно, но на этом пути встречаются трудности. Во-первых, необходимо создать статический курсор. Во-вторых, нужно сохранить объект `Recordset` в формате XML и отправить его клиенту. Подразумеваемый по умолчанию формат ADTG набора записей ADO обычно не пропускается межсетевым экраном или proxy-сервером. Но даже если это произойдет, для клиента, работающего не на Windows-машине, такой формат не имеет смысла. Поэтому для ADO.NET, как вы скоро увидите, XML является «родным» языком.

Другая причина появления ADO.NET состоит в том, что в Microsoft хотели отделить доступ к данным от работы с данными. Тем самым создается еще один уровень косвенности, который сильно упрощает работу с оторванными данными (теперь это режим по умолчанию), накапливая потенциал для резкого повышения степени масштабируемости.

Еще одна причина появления ADO.NET – наличие каркаса .NET Framework. В прошлом ODBC и OLE DB, равно как и сопутствующие им объектные модели, не предусматривали наличия какого-то специального инструментария. Создав каркас .NET Framework, компания Microsoft включила ADO.NET в состав стандартного набора сервисов, доступных из любого .NET-совместимого языка программирования. Теперь доступ к данным стал одним из базовых сервисов, предоставляемых инфраструктурой.

Встраивание ADO.NET в каркас .NET Framework означает, что этой технологии доступны все сервисы, предоставляемые каркасом, в том числе автоматическое управление памятью, сборка мусора и т.д. Поэтому работать с ADO.NET несложно, а те из вас, кто пишет контролируемый код на С++, могут не беспокоиться по поводу управления памятью, используемой ADO.NET.

ADO.NET отличается от DAO, RDO и ADO еще и тем, что не нуждается в низкоуровневом API типа ODBC или OLE DB. Технология ADO.NET либо использует специализированные драйверы – контролируемые провайдеры, написанные для каждой базы данных, либо работает с обобщенным контролируемым OLE DB-провайдером, который, в свою очередь, прибегает к помощи имеющихся OLE DB-провайдеров. Поскольку существует OLE DB-провайдер для ODBC, то ADO.NET может пользоваться собственными контролируемыми провайдерами, OLE DB или ODBC. Наивысшую производительность, естественно, дают контролируемые провайдеры. В первой версии .NET Framework имеются только контролируемые провайдеры для SQL Server 7.0/2000 и для OLE DB. Для доступа к данным, хранящимся в предыдущих версиях SQL Server или в любых других базах, придется пользоваться контролируемым провайдером для OLE DB.

Архитектура ADO.NET, не требующая соединения

Об архитектуре ADO.NET, не требующей постоянного соединения с базой данных, написано много, и это очень важная концепция. Но прежде чем вдаваться в подробности, подчеркнем, что ADO.NET может работать и в условиях постоянного соединения. В зависимости от того, есть соединение или нет, ADO.NET использует различные объекты, что позволяет сразу отличить один режим работы от другого.

В предыдущих технологиях доступа к данным от Microsoft вы устанавливали соединение с сервером и не закрывали его на протяжении всего времени выборки и манипулирования данными. Это прекрасно работало, пока число клиентов было не слишком велико, но масштабировался такой подход плохо. Кроме того, в зависимости от выбранного типа курсора вы могли разными способами перемещаться по набору данных. Для некоторых типов курсоров при доступе к каждой следующей записи вы фактически читали ее из таблицы. Это, с одной стороны, приводило к большому объему трафика между базой данных и клиентом, а с другой стороны, означало, что без открытого соединения просто невозможно добиться приемлемой производительности.

Для повышения производительности иногда создавались оторванные наборы записей. При этом все записи читались за одно обращение и сохранялись в памяти клиента, образуя так называемый *статический курсор*. Затем можно было сохранить весь набор данных на локальном диске и пользоваться копией данных, а не обращаться к базе. Для редко модифицируемых данных такой подход прекрасно работал.

ADO.NET сохраняет данные в памяти таким образом, что постоянно открытого соединения вообще не требуется. Напомним, что в ADO.NET доступ к данным отделен от их использования, значит, перемещение по набору данных в любом направлении, а также выполнение операций вставки, обновления и удаления не имеет никакого отношения к установлению физического соединения с базой. Приведу в качестве примера покупку и вождение автомобиля. Каждое утро, отправляясь на работу, вы садитесь в машину и едете. Вам не приходится сначала заезжать в магазин, где вы купили машину. Вы покупаете машину один раз, привозите ее домой, а потом отправляетесь на ней по делам. Иногда, правда, приходится обращаться к дилеру для проведения технического обслуживания, но, как правило, связь с продавцом прекращается после покупки машины.

Точно так же ADO.NET позволяет соединиться с базой данных, выбрать нужные записи, а потом разорвать соединение. Мы можете продолжать работу с данными: обходить набор, выполнять сортировку и фильтрацию, а также операции вставки, обновления и удаления.

Возможно, у вас мелькнула мысль: «Подумаешь! Все то же самое я мог делать и с отдельными наборами записей в ADO». Не спорю, но позже вы увидите, что в ADO.NET есть новый объект `DataSet`, обеспечивающий беспрецедентный уровень поддержки работы с данными в условиях отсутствия соединения. Например, вставив в набор записей ADO запись, нарушающую некоторое ограничение внешнего ключа, вы узнавали об этом только при попытке синхронизовать набор с источником данных. Объект же `DataSet` позволяет проверять ограничения референциальной целостности и в оторванном режиме, не давая совершить некорректную операцию.

При использовании ADO и других моделей с постоянным соединением приходилось решать проблемы, возникающие при передаче данных между уровнями в n-уровневой архитектуре. Если компонент промежуточного уровня открывал соединение и начинал выборку данных, то он должен был как-то передать данные своему клиенту: в виде строки, набора объектов, массива элементов типа `Variant`, объекта `Recordset` или иным способом. У каждого метода были свои достоинства и недостатки, и ни один нельзя было считать идеально подходящим для любой ситуации. Оторванные записи в ADO.NET передавать от одного уровня другому (или через границы процессов в рамках одного уровня) гораздо проще.

За счет отказа от постоянного соединения и упрощения передачи данных через границы процессов ADO.NET позволяет выйти на качественно новый уровень масштабируемости.

Вопросы производительности и масштабируемости

Один из основных вопросов, касающийся ADO.NET, – производительность в сравнении с ADO. На данный момент все хорошо. Тестирование ADO.NET продолжается, а на этапе бета-версии она не уступает или даже превосходит ADO по производительности в эквивалентных тестах. Этому есть много причин, и одна из них состоит в том, контролируемый провайдер для SQL Server быстрее и эффективнее, чем OLE DB-провайдер для SQL Server. Другая причина – объекты лучше оптимизированы для выполнения конкретных задач, чем в ADO.

Производительность и масштабируемость тесно связаны между собой. По мере роста производительности возрастает и степень масштабируемости. Поскольку каждая задача решается быстрее, то при неизменных ресурсах можно обработать большее число событий в единицу времени. Поэтому оптимизация производительности делает приложение более масштабируемым.

В дополнение к увеличению скорости доступа к данным то обстоятельство, что ADO.NET может работать без постоянного соединения, сильно сказывается на масштабируемости. Если приложение должно получать данные от сервера, то необходимо установить соединение с базой. Если клиентов всего пять, то ничего страшного нет. Но при пяти тысячах клиентов такое количество соединений может перегрузить сервер как с точки зрения потребляемых ресурсов, так и с точки зрения числа необходимых лицензий. Программируя ADO.NET так, чтобы программа соединилась с сервером, получила данные и отсоединилась, вы добьетесь максимальной степени масштабируемости.

Давайте выясним, как пользователи работают с приложением. Сначала выбирают данные и изучают их. Времени на обдумывание требуется намного больше, чем для выборки данных. Предположим, что процесс выборки занимает одну секунду. Затем данные выводятся на экране, и в течение следующих 29 секунд пользователь осмысливает их. Итого из 30 затраченных секунд соединение действительно нужно было всего на одну секунду. Сохранение его в течение остальных 29 секунд – пустая трата ресурсов.

Возможно, вы думаете: «Не проблема. Я и с ADO могу все сделать. Создам Web-приложение, и к тому моменту, как данные достигнут браузера, страница уже завершит работу, и соединение закоется». Да, это так. Но что, если нужно передать данные от одного компонента другому? Как сделать это наиболее эффективно? А если этот же компонент будет использоваться клиентом Windows, который не понимает, что такое «автоматическое закрытие области действия»? Что предпринять, если в процессе обработки используется двунаправленный динамический курсор, для которого нужно постоянно открытое соединение?

ADO.NET отвечает на многие из этих вопросов, сохраняя данные в режиме без соединения таким образом, что передача их от компонента клиенту осуществляется легко и просто независимо от природы последнего. Механизм передачи основан на XML, а это значит, что вам уже не нужно преобразовывать типы данных, как того требовал COM-маршалинг, применяемый в отдельных наборах записей ADO.

XML как основа ADO.NET

Если верить рекламе, то XML может все. На любую проблему, будь то избавление людей от голода, установление мира на Земле или поиск смысла жизни, XML может дать ответ. Но, как бы ни хотелось людям верить в чудодейственные свойства XML, на самом деле это всего лишь текст. Впрочем, не надо сильно расстраиваться, ведь и HTML – это текст, и ASP-страницы – тоже текст. Ни в XML, ни в HTML, ни в ASP нет двоичной информации. Все это текстовые файлы. Своеобразие им придают теги и разметка. XML представляет собой невероятно мощную технологию только потому, что сочетает сами данные с их определением, и все это в одном пакете, доступном понимающему XML приложению на любой платформе. Можете рассматривать XML как стандарт электронного обмена данными EDI, только без необходимости обращаться к справочнику, чтобы вспомнить, что

означает 42-я позиция в строке. В некотором смысле XML – это эсперанто компью-
терного мира.

Рад сообщить вам, что для технологии ADO.NET язык XML является «родным». И при выборке данных из источника, и при передаче данных между компонентами или между компонентом и клиентом используется формат XML. При
помещении данных на постоянное хранение в файл также применяется XML.
ADO тоже позволяла сохранять данные в формате XML, но это не было режимом
по умолчанию, а в ADO.NET XML используется всегда.

ADO.NET может также читать данные, представленные в формате XML. Вы
можете «подсунуть» XML-файл ADO.NET, и она создаст из него хранилище данных в памяти, которое ничем не будет отличаться от любого другого объекта
`DataSet`. Внутри такого объекта данные хранятся во внутреннем формате, но
при любой передаче наружу они автоматически преобразуются в формат XML.

Способность читать и выводить данные в формате XML важна по многим
причинам. Во-первых, XML – это открытый стандарт, поддерживаемый на самых разных платформах. Стандартизованы и структура XML, и способ хранения информации о схеме. Поэтому XML-данные могут читать различные клиенты, причем схема может передаваться вместе с данными, так что отпадает
необходимость иметь предопределенную схему и хранить данные в фиксирован-
ном формате, как это было в случае с EDI. Данные, представленные в формате
XML, можно передавать не только приложениям на платформе .NET, но и приложениям, написанным на любых языках и работающи на любой платформе,
лишь бы они «понимали» XML.

Поскольку XML – это текстовый формат, то его легко передавать по протоколу
HTTP. Ранее уже отмечалось, что представленный в двоичном виде набор записей
ADO не имеет ни малейшего смысла для UNIX-программы, более того, двоичная
информация часто не пропускается межсетевым экраном или ргоху-сервером. Текст
же может свободно передаваться по протоколу HTTP между многими корпоратив-
ными системами.

Немного познакомившись с тем, что такое технология ADO.NET и какие задачи она призвана решать, давайте перейдем к примерам и создадим простое приложение для доступа к данным.

Построение простых приложений ADO.NET

Прежде чем приступить к написанию программ, приведу краткий обзор объектов, входящих в состав ADO.NET. Но я подозреваю, что у вас уже есть определенный опыт, кроме того, вам наверняка приходилось создавать приложения с использованием ADO.NET, так что многое покажется знакомым. Начнем с создания
простого приложения вручную, а потом познакомимся с элементами управления,
которые предоставляет Visual Studio.NET.

Создание объекта DataReader вручную

Запустите Visual Studio.NET и начните новый проект вида ASP.NET Web Application. Назовите его DataWebApp. В качестве языка выберите Visual Basic или

C# – что вам больше нравится. Для начала мы напишем очень простой код, а потом постепенно будем его усложнять.

Прежде всего необходимо открыть окно кода для Web-формы. Вам предстоит добавить объект соединения, а какой именно, зависит от базы данных, с которой вы собираетесь работать. Если это SQL Server 7.0 или SQL Server 2000, мы будем использовать объект `SqlConnection`, в любом другом случае – объект `OleDbConnection`. Поскольку Microsoft позволяет загрузить бесплатную ознакомительную версию SQL Server, то мы в этой книге будем считать, что в качестве сервера базы данных выступает именно SQL Server, поэтому в примерах используется главным образом объект `SqlConnection`.

Объект `SqlConnection`, как и большинство объектов в .NET, довольно гибок. Вы можете создать и сразу же инициализировать его или сначала создать пустой объект, а потом задать свойства. Для инициализации в момент создания нужно передать строку соединения конструктору `New`.

Сама строка соединения тоже обеспечивает большую гибкость. Сразу отметим, что, возможно, в строке из примера вам не придется менять ничего, кроме имени источника данных. Собственно говоря, если Web-приложение работает на той же машине, что и SQL Server, то вообще ничего менять не нужно. Имя источника данных – это имя сервера, на котором установлен SQL Server, а имя `localhost` обозначает просто машину, на которой работает данная программа. Если вы не очень большой оригинал, то идентификатором пользователя будет `sa`, а пароля не будет. Но если вы все-таки включили механизм обеспечения безопасности, то задайте правильные идентификатор пользователя и пароль.

Откройте окно кода страницы. В первых строчках необходимо указать, какие пространства имен вы будете использовать. Строго говоря, ссылаться на пространство имен необязательно, но это позволит сильно уменьшить объем ввода с клавиатуры. Поэтому наберите следующую строку (еще до объявления классов):

```
Imports System.Data.SqlClient
```

Теперь найдите процедуру `Page_Load` и добавьте в нее объявление объекта соединения:

```
Dim cn As New SqlConnection("data source=localhost;" & _
    "initial catalog=pubs;user id=sa;password=;")
```

Без предложения `Imports` ссылаться на этот класс пришлось бы по имени `System.Data.SqlClient.SqlConnection`; согласитесь, что набирать это довольно долго. Еще отметим, что в строке соединения значение параметра `initial catalog` равно Pubs (это имя базы данных). В примерах мы будет пользоваться либо базой данных Pubs, либо Northwind. И та, и другая поставляются вместе с SQL Server.

Далее мы создаем объект Command. В ADO объект `Connection` мог исполнять предложения SQL с помощью метода Execute. В ADO.NET это уже не так, поэтому объект `Command` приходится создавать явно. В этом качестве мы будем использовать объект `SqlCommand`, поэтому добавьте следующую строку:

```
Dim cm As New SqlCommand("Select * from Authors", cn)
```

При создании объекта `SqlCommand` мы указали ранее созданный объект `cn` типа `SqlConnection`, а также предложение на языке SQL, которое отберет все поля всех строк в таблице Authors.

После этого нужно создать объект `DataReader`. Сразу отмечу, что `DataReader` позволяет читать по одной записи за раз. Это однонаправленный метод доступа, а не курсор, позволяющий перемещаться по набору данных в обоих направлениях. Можете считать, что это режим с постоянным соединением в модели ADO.NET. Чтобы создать объект класса `DataReader` — в данном случае `SqlDataReader`, — нужно объявить переменную, а затем воспользоваться методом `ExecuteReader` объекта `SqlCommand`, который возвращает `DataReader`:

```
Dim dr As SqlDataReader
cn.Open()
dr = cm.ExecuteReader()
```

Если вам кажется, что уже можно обращаться к данным, то вы ошибаетесь. Надо еще вызвать метод `Read` объекта `DataReader`. Этот метод работает так же, как метод `MoveNext` в ADO, то есть перемещает курсор к следующей записи. Кроме того, он возвращает признак типа `Boolean`, показывающий, остались ли еще записи. Сразу после создания `DataReader` курсор указывает на позицию, предшествующую первой записи, поэтому для доступа к ней нужно один раз вызвать `Read`.

После первого вызова `Read` курсор указывает на первую запись. Есть несколько способов обращения к полям записи: по индексу или по имени поля. Обращение по имени — не самый эффективный метод, но он делает пример яснее.

Предположим, что вы хотите напечатать имя первого автора в таблице Authors. Посмотрев на ее структуру, вы увидите, что имя хранится в поле au_fname, а фамилия — в поле au_lname. Для получения полного имени эти поля надо объединить. В данном примере для вывода информации в поток HTML мы воспользовались методом `Response.Write`:

```
dr.Read()
Response.Write("Name: " & dr("au_fname") & " " & dr("au_lname"))
```

Вы только что извлекли первую запись из таблицы Authors и отправили ее браузеру. Если опустить код, сгенерированный дизайнером Web-форм, то окончательный текст программы будет выглядеть так, как в листинге 6.1.

Листинг 6.1. Простая Web-страница, на которой показана одна запись

```
Imports System.Data.SqlClient
Public Class WebForm1
    Inherits System.Web.UI.Page
#Region " Web Form Designer Generated Code "

    Private Sub Page_Load(ByVal sender As System.Object, _
        ByVal e As System.EventArgs) Handles MyBase.Load
        ' Поместить сюда код для инициализации страницы.
```

```
Dim cn As New SqlConnection("data source=localhost;" & _
    "initial catalog=pubs;user id=sa;password=;")
Dim cm As New SqlCommand("Select * from Authors", cn)
Dim dr As SqlDataReader
cn.Open()
dr = cm.ExecuteReader()
' Строки ниже будут потом изменены.
dr.Read()
Response.Write("Name: " & dr("au_fname") & " " &
dr("au_lname"))
' Строки выше будут потом изменены.
dr.Close()
cn.Close()
End Sub
End Class
```

Обратите внимание на комментарий, окружающий участок кода. Он говорит о том, что код будет меняться по мере добавления новых функций. Кроме того, представляет интерес вызов методов Close объектов DataReader и Connection. Нравится вам это или нет, но закрытие объекта DataReader – единственный способ освободить объект Connection для новой работы. Чуть позже мы еще поговорим о методе Close.

Результат выполнения этой программы (не очень впечатляющий) показан на рис. 6.2. Попробуем разобраться, что же получилось. Мы извлекли одну запись из базы данных и вывели ее на Web-страницу, для чего потребовалось всего несколько строк кода. Согласен, ничего оригинального, но ведь работает и сделано с помощью инструментов, входящих в состав платформы .NET, так что можете записать в свой актив первый пример применения ADO.NET.

Вывод фамилии и имени первого автора – это не самое интересное, что можно сделать. Можно было бы вывести имена всех авторов в виде HTML-таблицы. Модифицируем код между строками комментариев так, чтобы обойти все записи и построить из них HTML-таблицу. Если вы не очень сильны в HTML – не беда, для этого примера важнее понимать принципы работы с данными.

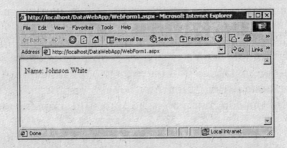

Рис. 6.2. Имя автора на ASP.NET-странице

Раньше для обхода всех записей вы применяли цикл `Do...Loop`, пока в потоке данных не обнаруживался маркер конца данных (`EOF`). При работе с объектом `DataReader` нужно просто проверить код, возвращаемый методом `Read`. А возвращает он `True`, если есть еще записи, и `False` — если записей больше нет. Поэтому цикл будет выглядеть так:

```
While dr.Read ...
    ' Здесь будет код формирования страницы.
End While
```

Этот код обходит все записи в прямом направлении. Внутри цикла должен быть код для отображения отдельных полей. Если имена полей известны, их можно выводить, как в предыдущем примере, или вместо имен использовать индексы, начинающиеся с нуля, или обойти все поля в цикле `For...Next`, тогда код будет выглядеть примерно так:

```
For iField = 0 To dr.FieldCount - 1
    Response.Write(dr(iField))
Next
```

Запуск программы в таком виде формирует не слишком привлекательную Web-страницу. Лучше поместить данные в HTML-таблицу, в которой каждая запись будет занимать одну строку, а каждое поле — отдельную ячейку. Для этого изменим код между строками комментариев, как показано в листинге 6.2.

Листинг 6.2. Простая Web-страница, на которой показана одна запись

```
' Строки ниже будут потом изменены.
Response.Write("<table border=1><tr>")
While dr.Read
    Dim iField As Integer
    For iField = 0 To dr.FieldCount - 1
        Response.Write("<td>" & dr(iField) & "</td>")
    Next
    Response.Write("</tr><tr>")
End While
Response.Write("</tr></table>")
' Строки выше будут потом изменены.
```

Результат выполнения этой страницы показан на рис. 6.3.

Использование объекта `DataReader` с целью быстрого обхода записей — это типичный прием, применяемый для форматирования данных на Web-странице. Ведь Web-страницы обрабатываются сервером, после чего отображаются клиентом. В Web-приложениях редко нужен набор записей, который можно обходить в обоих направлениях. Поэтому объект `DataReader` очень похож на однонаправленный курсор, так любимый многими разработчиками, пользующимися ADO.

Хотя основой ADO.NET является архитектура без постоянного соединения, объекту `DataReader` соединение все же нужно. Пока вы обходите в цикле записи, соединение открыто, и объект `Connection` нельзя использовать ни для чего

172-32-1176	White	Johnson	408 496-7223	10932 Bigge Rd.	Menlo Park	CA	94025	True
213-46-8915	Green	Marjorie	415 986-7020	309 63rd St. #411	Oakland	CA	94618	True
238-95-7766	Carson	Cheryl	415 548-7723	589 Darwin Ln.	Berkeley	CA	94705	True
267-41-2394	O'Leary	Michael	408 286-2428	22 Cleveland Av. #14	San Jose	CA	95128	True
274-80-9391	Straight	Dean	415 834-2919	5420 College Av.	Oakland	CA	94609	True
341-22-1782	Smith	Meander	913 843-0462	10 Mississippi Dr.	Lawrence	KS	66044	False
409-56-7008	Bennet	Abraham	415 658-9932	6223 Bateman St.	Berkeley	CA	94705	True
427-17-2319	Dull	Ann	415 836-7128	3410 Blonde St.	Palo Alto	CA	94301	True
472-27-2349	Gringlesby	Burt	707 938-6445	PO Box 792	Covelo	CA	95428	True
486-29-1786	Locksley	Charlene	415 585-4620	18 Broadway Av.	San Francisco	CA	94130	True
527-72-3246	Greene	Morningstar	615 297-2723	22 Graybar House Rd.	Nashville	TN	37215	False
648-92-1872	Blotchet-Halls	Reginald	503 745-6402	55 Hillsdale Bl.	Corvallis	OR	97330	True
672-71-3249	Yokomoto	Akiko	415 935-4228	3 Silver Ct.	Walnut Creek	CA	94595	True
712-45-1867	del Castillo	Innes	615 996-8275	2286 Cram Pl #86	Ann Arbor	MI	48105	True
722-51-5454	DeFrance	Michel	219 547-9982	3 Balding Pl.	Gary	IN	46403	True
724-08-9931	Stringer	Dirk	415 843-2991	5420 Telegraph Av.	Oakland	CA	94609	False
724-80-9391	MacFeather	Stearns	415 354-7128	44 Upland Hts.	Oakland	CA	94612	True
756-30-7391	Karsen	Livia	415 534-9219	5720 McAuley St.	Oakland	CA	94609	True
807-91-6654	Panteley	Sylvia	301 946-8853	1956 Arlington Pl.	Rockville	MD	20853	True

Рис. 6.3. Все авторы, перечисленные в HTML-таблице

другого, если объект `DataReader` еще не закрыт. Поэтому следует закончить проверку записей как можно скорее и освободить `Connection` для других работ.

Объект `DataReader` нуждается в открытом соединении, что характерно для ADO, но все же он наиболее эффективен для передачи записей от сервера клиенту. В нашем случае клиентом является ASP.NET-страница, а не браузер. Передать данные от сервера клиенту можно и другими способами, но с помощью `Data-Reader` получается быстрее, поскольку он не создает никаких прокручиваемых курсоров. В то же время данные не хранятся в памяти клиента, так что при каждом вызове страницы необходимо обращаться к серверу. Напротив, объект `Data-Set`, имеющийся в ADO.NET, кэширует данные в памяти, поэтому последующие операции доступа к ним выполняются быстрее, если объект еще не уничтожен. Но поскольку Web-страница выходит из области действия сразу после завершения обработки, то объект `DataSet` тоже уничтожается, поэтому использовать его в Web-приложениях не имеет смысла.

Использование элементов управления в Web-формах

С помощью графических элементов управления, имеющихся в Visual Studio.NET, можно создать Web-страницу почти без программирования. Какое-то количество кода написать, конечно, придется, но заполнение HTML-таблицы берет на себя серверный элемент управления, а вы можете сосредоточиться на работе с данными, а не на форматировании вывода.

Добавьте в свой проект новую Web-форму и оставьте предложенное системой название WebForm2.aspx. Перейдите на вкладку **Data** на панели инструментов

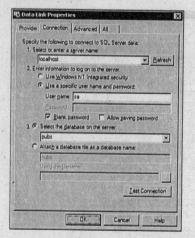

Рис. 6.4. Диалоговое окно
Data Link Properties

и перетащите на форму элемент `SqlConnection`. Новый элемент с именем `SqlConnection1` окажется в лотке компонентов формы WebForm2. В окне свойств щелкните по выпадающему списку в свойстве `ConnectionString`. Возможно, в списке уже будет несколько соединений, но нам нужно создать новое. Выберите пункт **<New Connection...>** – откроется окно **Data Link Properties** (Свойства канала связи).

Введите имя сервера, имя и пароль пользователя и имя базы данных. Окно должно выглядеть примерно так, как показано на рис. 6.4. Щелкните по кнопке **OK**, и после закрытия окна строка соединения `ConnectionString` окажется сформированной.

Теперь перетащите элемент управления `Sql-Command` из панели инструментов на форму. В лотке компонентов появится новый элемент с именем `SqlCommand1`. В окне свойств раскройте узел **Existing** (Существующие) дерева – вы увидите имеющиеся соединения. Выберите `SqlConnection1` – это будет значение свойства `Connection`. Свойству `CommandText` присвойте значение

```
Select * from Authors
```

После нажатия на кнопку **OK** система уточнит, нужно ли заново создавать набор параметров. В данном случае параметров нет, так что можете смело отвечать **No** (Нет). Если выбрать **Yes** (Да) – ничего страшного не случится. Система просто интересуется, не хотите ли вы воссоздать набор, включающий все параметры запроса. Например, в него можно было добавить параметры, передаваемые на этапе выполнения.

Итак, сейчас вы с помощью элементов управления выполнили то же самое, что раньше программировали вручную. У вас есть графическое представление объекта `SqlConnection`, в данном случае он называется `SqlConnection1`. Для него задана строка соединения с базой Pubs на указанном вами сервере. Кроме того, имеется графическое представление объекта `SqlCommand` по имени `SqlCommand1`. В качестве объекта соединения ему передается `SqlConnection1`, а выполняемая им команда отбирает все поля из всех записей в таблице Authors. Мы уже выполняли это раньше, но сейчас нам не пришлось писать ни строчки кода.

Вернемся в набор инструментов, но теперь выберем вкладку **Web Forms**. Перетащите на Web-форму элемент `DataGrid`. Если хотите, щелкните по ссылке **Auto Format** (Автоформатирование) в окне свойств и выберите формат таблицы, то есть цвета и шрифты. По окончании работы форма будет выглядеть примерно так, как на рис. 6.5, – два элемента управления находятся в лотке, а один – на самой форме.

Прежде чем идти дальше, требуется написать немного кода. Пока что мы создали соединение и команды, но еще необходимо как-то выбрать из базы записи.

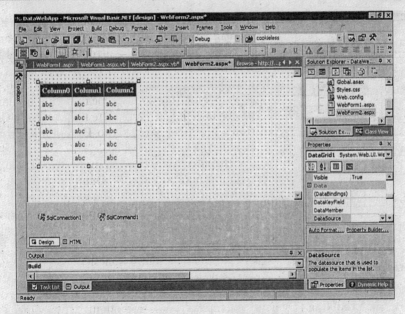

Рис. 6.5. Web-форма с элементами управления, используемыми для выборки и обработки данных

Вспомнив предыдущий пример, вы сообразите, что нужно создать объект DataReader и вывести данные на страницу. Однако элементы управления упрощают задачу, и сейчас вы сами в этом убедитесь.

Перейдите в окно кода и найдите процедуру Page_Load. Нужно ввести код для открытия соединения, а затем вызвать метод ExecuteReader объекта SqlConnection1 для получения объекта DataReader. Затем мы привяжем элемент DataGrid к объекту DataReader, после чего и DataReader, и соединение можно будет закрыть. Не нужно ни циклически обходить записи, возвращаемые объектом DataReader, ни форматировать вывод. Все это сделает за вас объект DataGrid.

Добавьте в начало окна кода предложение Imports System.Data.SqlClient, а в процедуру Page_Load введите следующий текст.

Листинг 6.3. Код для привязки элемента управления DataGrid к объекту DataReader

```
Private Sub Page_Load(ByVal sender As System.Object, _
  ByVal e As System.EventArgs) Handles MyBase.Load
  SqlConnection1.Open()
  Dim dr As SqlDataReader
  dr = SqlCommand1.ExecuteReader()
  DataGrid1.DataSource = dr
  DataGrid1.DataBind()
  dr.Close()
  SqlConnection1.Close()
End Sub
```

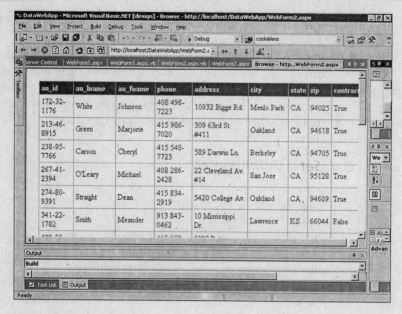

Рис. 6.6. Данные, отображаемые на Web-странице в результате работы серверных элементов управления ASP.NET

Простейший способ увидеть эту страницу в действии – сохранить ее, а затем щелкнуть правой клавишей по файлу WebForm2.aspx в окне программы Solution Explorer и выбрать из меню пункт **Build and Browse** (Построить и посмотреть). В результате внутри VS.NET откроется окно браузера с нашей страницей (рис. 6.6).

До сих пор вы наблюдали за работой ADO.NET только в режиме с постоянным соединением, не сильно отличающейся от того, к чему вы привыкли в ADO. А как же насчет провозглашенной модели без соединения? Здесь потребуется объект класса `DataSet`.

Объекты для работы с данными без соединения

Я уже говорил, что модель ADO.NET работает, как правило, в режиме отсутствия постоянного соединения. И это положительно сказывается на производительности и масштабируемости. Однако до сих пор при получении и обработке данных мы держали соединение открытым. В модели без соединения вы должны выбрать записи, но перед началом обработки кэшировать их в памяти, после чего соединение можно (и нужно) закрыть. В таком случае на протяжении всего процесса перебора записей, сортировки, фильтрации и форматирования вывода не нужно будет поддерживать дорогостоящий ресурс – соединение с базой данных.

В ADO для организации работы без соединения вы пользовались объектом `Recordset`. Этот же объект служил и для однонаправленного перебора записей. Вот тут-то и проявляется одно из фундаментальных различий между ADO и ADO.NET: в ADO для выполнения операций в режиме наличия и отсутствия соединения применяется один и тот же объект (Recordset), а в ADO.NET – два разных объекта: DataReader и DataSet.

Усвоение принципов работы объекта DataSet очень важно для понимания модели ADO.NET. Этот объект позволяет создавать приложения с высокой степенью масштабируемости и повышает эффективность совместного использования данных. Кроме того, он упрощает работу с XML как в качестве производителя, так и в качестве потребителя. Поэтому мы сначала рассмотрим объект DataSet, а затем покажем его в действии.

Объекты DataSet и DataAdapter

Объект DataSet выполняет функцию кэша для оторванных данных. Технология ADO тоже позволяла кэшировать данные в объекте Recordset, но на этом сходство между объектами Recordset и DataSet заканчивается. Объект DataSet предназначен для организации своего рода базы данных в оперативной памяти: он сохраняет не только данные, но и схему, которая может состоять из нескольких таблиц, связей между ними и ограничений.

Объекту DataSet нужна схема, потому что ему ничего не известно об источнике данных (которых, кстати, может быть несколько). Он отделен от источников данных дополнительным уровнем косвенности точно так же, как ODBC выполнял задачу посредника между приложением и базой данных. Между объектом DataSet и данными находится объект DataAdapter, который осуществляет выборку данных для заполнения DataSet и последующую синхронизацию изменений с источником данных.

Схема объекта DataSet состоит из других объектов, а сам объект DataSet включает наборы таких объектов. Набор Tables (Таблицы) содержит один или несколько объектов DataTable, а набор Relations (Связи) – один или несколько объектов DataRelation. Внутри объекта DataTable есть наборы строк и колонок, а также наборы связей между родителями и потомками. С помощью этих объектов можно моделировать реляционную схему в памяти и заполнять ее данными, извлеченными из базы.

Схему любого объекта DataSet можно описать с помощью XML. Как вы скоро увидите, получив запрос на генерирование объекта DataSet, VS.NET создает файл с XML-схемой (XSD-файл). Объекты DataSet могут сами читать и записывать XML-схемы, а также вывести схему из представления данных в формате XML, если XSD-файл отсутствует.

Заполнение объекта DataSet

Как уже говорилось, объект DataSet кэширует данные из источника для работы без соединения с базой. При этом объект DataSet ничего не знает о структуре источника данных. Но как же в него попадают данные? Для этого ADO.NET предоставляет объект DataAdapter, выступающий в качестве посредника между DataSet и источником данных. Объекту DataAdapter передается объект Connection, а затем он сам создает объекты Command для выполнения необходимых операций выборки, вставки, обновления и удаления.

Напомним, что существуют объекты, соответствующие различным контролируемым провайдерам: `SqlConnection` и `OleDbConnection`, `SqlDataReader` и `OleDbDataReader`. Также есть две разновидности объекта `DataAdapter`: `SqlDataAdapter` и `OleDbDataAdapter`. Объект `DataAdapter` применяется для выборки данных из источника и заполнения набора `DataTables` в объекте `DataSet`. После загрузки данных объект `DataSet` работает с их копией в памяти (как если бы это была настоящая база данных), выполняя операции вставки, обновления и удаления. Когда подходит время для синхронизации с источником данных, подключается объект `DataAdapter`.

Наличие схемы, ассоциированной с объектом `DataSet`, позволяет иметь сразу несколько адаптеров для одного `DataSet`. Представьте, например, что вам нужно работать с данными, хранящимися в SQL Server и в Oracle. При изменении записи в Oracle необходимо вставить новую запись в таблицу, хранящуюся в SQL Server. Тогда можно построить один объект `DataSet`, содержащий таблицы, физически находящиеся частично в SQL Server и частично в Oracle. Приложение будет работать с единой схемой, а адаптеры – обновлять источники данных.

Использование объекта DataSet

Вы уже видели примеры применения объекта `DataReader`. В первом примере вы все делали вручную, а во втором – воспользовались элементами управления, имеющимися в VS.NET. Теперь обратимся к объекту `DataSet`.

Создадим простое приложение Windows для отображения данных в сетке. Но на этот раз вы сможете модифицировать данные.

Разработайте в VS.NET новый проект вида Windows Application и назовите его DataWinApp. Можете выбрать язык VB.NET или C#. Появится Дизайнер форм. Перейдите на вкладку **Data** в наборе инструментов и перетащите на форму элемент `SqlDataAdapter` (или `OleDbDataAdapter`, если вы работаете не с SQL Server).

Размещение этого элемента управления на форме Windows запускает мастер конфигурации адаптера данных Data Adapter Configuration Wizard (для краткости будем называть его просто Мастер). Первый экран Мастера всего лишь сообщает о его назначении, так что сразу нажимайте кнопку **Next** (Дальше).

Мастер попросит вас выбрать соединение. В списке могут присутствовать ранее созданные соединения, но предположим, что их нет. Выберите пункт **New Connection** – откроется окно **Data Link Properties**. Введите имя сервера, имя и пароль пользователя и имя базы данных (Pubs). Экран должен выглядеть примерно так, как показано на рис. 6.4. Нажмите кнопку **OK**, окно Мастера станет таким, как на рис. 6.7. Нажмите кнопку **Next** для перехода к следующему шагу.

Далее Мастер спрашивает, какой тип запроса вам нужен. Обычно лучшим вариантом является хранимая процедура, но для этого примера мы можем обойтись простым SQL-запросом. Оставьте предложенный по умолчанию вариант, как показано на рис. 6.8, и нажмите кнопку **Next**.

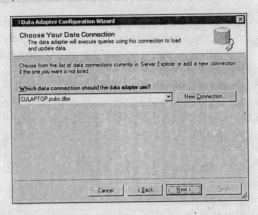

*Рис. 6.7. Страница **Data Connection** Мастера конфигурации адаптера данных*

На следующем шаге Мастер попросит ввести предложение SQL. Вы можете воспользоваться инструментом **Query Builder** для визуального построения запроса. Но сейчас просто введите то же предложение, что и в предыдущих примерах:

```
Select * from Authors
```

После ввода запроса (см. рис. 6.9) нажмите кнопку **Next**. На последнем шаге Мастер покажет все, что собирается сделать; нажмите кнопку **Finish** (Закончить).

Вы вернулись в VS.NET и видите, что в лотке компонентов под формой появились два новых элемента управления – SqlConnection1 и SqlDataAdapter1. Элемент SqlConnection1 представляет объект SqlConnection – такой же, как созданный в предыдущем примере. Элемент SqlDataAdapter1 инкапсулирует соединение данных и одну или несколько команд.

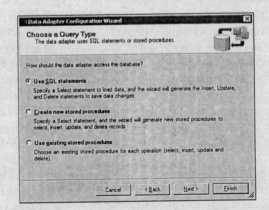

Рис. 6.8. Выбор типа запроса на странице Мастера конфигурации адаптера данных

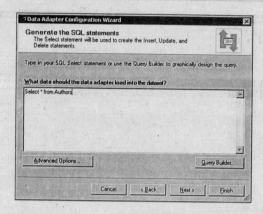

Рис. 6.9. Ввод предложения SQL на странице Мастера
конфигурации адаптера данных

Обратите внимание, что в VS.NET появилось новое меню **Data**. Выберите из него пункт **Generate Dataset** (Сгенерировать набор данных). В открывающемся диалоговом окне будет задан вопрос, нужно ли сгенерировать новый или существующий набор данных. Выберите вариант **New** и назовите набор данных dsAuthors. Убедитесь, что напротив таблицы Authors стоит галочка и установлен флажок, требующий добавить набор данных в окно Дизайнера. Правильная конфигурация показана на рис. 6.10. Нажмите кнопку **OK**.

После закрытия диалогового окна **Generate Dataset** в лоток компонентов помещается элемент управления dsAuthors. Он графически представляет объект DataSet, в котором будут кэшироваться данные. Затем в проект добавляется файл dsAuthors.xsd, появляющийся в окне **Solution Explorer**. Этот файл содержит XML-схему набора данных.

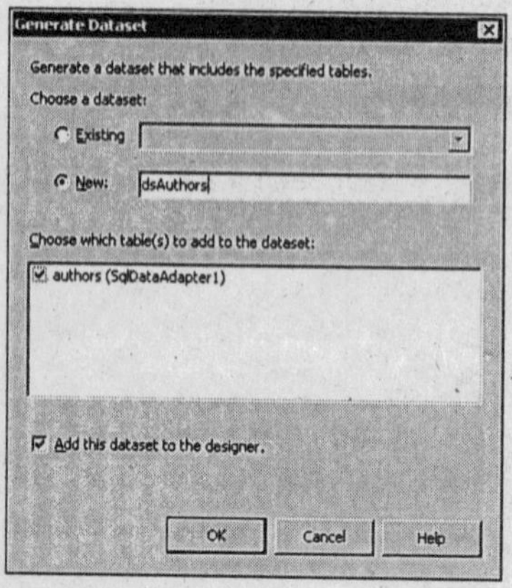

Теперь все объекты созданы и готовы к работе. Требуется как-то показать результаты их работы, чем мы сейчас и займемся. Перейдите на вкладку **Windows Forms** в наборе инструментов. Перетащите элемент DataGrid на форму и установите подходящий размер. Как вы скоро увидите, элемент DataGrid может автоматически привязываться к объекту DataSet.

В окне свойств найдите свойство DataSource элемента DataGrid и присвойте ему значение dsAuthors. В свойство DataMember запишите значение Authors. Это необходимо, потому что объект DataSet может содержать несколько таблиц (объектов DataTable), вот для чего нужно указать, к какой таблице

Рис. 6.10. Диалоговое окно
Generate Dataset используется
для генерации набора данных
на основе таблицы Authors

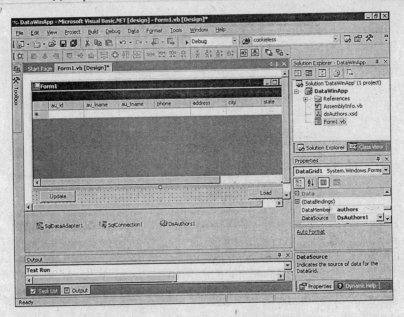

Рис. 6.11. Новая форма с добавленными элементами управления и установленными свойствами

привязывать сетку DataGrid. По умолчанию элемент DataGrid создаст колонку для каждого поля в объекте DataTable, к которому он привязан.

Напоследок разместите под сеткой две кнопки. Одну из них назовите cmdLoadData и пометьте строкой Load. Вторую назовите cmdUpdateData и пометьте строкой Update. Проект должен выглядеть так, как показано на рис. 6.11.

Как видите, в лотке компонентов находятся три элемента управления, на форме – элемент DataGrid и две кнопки, а в окне **Solution Explorer** – файл dsAuthors.xsd. Готово все, кроме кода.

Дважды щелкните по кнопке **Load** и введите код, который будет заполнять объект DataSet:

```
Private Sub cmdLoadData_Click(ByVal sender As System.Object, _
    ByVal e As System.EventArgs) Handles cmdLoadData.Click
    SqlDataAdapter1.Fill(dsAuthors1)
End Sub
```

Добавлена всего одна строка. Нигде в программе нет явного открытия или закрытия соединения, а также отсутствуют попытки что-то выполнить (вызовы метода Execute). Все это объясняется тем, что объект DataAdapter инкапсулирует и соединение, и команду, а вызов метода Fill автоматически устанавливает соединение с сервером, исполняет команду и загружает полученные данные в объект DataSet. Запустите приложение. Щелкнув по кнопке **Load**, вы увидите, что в сетке появились данные (см. рис. 6.12).

Рис. 6.12. Данные, загруженные в объект `DataSet`,
отображаются в сетке внутри формы Windows

Вы можете не только просматривать данные в сетке, но и вносить изменения. Например, первым показан автор Johnson White. Измените его фамилию на Whitehall. Как только вы начнете печатать, в левом поле строки появится значок в виде карандаша, показывающий, что запись редактируется. Затем перейдите к следующей строке, и вы увидите, что изменение внесено.

Откроем, однако, программу SQL Query Analyzer (или какой-нибудь другой инструмент для выполнения SQL-запросов) и дадим команду вывести данные из таблицы Authors. Как видите (см. рис. 6.13), Johnson White по-прежнему там, его фамилия не изменилась. Данные в сетке вы изменили и вроде бы это действие подтверждено, но таблица в SQL Server какой была, такой и осталась.

Напомним, что объекту `DataSet` ничего не известно об источнике данных. Изменив фамилию Джона Уайта на Whitehall, вы обновили значение не в самой таблице, а лишь в наборе данных, хранящихся в объекте `DataSet`.

Чтобы изменение было отражено в источнике данных, необходимо обратиться к услугам адаптера `DataAdapter`. Заставить адаптер обновить источник данных

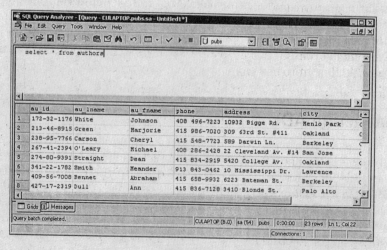

Рис. 6.13. Изменения данных в сетке
отразились только на объекте `DataSet`, но не в базе

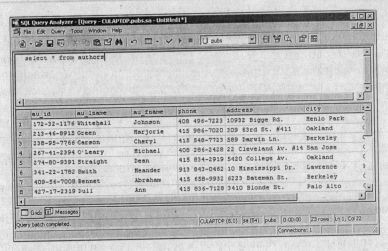

Рис. 6.14. Метод *Update* объекта *DataAdapter* вносит изменения, произведенные внутри объекта *DataSet*, в источник данных

несложно при условии, что не будет конфликтов. Для начала рассмотрим простой способ. Добавьте следующий код:

```
Private Sub cmdUpdateData_Click(ByVal sender As System.Object, _
   ByVal e As System.EventArgs) Handles cmdUpdateData.Click
   SqlDataAdapter1.Update(dsAuthors1)
End Sub
```

И на этот раз мы обошлись всего одной строчкой кода. Метод `Update` пытается применить все изменения, внесенные в объект **DataSet**, к источнику данных. Снова запустите приложение, нажмите кнопку **Load**, измените фамилию White на Whitehall и нажмите кнопку **Update**. Проверьте состояние данных в SQL Query Analyzer и убедитесь, что на этот раз изменение внесено (рис. 6.14).

Таким образом, вы создали приложение, которое использует объект `DataSet` для заполнения сетки `DataGrid` и синхронизует внесенные изменения с источником данных. Для этого понадобилось лишь несколько перемещений и две строчки кода.

Сравнение ADO и ADO.NET

Большинство читателей этой книги в той или иной мере знакомы с моделью ADO. Им будет полезно сравнить ADO.NET с аналогичными средствами ADO. Если же у вас нет опыта работы с ADO, то кое-что из этого раздела вам все же будет понятно. Но если хотите, можете сразу перейти к следующей главе.

О работе в режиме отсутствия соединения, принятом в ADO.NET, написано много, и будет написано еще больше. ADO работала в режиме постоянного соединения, хотя и предоставляла некоторую поддержку для отдельных наборов данных. В ADO существовал набор объектов для доступа к реляционным и нереляционным данным, которые в совокупности представляли собой хорошо продуманный интерфейс для работы с самыми различными данными. Однако необходимость удерживать открытое соединение ограничивала применение ADO для создания масштабируемых приложений. Кроме того, способ, которым в ADO был реализован доступ к данным и их кэширование, заставлял программистов применять не самые эффективные методы. А значит, приложения работали медленнее и потребляли больше ресурсов, чем необходимо.

Цель ADO.NET – упростить состав объектов, свойств и методов, предложив разработчикам более оптимальные средства. Например, в ADO набор записей можно было создать тремя способами: методом Execute объекта Connection, методом Execute объекта Command или методом Open объекта Recordset. У каждого способа были свои сильные и слабые стороны, но лишь немногие программисты разобрались, когда и какой способ применять. В ADO.NET способов выбрать данные и сохранить их в памяти гораздо меньше, что позволяет более целенаправленно оптимизировать производительность и уменьшить накладные расходы.

ADO.NET также направлена на поддержку новых приложений, распределенных по всему Internet. Теперь компоненты можно не только размещать на машинах в пределах одной организации, но и на компьютерах в других частях света. Объединение таких компонентов в приложение – задача непростая, но организация обмена данными между ними – более сложный вопрос, особенно если компонент-клиент работает не на платформе .NET.

Соединения в ADO и в ADO.NET

Объекты Connection в ADO и ADO.NET похожи. В обоих случаях они используются для установления соединения с источником данных и имеют свойство ConnectionString, с помощью которого определяется сервер и база данных, а также параметры аутентификации пользователя. Поэтому программистам, имеющим опыт работы с ADO, будет все знакомо.

Более того, для открытия соединения объекты Connection в моделях ADO и ADO.NET располагают методом Open. Однако в ADO.NET для каждого контролируемого провайдера имеется особая разновидность объекта Connection. Так, вместе с VB.NET поставляются классы OleDbConnection и SqlConnection, а по мере появления новых провайдеров появятся и новые классы.

И в ADO, и в ADO.NET объекты Connection могут начинать транзакции. Управление транзакциями может осуществляться как на уровне ADO / ADO.NET, так и на уровне службы COM+ Component Services (в ОС NT 4.0 эта служба называлась Microsoft Transaction Server – MTS). В ADO объект Connection имел методы для начала, фиксации и отката транзакции. В ADO.NET объект Connection, начиная транзакцию, создает отдельный объект, который обладает методами commit и rollback.

Одно из основных отличий между объектами Connection в ADO и ADO.NET состоит в том, что в ADO.NET этот объект не имеет метода Execute. В ADO было привычно создать объект Connection, а затем выполнить с его помощью SQL-запрос, не прибегая к услугам объекта Command. Но такой способ был совсем неэффективным, поэтому в ADO.NET эта возможность исключена, и для выполнения команды необходимо создать объект Command (или DataAdapter). В этом отношении ADO.NET повышает производительность приложения, устраняя потенциально неэффективный «короткий путь» и заставляя программиста использовать наиболее подходящие для решения конкретной задачи объекты.

Объекты Command в ADO и ADO.NET и объект DataAdapter

В ADO был замечательный объект Command, возможности которого программисты, особенно новички, использовали далеко не в полной мере. Этот объект предназначался для работы с хранимыми процедурами, и тут ему не было замены. При выполнении же простых SQL-запросов программисты предпочитали пользоваться методом Execute объекта Connection, что вполне заслуживает порицания, поскольку запросы по возможности следует оформлять в виде процедур, которые хранятся в откомпилированном виде, когда план выполнения запроса (какие использовать индексы и т.п.) уже определен. Вызвать хранимую процедуру обычно намного эффективнее, чем передавать каждый раз строку запроса анализатору.

ADO.NET заставляет пользоваться объектом Command чаще, поскольку у объекта Connection больше нет метода Execute. Таким образом, объект Command необходим и для вызова хранимых процедур, и для исполнения простых SQL-запросов. Это делает приложение более последовательным, что наверняка окажет благотворное влияние.

Объект Command в ADO.NET на самом деле имеет четыре разновидности метода Execute. Они оптимизированы для возврата данных разных типов, за счет чего повышается общая эффективность доступа к базе данных. Так, метод Execute-NonQuery предназначен для выполнения предложений SQL, которые не возвращают записей, — то есть операций вставки, обновления, удаления, создания и удаления объектов базы данных и т.д. Пользуясь этим методом, вы избавляете ADO.NET от необходимости создавать в памяти объект DataReader, что довольно накладно. Для достижения того же эффекта в ADO нужно было вызвать метод Execute объекта Command или Connection, передав при этом константу adExecute-NoRecords последним параметром. В ADO разработчик должен был помнить об этой константе, в ADO.NET — решить, какой разновидностью метода Execute воспользоваться.

У объекта DataAdapter нет прямого аналога в ADO. Он представляет совокупность соединения и одной или нескольких команд. Рассмотренный выше объект Command предназначен для работы в режиме соединения, а объект DataAdapter — в режиме отсутствия такового. Адаптер извлекает данные из источника и помещает их в объект DataSet, выполняющий в ADO.NET функцию кэша. В объекте Data-Adapter инкапсулированы соединение и схема, полученная из источника данных, поэтому объект DataSet может обрабатывать данные, не вникая в детали доступа к ним. Кроме того, адаптер начинает работу, когда наступает время обновить источник данных. Объект DataSet, который ничего не знает об источнике, должен вызвать адаптер для внесения изменений в данные.

Объекты Recordset, DataSet и DataReader

В ADO объект `Recordset` хранил данные в памяти. В большинстве случаев для доступа к данным объект `Recordset` пользовался серверным или клиентским курсором. Управление курсором требует больших расходов от любой базы данных, поэтому каждый программист стремится по возможности свести работу с ними к минимуму. Одним из способов избежать открытия курсора в ADO было использование метода `Open` объекта `Recordset`. В качестве одного из параметров ему можно было передать тип желаемого курсора, в частности константу `adForwardOnly` — в этом случае курсор вообще не создавался. Такой механизм иногда называют *прямоточным курсором* (firehose cursor) — это самый быстрый способ передать поток данных.

В ADO.NET имеется объект `DataReader`, специально предназначенный для однонаправленного (прямоточного) доступа к данным. В первом приближении его можно считать аналогом объекта `Recordset` в ADO, открытого с указанием константы `adForwardOnly`. Поскольку такая функция встроена в сам объект, то программисту не нужно помнить о том, какой тип курсора выбрать.

Примечание *По умолчанию в ADO предусмотрен тип курсора* `adForwardOnly`. *Но лучше всегда указывать тип курсора, чтобы из текста программы было видно, что создается именно прямоточный курсор.*

Быть может, одно из самых значительных отличий ADO от ADO.NET проявляется тогда, когда вы хотите создать курсор, непохожий на прямоточный. Последний позволяет перебирать записи только в прямом направлении. Если же нужно обходить их в обоих направлениях, то приходится использовать объект `DataSet`. Этот объект работает аналогично статическому курсору в случае наборов записей в ADO: он хранит копию данных в памяти, допускает обход в обоих направлениях и оторван от источника данных (в ADO объект `Recordset` со статическим курсором может работать и после закрытия соединения).

Объект `DataSet` отличается от `Recordset` способом хранения данных. В ADO, желая получить данные из нескольких таблиц, вы должны были пользоваться операцией соединения таблиц. Возвращаемые данные выглядели, впрочем, как одна таблица. Объект `DataSet` позволяет выбирать данные из каждой таблицы независимо и сохранять их в отдельных объектах `DataTable` внутри объекта `DataSet`. После этого можно создать объекты типа `DataRelation`, представляющие связи между таблицами, и тем самым построить схему базы данных в памяти. Остается ответить на вопрос, какую часть реальной базы вы собираетесь хранить в оперативной памяти. Некоторые разработчики были бы рады записать всю базу, но объем данных этого не позволяет. Лучше кэшировать только необходимые данные, а в случае, когда возможны изменения со стороны других пользователей, почаще обновлять базу.

Поскольку объект DataSet не нуждается в открытом соединении, то масштабируется он лучше, чем Recordset, который тоже может работать в разорванном режиме. Но в ряде случаев необходимо использование соединения – только так можно создавать динамические и управляемые ключами курсоры. Правда, такие режимы очень накладны для сервера – нужно поддерживать активное соединение, часто считывать данные из таблиц и хранить данные курсора в памяти. Для нормального функционирования объекта DataSet курсоры вообще не нужны.

Напоследок отметим, что передавать объект Recordset от одного процесса другому не всегда удобно. Передача даже отдельного набора записей требует COM-маршалинга, а этот механизм работает только со стандартными типами COM. Любой нестандартный тип приходится преобразовывать, что еще больше замедляет всю процедуру. Что же касается объектов DataSet, то они передаются в формате XML, поэтому ни преобразований типов, ни маршалинга вообще не нужно. Кроме того, поток XML-данных свободно проходит через межсетевые экраны, что для двоичных данных может оказаться проблемой.

Резюме

Как видите, ADO.NET меняет привычные представления о доступе и обработке данных. Эта технология позволяет работать как в режиме открытого соединения, так и без него. То же самое можно сказать и в отношении ADO. Однако в ADO.NET для работы в этих двух режимах используются разные объекты.

Для доступа к данным в ADO.NET предназначены контролируемые провайдеры. С каждым из них связан специальный набор объектов. Так, контролируемый провайдер для SQL Server предоставляет объекты SqlConnection и SqlDataReader, а контролируемый провайдер для OLE DB – объекты OleDbConnection и OleDbDataReader.

Доступ к данным в режиме открытого соединения ADO.NET осуществляет объект Connection, который устанавливает соединение, объект Command, который выполняет простые SQL-запросы или хранимые процедуры, и объект DataReader, эффективно перебирающий выбранные записи. При этом записи не кэшируются в памяти, а обрабатываются немедленно. Такая техника обычно применяется для простого обхода записей.

Для работы в разорванном режиме ADO.NET предоставляет объект DataAdapter, который инкапсулирует внутри себя объект Connection и один или несколько объектов Command. Объект DataAdapter осуществляет выборку данных, но не хранит их, а загружает в объект DataSet, где размещаются не только данные, но и их физическая схема. К данным в объекте DataSet можно обращаться так, как будто это настоящая база данных. Их даже разрешено модифицировать.

Изменения, произведенные над объектом DataSet, с помощью объекта Data-Adapter можно синхронизовать с источником данных.

Модель без соединения предназначена в ADO.NET для повышения масштабируемости. Для эффективной передачи данных используется представление их в формате XML. Информацию о физической схеме в объекте DataSet можно передать в виде XML-схемы (XSD-файла), а сам объект DataSet использовать для вывода хранящихся в нем данных в виде XML и для считывания данных, представленных в формате XML.

Глава 7. Конвертирование проектов из VB6 в VB.NET

До сих пор мы занимались изучением языка Visual Basic.NET и его отличий от VB6. Однако наверняка у многих читателей уже есть написанные на VB6 проекты, и они хотели бы перенести их на VB.NET. Но маловероятно, что найдутся желающие переписывать программу, поэтому нужно выяснить, какие в VB.NET есть средства для конвертирования существующих проектов.

Процедура конвертирования приложения состоит из двух шагов. Сначала используется мастер Visual Basic Upgrade Wizard (часто его называют мастером миграции) для перевода приложения на VB.NET. Затем, возможно, придется вручную довести полученный текст до ума.

Повысить качество конвертирования и минимизировать объем ручной работы можно путем предварительного внесения некоторых изменений в код на VB6. Например, отказ от позднего связывания упростит мастеру работу. Ниже будут даны и другие рекомендации.

Пример конвертирования приложения на VB6

Чтобы понять, что может мастер миграции и какие изменения придется внести самостоятельно, мы создадим простое VB6-приложение и пропустим его через мастера.

Запустите VB6 и создайте новый проект вида Standard EXE. Поместите в форму поле ввода, список и две кнопки. С помощью окна свойств присвойте свойству Sorted списка значение True.

Дважды щелкните по первой кнопке, чтобы открыть окно кода. Введите в процедуру обработки Command1_Click следующий код:

```
Private Sub Command1_Click()
    List1.AddItem Text1
    List1.ListIndex = List1.NewIndex
End Sub
```

Нажатием клавиши **F5** запустите приложение. При каждом щелчке по кнопке **Command** содержимое поля ввода добавляется к списку. Строки списка упорядочены по алфавиту, и вновь добавленная строка оказывается выбранной. Остановите приложение и вернитесь в среду разработки VB6. Добавьте в приложение еще одну форму. Поместите на нее метку и увеличьте размер формы. Дважды щелкните по форме и вставьте в процедуру Form_Load следующий код:

```
Private Sub Form_Load()
    Label1 = "В форме Form1 введен текст: " & Form1.Text1
End Sub
```

Вернитесь в форму `Form1` и включите код в процедуру `Command2_ Click`:

```
Private Sub Command2_Click()
    Form2.Show
End Sub
```

Теперь у вас есть приложение с двумя формами. Первая кнопка добавляет в список значения, набранные в поле ввода. Вторая кнопка открывает другую форму, которая ссылается на первую. Запустите приложение и убедитесь, что оно работает. Сохраните проект под именем VB6upgrade.vbp, а формы назовите, как вам хочется. В примере предполагается, что оставлены имена, предложенные по умолчанию: Form1.frm и Form2.frm.

Сохраните приложение под именем VB6upgrade. Закройте VB6 и откройте VB.NET. Запустите только что созданный файл VB6upgrade.vbp. При открытии в VB.NET проекта, который был создан в VB6, автоматически запускается мастер Visual Basic Upgrade Wizard.

Мастер Visual Basic Upgrade Wizard

Мастер Visual Basic Upgrade Wizard сработал автоматически, потому что вы открыли в VB.NET проект, созданный в VB6. На первой странице отображается ознакомительная информация, так что сразу нажмите кнопку **Next** (Дальше) для перехода к следующему шагу.

Шаг 2 Мастера показан на рис. 7.1. В большинстве случаев разумно оставить установки по умолчанию, но для полноты картины мы объясним их назначение. Во-первых, мастер спрашивает, проект какого вида вы конвертируете. В данном случае единственный выбор — EXE, и это правильно. (Если бы вы конвертировали сервер ActiveX EXE, то пришлось бы выбирать между преобразованием его в файл EXE или DLL.) Ниже находится флажок; с его помощью вы можете попросить мастера сгенерировать интерфейсы по умолчанию для всех созданных открытых классов. Это полезно, если конвертируется проект вида DLL, раскрывающий базовые классы, реализацию которых должны предоставить другие приложения. Поскольку в вашем проекте открытых классов нет, то на этот флажок можно не обращать внимания. Оставьте все настройки на этой странице такими, как на рис. 7.1, и нажмите кнопку **Next**.

На шаге 3 Мастер просит указать местоположение результирующего .NET-проекта. По умолчанию он поместит его в новый каталог внутри каталога VB6-проекта, который будет назван `<имя_проекта>.NET`. Если хотите, введите другой путь и нажмите кнопку **Next**.

На шаге 4 Мастер спрашивает, готовы ли вы приступить к конвертированию. После нажатия кнопки **Next** начнется выполнение задачи, а по ее завершении откроется конвертированный проект в среде Visual Basic .NET. Мастер всегда создает новый проект, старый VB6-проект остается без изменения.

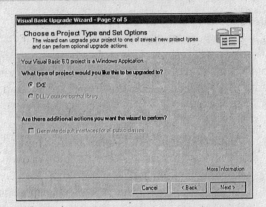

Рис. 7.1. Шаг 2 Мастера Visual Basic Upgrade Wizard

Помните, мы говорили, что после конвертирования придется выполнить некоторые модификации вручную? Так вот, Мастер создает отчет в формате HTML, содержащий перечень необходимых модификаций. В окне **Solution Explorer** этот отчет представлен в виде файла _UpgradeReport.htm. Чтобы открыть его, дважды щелкните мышью. У нас было очень простое приложение, но в отчете все же диагносцирована одна ошибка. На рис. 7.2 показан отчет о конвертировании и раскрыт относящийся к форме Form1 раздел, в котором подробно описана ошибка.

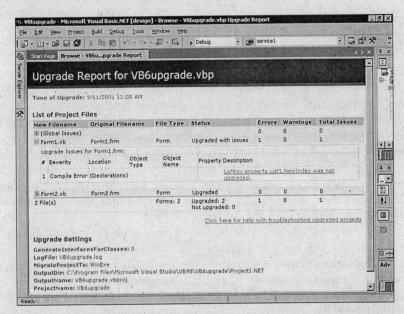

Рис. 7.2. Мастер миграции создает отчет о конвертировании
VB6-проектов в VB.NET

Изучение конвертированных форм и кода

Дважды щелкните по файлу Form1.vb, чтобы открыть форму в окне Дизайнера. Сразу обратите внимание на то, что в лотке компонентов под формой присутствует элемент управления ToolTip1. По умолчанию с элементами управления в VB.NET не связаны всплывающие подсказки. Поэтому, если вы хотите, чтобы ваши элементы имели свойство ToolTip, необходимо добавить элемент ToolTip в форму.

Дважды щелкните по кнопке **Command1** для перехода в окно кода. Заметьте, что строка в процедуре обработки события изменилась. Раньше она выглядела так:

```
List1.AddItem Text1
```

а Мастер заменил ее на

```
List1.Items.Add(Text1.Text)
```

Во-первых, появились скобки перед и после аргумента (об этом мы подробно говорили в главе 2). Кроме того, вместо Text1 Мастер подставил Text1.Text. Это не должно вас удивлять, поскольку вы уже знаете, что VB.NET не поддерживает непараметризованных свойств по умолчанию. Заметьте также, что изменилась форма вызова метода: List1.Items.Add вместо List1.AddItem.

Еще заметьте, что Мастер поместил в код сообщение об ошибке конвертирования:

```
'UPGRADE_ISSUE: ListBox property List1.NewIndex was not upgraded.
Click for more: ms-help://MS.MSDNVS/vbcon/html/vbup2059.htm
'ОШИБКА КОНВЕРТОРА: свойство List1.NewIndex элемента ListBox не
конвертировано. Для получения подробной информации щелкните по
ссылке ms-help://MS.MSDNVS/vbcon/html/vbup2059.htm
List1.SelectedIndex = List1.NewIndex
```

Если вы щелкнете по указанной гиперссылке, то увидите раздел оперативной справки, в котором объясняется причина ошибки. В VB6 свойство ListBox.NewIndex возвращало индекс последнего добавленного в список элемента. В VB.NET такого свойства нет, тот же самый индекс возвращает метод Items.Add.

Чтобы исправить ошибку, измените тело процедуры:

```
Private Sub Command1_Click(ByVal eventSender As System.Object, _
  ByVal eventArgs As System.EventArgs) Handles Command1.Click
    Dim NewIndex As Integer
    NewIndex = List1.Items.Add(Text1.Text)
    List1.SelectedIndex = NewIndex
End Sub
```

При запуске проекта обнаруживается, что программа работает правильно и делает то же, что и раньше. Конечно, не всегда конвертирование проходит так гладко.

Модификации

В ряде случаев приходится что-то модифицировать, так как программа конвертирования не может сделать все сама. Иногда (как в предыдущем примере) в VB.NET нет прямого эквивалента коду, написанному на VB6. Поэтому программа конвертирования предпочитает сообщить вам о различиях и посоветовать, что надо сделать. Кроме того, код VB6, в котором используется позднее связывание, интерпретируется во время исполнения. Поскольку мастер видит только статическое представление кода, то он не в состоянии разрешить свойства или подменить имена поздно связываемых объектов. Чтобы убедиться в этом, рассмотрим несколько примеров.

В VB6 элемент управления `Label` имеет свойство по умолчанию `Caption`. В VB.NET свойством по умолчанию является `Text`, причем его необходимо полностью квалифицировать. Программа конвертирования определяет это, поэтому такой код на VB6

```
Dim l As Label
Set l = Me.Label1
l = "Hello World"
```

правильно преобразуется в

```
Dim l As System.Windows.Forms.Label
l = Me.Label1
l.Text = "Hello World"
```

Но, если бы вы воспользовались поздним связыванием, конвертировать код до конца не удалось бы, поскольку переменная о связывается позднее и по тексту программы нельзя определить ее свойство по умолчанию. Поэтому следующий код

```
Dim o As Object
Set o = Me.Label1
o = "Hello World"
```

преобразуется в

```
Dim o As Object
Set o = Me.Label1
'UPGRADE_WARNING: Cannot resolve default property of object o
'ПРЕДУПРЕЖДЕНИЕ КОНВЕРТОРА: Не могу разрешить свойство по
'умолчанию объекта o
o = "Hello World"
```

В таком случае вы либо сами должны указать свойство по умолчанию, либо модифицировать исходный VB6-код и повторить конвертирование.

Конвертор извещает обо всех изменениях, которые вы должны выполнить самостоятельно, во-первых, в отчете, а во-вторых, в комментариях, вставленных непосредственно в текст программы. Есть четыре вида таких комментариев:

- ❑ UPGRADE_ISSUE – ошибки. Их необходимо исправить, иначе программа не будет компилироваться;
- ❑ UPGRADE_WARNING – предупреждения. Имеются различия в поведении. Ошибки возможны, поэтому перед запуском приложения необходимо внимательно изучить это место;

- UPGRADE_TODO – доделать. Код был частично конвертирован, но завершить работу предстоит самостоятельно;
- UPGRADE_NOTE – замечания. Код существенно изменен. Однако делать ничего не надо, это чисто информационное сообщение.

Изменения в коде формы

Посмотрев на код обработчика события `Command2_Click` в форме `Form1`, вы заметите, что мастер заменил его на следующий:

```
Private Sub Command2_Click(ByVal eventSender As System.Object, _
   ByVal eventArgs As System.EventArgs) Handles Command2.Click
      Form2.DefInstance.Show()
End Sub
```

Здесь наглядно видно важное различие между VB и VB.NET: формы не создаются автоматически готовыми для вызова. Иными словами, такая строчка работать не будет:

```
Form2.Show
```

В VB.NET форма – это частный случай класса, поэтому сначала необходимо создать экземпляр класса, а уже потом вызвать его метод `Show`. Мастер решает эту проблему путем создания нового открытого свойства `DefInstance`, возвращающего экземпляр класса `Form2`, для которого потом вызывается метод `Show`. Есть и другой способ решить эту задачу.

Примечание   *Свойство `DefInstance` создается в секции Upgrade Support (Поддержка конвертирования), которая автоматически включается в каждую форму.*

Вы могли бы не поручать создание формы Мастеру, а сами написать такой код для показа формы `Form2`:

```
Dim frm2 as New Form2()
frm2.Show()
```

При добавлении в проект новых форм для их показа лучше всего использовать именно такую технику:

```
Dim MyNewForm as New NewForm()
MyNewForm.Show()
```

Кроме того, Мастер поместил в начало формы следующие две строки:

```
Option Strict Off
Option Explicit On
```

Режим `Option Explicit` запускается даже в том случае, когда в исходном VB6-проекте он не был включен. Режим `Option Strict` выключен, то есть в программе допустимы некоторые неявные преобразования.

В середине программы есть свернутый блок, помеченный `Windows Form Designer generated code` (Код, сгенерированный Дизайнером форм Windows). Раскрыв его, вы увидите код создания формы и элементов управления на ней. Здесь устанавливаются размеры, положение и другие свойства элементов. Подобный код создавали и предыдущие версии VB, только они его не показывали. А теперь вы можете на него посмотреть и даже модифицировать. Впрочем, лучше оставить все модификации самому Дизайнеру, то есть воспользоваться страницами свойств и дать ему возможность соответствующим образом изменить текст программы.

Интересный дополнительный эффект от включения конвертором режима `Option Explicit` состоит в том, что переменные, которые в исходной программе создавались неявно, в конвертированной предварительно объявляются.

Библиотека совместимости Visual Basic

Если вы раскроете узел **References** в окне **Solution Explorer**, то увидите ссылку на библиотеку Microsoft.VisualBasic.Compatibility. Она предназначена для облегчения перехода от VB к VB.NET. В проект, который с самого начала создается в VB.NET, вы должны включать ее сами (если есть такая необходимость). А при конвертировании мастер добавляет ее автоматически.

Библиотека совместимости содержит классы и функции, позволяющие в конвертированном проекте использовать некоторые устаревшие конструкции. Например, там есть функции `TwipsPerPixelX` и `TwipsToPixelsX` для работы с разрешением экрана, а также средства для поддержки массивов элементов управления.

Вы можете пользоваться функциями из библиотеки совместимости, но, как правило, классы, включенные в каркас .NET Framework, предоставляют намного больше возможностей. Поэтому конвертор всюду, где возможно, делает выбор в пользу новых классов, а не библиотеки совместимости.

Один из самых веских доводов в пользу того, чтобы не применять библиотеки совместимости, – это производительность. Хотя в данный момент точно измерить быстродействие не представляется возможным, но по некоторым оценкам библиотека совместимости снижает эффективность на 10–50% по сравнению с эквивалентным кодом из включенных в каркас классов.

Конвертирование более сложного примера

В предыдущем примере в форме были размещены встроенные в VB6 элементы управления: кнопка, поле ввода и список. Конвертор заменил их VB.NET-эквивалентами. Так, если вы щелкнете по кнопке в конвертированном приложении и заглянете в окно ее свойств, то увидите, что теперь она стала объектом типа `System.Windows.Forms.Button`. Конвертор пытается заменить все встретившиеся элементы управления VB6, но, как вы знаете, это не всегда возможно. Например, в главе 3 мы говорили о том, что элементы `Line` и `Shape` исключены. Кроме того, неясно, что делать с элементами управления ActiveX, для которых в .NET просто нет эквивалентов.

Элементы управления ActiveX и формы Windows

Большинство элементов управления ActiveX прекрасно работают внутри форм Windows. Но «большинство» – это еще не «все». Внеоконные элементы работать не будут, и именно по этой причине из VB.NET исчезли элементы Line и Shape. Не работают и такие элементы, как ssTab и Coolbar, поскольку они нарушают некоторые правила, принятые в .NET. Так, элемент ssTab, будучи помещен в форму Windows, не может служить контейнером для других элементов ActiveX или WinForm. Но не падайте духом. Да, некоторые элементы ActiveX в .NET не работают, но обычно им легко найти замену.

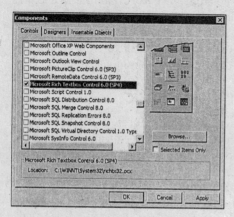

Рис. 7.3. Перед добавлением элемента Rich Textbox в приложение VB6

Закройте VB.NET и запустите VB6. Откройте проект VB6upgrade и добавьте в него третью форму. Разместите в ней элементы Line (его положение и ориентация не имеют значения) и Shape. Присвойте свойству Shape последнего значение 3-Circle (окружность). Щелкните правой клавишей по панели инструментов и выберите пункт **Components**. В открывшемся диалоговом окне найдите компонент Microsoft Rich Textbox Control 6.0 (рис. 7.3).

Поскольку элемент Rich Textbox (Обогащенный текст) в каркасе .NET Framework отсутствует, то конвертору будет нечем его заменить. Поэтому, как вы скоро увидите, конвертор оставит его элементом ActiveX. Пока что добавьте элемент Rich Textbox в форму Form3.

Итак, в форме Form3 есть элементы Line и Shape, которым в .NET нет аналогов. В главе 3 мы предлагали имитировать отрезок прямой меткой единичной высоты. Что касается геометрических фигур, то они обычно создаются с помощью библиотеки GDI+. Сейчас вы узнаете, станет ли конвертор заменять элемент Shape кодом, рисующим окружность.

Точное расположение элементов в форме не имеет значения. На рис. 7.4 показано, как форма могла бы выглядеть. Сохраните приложение и выйдите из VB6 (запускать его нет смысла, так как мы не реализовали никакого способа показать форму Form3).

Снова запустите VS.NET, но не открывайте проект VB6upgrade, присутствующий в списке! Это уже конвертированный ранее проект, и находится он не в той папке, где хранится ваш проект VB6. Нажмите кнопку **Open Project** (Открыть проект) и перейдите в папку, содержащую тот VB6-проект, с которым вы только что работали.

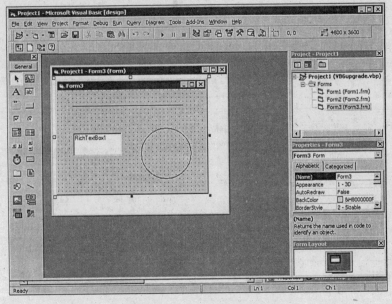

Рис. 7.4. Форма VB6, содержащая элементы Shale, Line *и* Rich TextBox

При попытке открыть его снова запускается Мастер миграции. Выполните те же шаги, что и раньше. Мастер сообщит, что целевая папка непуста, но пусть это вас не смущает – разрешите ему удалить из нее все файлы. По завершении конвертирования откройте форму Form3 в Дизайнере.

На рис. 7.5 показано, как выглядит форма в VS.NET. Прежде всего элементы Line и Rich Textbox, похоже, никуда не делись. Но щелкните по элементу Line и загляните в окно свойств. Вы увидите, что имя элемента по-прежнему Line1, а тип изменился на System.Windows.Forms.Label.

Щелкните по элементу Rich Textbox. В окне свойств вы увидите, что он сохранил имя RichTextBox1, но тип его стал AxRichTextLib.AxRichTextBox. Конвертор автоматически добавляет префикс Ax к элементам ActiveX.

Обратите также внимание на две ссылки в нижней части окна свойств. Первая – **ActiveX-Properties** – открывает страницы свойств элемента ActiveX. Вторая – **ActiveX-About** – открывает окно **About**, содержащее информацию об элементе. Не для всех элементов ActiveX присутствуют обе или хотя бы одна из этих ссылок.

Заметим, что у элемента Rich Textbox появились некоторые новые свойства, в частности Anchor и Dock. Они есть у всех элементов ActiveX, поскольку предоставляются каркасом .NET Framework. Свойства, присущие стандартным элементам управления .NET, распространяются и на элементы ActiveX, так как каркас «обертывает» последние слоем кода, реализующим эти свойства.

Но, возможно, первое, на что вы обратили внимание, – это преобразование окружности в квадрат. Открыв окно свойств этого элемента, вы увидите, что его

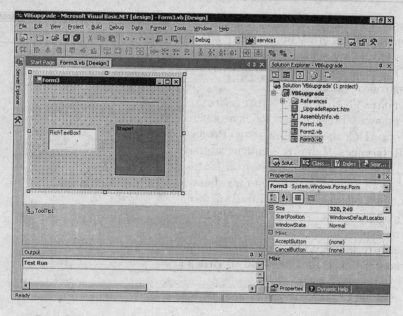

Рис. 7.5. Так выглядит конвертированная форма в VB.NET

тип теперь `System.Windows.Forms.Label`. Да, именно так: элемент `Shape` преобразован в метку, а не в последовательность вызовов функций из библиотеки GDI+. Чтобы вернуть ему первоначальную форму окружности, вам придется написать код самостоятельно, воспользовавшись классами из пространства имен `System.Drawing`.

Главный вопрос при конвертировании проектов, содержащих элементы ActiveX

При конвертировании проектов, содержащих элементы ActiveX, необходимо помнить об одной очень важной вещи: выполняйте конвертирование на компьютере, где установлены и VB6, и VB.NET, предварительно убедившись, что проект может быть скомпилирован в среде VB6.

Если вы просто скопируете код VB6-проекта на другую машину для выполнения конвертирования, то может оказаться, что на новой машине отсутствуют необходимые элементы ActiveX или DLL, без которых построить проект будет невозможно. В этом случае конвертирование завершится неудачно.

Конвертирование компонента, содержащего обращения к ADO

До сих пор мы занимались конвертированием проектов, содержащих визуальные элементы. Но конвертировать придется и невизуальные компоненты. Чтобы облегчить себе задачу, добавим класс в уже существующий проект VB6upgrade и включим в этот класс несложный код для работы с ADO, а затем посмотрим, как это отразится на работе конвертора.

Закройте VS.NET и запустите VB6. Откройте проект VB6upgrade и добавьте в него ссылку на ADO. Выберите из меню **Project** пункт **References**. Найдите в списке компонент `Microsoft ActiveX Data Objects`. Скорее всего, будет перечислено несколько версий, как показано на рис. 7.6. Выберите самую старшую версию. Для первой версии .NET это, вероятно, будет ADO 2.7.

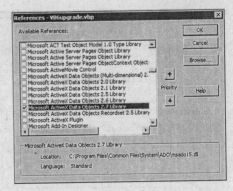

Рис. 7.6. Диалоговое окно для добавления в проект ссылки на ADO

Нажмите кнопку **OK** и добавьте в проект новый модуль класса. Измените свойство `Name` на `Customer`. Поместите в класс `Customer` следующий код:

```
Dim msFirstName As String
Dim msLastName As String

Public Property Get Name() As String
    Name = msFirstName & " " & msLastName
End Property

Public Sub GetCustomer(piCustID As Integer)
    Dim cn As ADODB.Connection
    Dim rs As ADODB.Recordset
    Set cn = New ADODB.Connection
    cn.Open ("Provider=SQLOLEDB;User ID=sa;" & _
        "Initial Catalog=northwind;Data Source=(local);PASSWORD=;")
    Set rs = cn.Execute("Select * from Employees where " & _
        "EmployeeID=" & piCustID)
    msFirstName = rs("FirstName")
    msLastName = rs("LastName")
End Sub
```

Здесь создается одно свойство `Name` и один метод `GetCustomer`. Свойство `Name` возвращает строку, образованную конкатенацией имени и фамилии заказчика.

Метод `GetCustomer` использует ADO для установления соединения с базой данных Northwind, расположенной на локальном компьютере. Возможно, вы захотите изменить свойство `Data Source`, указав имя компьютера, на котором установлен ваш SQL Server. Разумеется, при необходимости вы можете изменить также имя пользователя `User ID` и пароль `Password`.

Соединившись с базой данных, метод выполняет SQL-запрос для поиска заказчика по переданному идентификатору. Затем значения полей `FirstName` и `LastName` заносятся соответственно в переменные `msFirstName` и `msLastName`.

Чтобы завершить работу с классом `Customer`, выберите из меню **Tools** пункт **Procedure Attributes** (Атрибуты процедуры). Откроется окно **Procedure Attributes**. Выберите из выпадающего списка **Name** свойство `Name`, а из списка **Procedure ID** – строку `(Default)`. Тем самым вы укажете, что свойством по умолчанию для этого класса будет `Name`. Нужная установка настроек показана на рис. 7.7.

Для тестирования класса добавьте в форму `Form1` еще одну кнопку. В процедуру ее обработки поместите такой код:

```
Private Sub Command3_Click()
    Dim Cust As New Customer
    Cust.GetCustomer (1)
    MsgBox Cust
End Sub
```

Проверьте правильность работы приложения. При нажатии кнопки **Button3** вы должны увидеть сообщение о том, что имя заказчика – Nancy Davolio.

Сохраните проект и выйдите из VB6. Запустите VB.NET и снова откройте проект VB6upgrade (как и раньше, открывайте файл из каталога VB6, а не VB.NET).

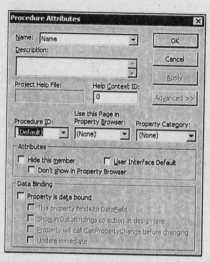

*Рис. 7.7. Диалоговое окно **Procedure Attributes***

Запустится Мастер миграции, ответьте на все его вопросы. Спокойно удаляйте все файлы из целевого каталога.

Давайте посмотрим, во что Мастер конвертировал класс. Прежде всего отметим, что модуль класса в VB.NET получил название `Class1.vb`. Но внутри файла мы по-прежнему находим определение класса `Customer`. Сразу видно, что в объявление свойства `Name` добавлен модификатор `ReadOnly`, так как в VB6 вы не включили предложение `Public Property Let`.

Возможно, вы обратили внимание на отсутствие ключевого слова `Default` в свойстве `Name`. Напомним, что на платформе .NET непараметризованные свойства по умолчанию не поддерживаются, именно поэтому объявление `Name` свойством по умолчанию убрано.

Как это ни странно, метод `GetCustomer` не претерпел никаких изменений. Обращения к ADO сохранились. Мастер не делает попыток заменить ADO на ADO.NET. Разница между ними столь велика, что мастеру это просто не под силу. Так что хотите переходить на ADO.NET – делайте это сами.

А вот код в процедуре обработки кнопки **Button3** в форме `Form1` изменился. В VB6 вы не указали свойство по умолчанию, когда печатали имя заказчика; конвертор автоматически подставил свойство `Name`.

Процедура конвертирования

При конвертировании приложений мы рекомендуем придерживаться следующего порядка:

1. Изучите VB.NET.
2. Выберите небольшой проект и убедитесь, что он изначально работает.
3. Конвертируйте проект и изучите сгенерированный мастером отчет.
4. Доделайте то, что не сумел выполнить Мастер.

Изучите VB.NET

Одна из причин, по которым эта глава помещена после глав, рассказывающих об отличиях VB и VB.NET, состоит в том, что перед конвертированием проекта неплохо бы изучить язык VB.NET. Ибо мастер не может сделать за вас все. Существует слишком много различных стилей программирования и неоднозначностей в самом VB6 (особенно в контексте позднего связывания), чтобы мастер сумел справиться со всеми мыслимыми ситуациями. Поэтому вы должны быть уверены, что сможете понять конвертированный код и не только подчистить за мастером, но и скорректировать принятые им неэффективные решения.

Освоение VB.NET подразумевает также изучение каркаса .NET Framework. По крайней мере, вы должны хорошо ориентироваться в пространстве имен System и вложенным в него.

Выберите небольшой проект и убедитесь, что он работает

В этой главе вы создали очень маленький проект и конвертировали его. В реальной жизни тоже начните с конвертирования самых небольших проектов. Тогда вам останется исправить одну-две ошибки и задача не покажется чрезмерно трудной. Если же сразу начать с проекта, содержащего 100 форм и 200 модулей классов, да еще изобилующего вызовами API, то количество ошибок, выданных конвертором, может вас ошеломить.

На машине, где производится конвертирование, должны быть установлены и VB6, и VB.NET. Зачем? Надо убедиться, что исходный проект может быть откомпилирован и выполнен. Например, если проект зависит от объектов или элементов управления, которых нет на машине, где вы его конвертируете, то Мастер не сможет проверить код, следовательно, конвертирование завершится с ошибкой.

Кроме того, начав с небольших проектов, вы, возможно, заметите, что Мастер упорно «спотыкается» на одних и тех же привычных вам конструкциях. Тогда в более сложных проектах вы сможете заранее устранить причину повторяющейся ошибки, и последующее конвертирование пройдет более гладко.

Конвертируйте проект
и изучите сгенерированный Мастером отчет

Конвертируйте проект и ознакомьтесь с отчетом Мастера. В отчете суммированы все предупреждения и ошибки с указанием их мест в коде. Это может стать отправной точкой для внесения изменений в код. Кроме того, комментарии, описывающие причину затруднений и содержащие рекомендации относительно того, что предстоит доделать вам, Мастер вставляет непосредственно в код.

Доделайте то, что не сумел выполнить Мастер

После конвертирования и ознакомления с отчетом самое время устранить оставшиеся ошибки. Именно здесь вам понадобится знание VB.NET. Теперь вы понимаете, почему выполненная мастером работа — это еще не окончательное решение, а только первый шаг на пути к нему.

Как помочь Мастеру конвертировать приложение

Вы можете многое сделать для того, чтобы упростить конвертирование VB6-приложения. Приведенный ниже список нельзя считать полным, но многие важные вопросы в нем освещены.

Сразу подчеркнем, что в этой главе речь идет только о конвертировании проектов, созданных в VB6. А как быть с проектами для VB3, VB4 и VB5? Конвертор распознает формат проектов VB5 и VB6, но некоторые ссылки на элементы ActiveX из VB5 плохо работают после конвертирования. Поэтому лучше сначала конвертировать приложения и элементы управления VB5 в VB6, а потом уже начинать конвертирование в VB.NET. Что касается проектов, созданных в версиях VB4 и более ранних, то их конвертор обработать не может.

Избегайте позднего связывания

Вы уже видели, что позднее связывание может стать источником проблем, поскольку в процессе конвертирования нельзя проверить, как используются свойства и методы. Поэтому по возможности не пользуйтесь этим механизмом.

Явно указывайте свойства по умолчанию

Представьте, что в предыдущем примере последняя строка выглядела бы так:

```
oLbl="Hello World"
```

Мастер понятия не имеет, что с этим делать. При попытке конвертировать такой код мастер включит комментарий, говорящий о невозможности понять, какое у объекта oLbl свойство по умолчанию. Следует указывать все свойства объектов, в том числе свойства по умолчанию. Если этого не делать, то Мастер постарается определить свойства по умолчанию, но иногда для поздно связываемых объектов выполнить это невозможно. Так что избегайте позднего связывания и указывайте свойства по умолчанию.

Индексируйте массивы, начиная с нуля

В VB6 можно было создавать массивы с произвольной нижней границей (LBound), пользуясь такой конструкцией:

```
Dim MyArray(1 to 5) As Long
```

В VB.NET нижняя граница массива может быть равна только нулю, поэтому приведенный выше код будет преобразован в

```
'UPGRADE_WARNING: LBound was changed from 1 to 0
'ПРЕДУПРЕЖДЕНИЕ КОНВЕРТОРА: значение LBound изменилось с 1 на 0
Dim MyArray( 5 ) As Integer
```

Самое интересное здесь то, что в массиве стало на один элемент больше; теперь MyArray состоит из шести элементов с индексами от 0 до 5. Это может привести к ошибкам, если вы привыкли при обходе массива изменять индекс от LBound до UBound, ведь функция LBound больше не поддерживается.

Проверьте вызовы API

Большинство вызовов API правильно работают после перехода на VB.NET. Некоторые типы данных придется изменить, поскольку размер типа Long в VB6 и VB.NET разный. Впрочем, во многих случаях Мастер сам позаботится об этом.

Иногда, однако, Мастер не может внести изменение. В VB.NET нет поддержки для строк фиксированной длины, тогда как некоторые функции API ожидают на входе структуру, одним из полей которой является как раз такая строка. Для получения строки фиксированной длины можно прибегнуть к библиотеке совместимости, но, возможно, к такой строке придется добавить атрибут MarshalAs.

Более того, некоторые функции API, создающие потоки, выполняющие субклассирование для Windows и решающие другие аналогичные задачи, могут не работать в VB.NET. Для большинства из них в VB.NET есть эквиваленты, к примеру наследование и классы для работы с потоками.

Изменение форм и элементов управления

Элемента управления OLE Container больше нет. Если вы его использовали, придется придумать другой способ. Исключены также элементы Line и Shape, поэтому отрезки прямых, квадраты и прямоугольники представляются метками. Мастер не может конвертировать овалы и окружности, так что вам придется самим написать код с помощью библиотеки GDI+.

Элемент Timer необходимо деактивировать (disable), чтобы таймер остановился; задавать интервал, равный 0, не разрешается.

Свойства Drag и Drop при переходе от VB6 к VB.NET изменились настолько сильно, что мастер отказывается их конвертировать. Этот код придется переписать самостоятельно.

Это, конечно, не все изменения, но ошибки, связанные с ними, встречаются наиболее часто.

Резюме

Компания Microsoft приложила немало усилий, чтобы облегчить переход от VB6 к VB.NET. Мастер миграции – это лишь один, хотя и весьма важный, этап процедуры конвертирования. Не рассчитывайте, что сможете успешно модернизировать старые приложения, не изучив VB.NET и каркас .NET Framework.

Но еще до начала процедуры конвертирования вы можете внести в VB6-приложения ряд изменений, которые облегчат работу мастера. Не забывайте об этом при разработке новых проектов на VB6 до момента выхода окончательной версии Visual Studio .NET.

Нужно помнить о нескольких моментах. Ознакомьтесь с отчетом в файле _UpgradeReport.htm. Там описаны все участки программы, которые не удалось конвертировать, поэтому вам будет проще понять, на что обратить особое внимание.

Элементы управления ActiveX обычно конвертируются без проблем, но не забывайте, что VB6-приложение должно успешно компилироваться на той машине, где выполняется конвертирование.

И наконец, помните, что код для работы с ADO не конвертируется в код для ADO.NET. Если хотите воспользоваться преимуществами ADO.NET, то части программы, работающие с базой данных, придется переписать вручную.

Глава 8. Построение Web-приложений с помощью VB.NET и ASP.NET

В наши дни очень многие разработчики так или иначе создают Web-приложения. Последние три с половиной года программисты, работающие на платформе Microsoft, используют для этих целей технологию Active Server Pages (ASP), которая позволяет создавать страницы, содержащие комбинацию HTML-разметки и кода на таких сценарных языках, как VBScript или JavaScript. Разметка представляет собой статический текст, буквально воспроизводимый браузером на стороне клиента, а сценарий генерирует дополнительный HTML-код на лету. Статическая и динамическая разметка объединяются и отсылаются клиенту.

Web-приложения, в том числе созданные и с применением технологии Active Server Pages, следуют простой схеме вопрос-ответ, поскольку ничего другого протокол HTTP не допускает. Пользователь запрашивает страницу, а сервер отсылает ее для отображения браузеру. Пользователь может заполнить поля формы и нажатием кнопки отправить серверу новый запрос, в ответ на который браузер генерирует новую страницу.

Естественно, что ASP.NET следует такому же протоколу, поскольку используется все тот же HTTP. Но при этом ASP.NET реализует событийно-ориентированную, то есть более простую модель программирования. По сравнению с ASP технология ASP.NET обладает следующими преимуществами:

❑ код получается более структурированным. Больше не надо смешивать HTML и сценарий. Из-за этого код пользовательского интерфейса становится более компактным, элегантным и простым для сопровождения. Это заслуга событийно-ориентированной модели обработки страницы;

❑ введены новые элементы управления, упрощающие инкапсуляцию интерфейса пользователя. Они генерируют не зависящий от браузера HTML-код, то есть вы можете не заботиться о различиях между браузерами;

❑ введена поддержка форм, возвращающих управление себе же;

❑ новые средства повышают быстродействие и масштабируемость приложений. К их числу относятся кэширование, механизм сохранения состояния сессии, допускающий распространение на несколько серверов в составе Web-фермы, механизм обеспечения безопасности и многое другое.

Прежде чем переходить к подробному рассмотрению того, как работает ASP.NET и чем она отличается от ASP, полезно разработать простой пример и изучить сгенерированный код.

Создание первого приложения ASP.NET

Запустите Visual Studio.NET и создайте новый проект вида ASP.NET Web Application на языке Visual Basic, назвав его WebAppTest. Обратите внимание, что, как показано на рис. 8.1, местом размещения проекта является HTTP-адрес, а не каталог на локальной машине. На другом конце должен быть установлен сервер Internet Information Server (IIS) версии 4.0 или выше. Операционная система Windows 2000 поставляется в комплекте с IIS 5.0, так что если Web-сервер работает под управлением этой ОС, то все в порядке. Не забудьте, однако, что по умолчанию IIS не инсталлируется, когда вы ставите систему Windows 2000 Professional. На сервер следует также установить каркас .NET Framework, поэтому не исключено, что вы захотите использовать в этом качестве свою собственную машину.

После нажатия кнопки **OK** VS.NET пытается связаться в Web-сервером. Если это удалось, проект создается прямо на сервере, и вы можете начинать работу.

В окне Дизайнера страница открывается в виде пустой формы с кратким пояснением в центре. В окне **Solution Explorer** видно, что файл страницы называется WebForm1.aspx. В ASP использовалось расширение .asp, а в ASP.NET – .aspx. При желании вы можете размещать приложения для ASP и ASP.NET в одном и том же каталоге.

Итак, сейчас в окне дизайнера находится пустая форма. По умолчанию она открыта в режиме GridLayout. Это означает, что помещенные на нее элементы управления будут выровнены по линиям сетки, тем самым упрощается их позиционирование. Альтернативой является режим FlowLayout, в котором можно помещать элемент в точно указанное вами место. Для переключения из одного режима в другой измените свойство pageLayout в окне свойств формы.

Установите режим FlowLayout. Работа в нем чем-то напоминает работу с текстовым процессором. Если вы щелкнете по форме, то в левом верхнем углу появится мигающий курсор. Наберите фразу Welcome to my first ASP.NET page и нажмите клавишу **Enter**. Как видите, в форме оказался текст – точно такой, как

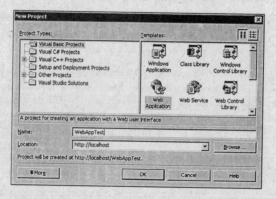

Рис. 8.1. Для создания проекта вида Web Application необходим сервер, на котором установлены IIS и Visual Studio.NET (или хотя бы каркас .NET Framework)

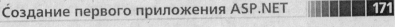

в текстовом процессоре. Выделите весь текст и взгляните на панель инструментов. Там есть выпадающий список, в котором видна строка **Normal**. Раскройте список и выберите строку **Heading1**. Размер шрифта намного увеличится.

В нижней части окна есть две кнопки: **Design** и **HTML**. Щелкнув по последней, вы увидите HTML-разметку создаваемой страницы. В данный момент введенная строка размечена следующим образом:

```
<H1>
    Welcome to my first ASP.NET page
</H1>
```

Вернитесь в режим проектирования, щелкнув по кнопке **Design**. Снова выделите текст и отцентрируйте его, щелкнув по иконке **Center** (выглядит она точно так же, как на панели инструментов редактора Word). Перейдя в режим показа HTML, вы увидите, что разметка теперь выглядит иначе.

```
<H1 align="center">
    Welcome to my first ASP.NET page
</H1>
```

Наверное, вы сейчас подумали, что получили в свое распоряжение всего лишь мощный редактор HTML, не сильно отличающийся от FrontPage и сотни других подобных инструментов. Но давайте перейдем непосредственно к ASP.NET.

Вернитесь в режим проектирования и перейдите на строку под только что созданным заголовком. Щелкните по набору инструментов и перейдите на вкладку **Web Forms**. Перетащите на форму элементы Label и Button. Расположите рядом метку и кнопку. На обоих элементах в левом верхнем углу изображен маленький зеленый треугольник.

Дважды щелкните по кнопке для открытия окна кода. Обратите внимание, что при этом создается файл с таким же именем, что у aspx-страницы, но с расширением .vb. Этот файл называется страницей с кодом (*code-behind page*). Одна из целей, поставленных перед ASP.NET, – это отделение кода от пользовательского интерфейса.

В окне кода вы видите процедуру обработки события Button1_Click. Введите в нее следующий текст:

```
Private Sub Button1_Click(ByVal sender As System.Object, _
  ByVal e As System.EventArgs) Handles Button1.Click
    Label1.Text = "Hello, World!"
End Sub
```

Заметьте, что порядок программирования такой же, как для стандартного приложения Windows. Нажмите кнопку **Start**. Страница изображается в окне браузера Internet Explorer (далее – IE), как показано на рис. 8.2. Но интересно не то, что вы видите в браузере, а то, какой HTML-код за этим стоит. Выберите из меню IE пункт **View** ⇒ **Source**, и вы увидите сгенерированную сервером разметку. Посмотрите на этот код (в книге некоторые длинные строки разбиты на две для удобства чтения).

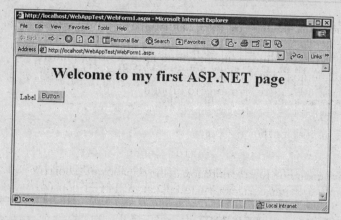

Рис. 8.2. Изображение вашей первой ASP.NET-страницы в окне браузера

```
<!DOCTYPE HTML PUBLIC "-//W3C//DTD HTML 4.0 Transitional//EN">
<HTML>
   <HEAD>
      <title></title>
      <meta name="GENERATOR" _
         content="Microsoft Visual Studio.NET 7.0">
      <meta name="CODE_LANGUAGE" content="Visual Basic 7.0">
      <meta name="vs_defaultClientScript" content="JavaScript">
      <meta name="vs_targetSchema"
         content="http://schemas.microsoft.com/intellisense/ie5">
   </HEAD>
   <body>
      <form name="Form1" method="post"
         action="WebForm1.aspx" id="Form1">
         <input type="hidden" name="__VIEWSTATE"
            value="dDw2NjY0NzU4OTc7Oz4=" />

         <H1 align="center">
            Welcome to my first ASP.NET page
         </H1>
         <P>
            <span id="Label1">Label</span>
            <input type="submit" name="Button1"
               value="Button" id="Button1" />
         </P>
      </form>
   </body>
</HTML>
```

Пока отметьте, что никакого кода на VB.NET здесь нет совсем. Вы создали процедуру Button1_Click, но находящийся в ней код не дошел до клиента. Это объясняется тем, что ASP.NET отправляет клиенту только HTML, а код компилируется и исполняется на сервере. Поэтому к такой странице может обратиться любой человек, независимо от того, каким браузером и операционной системой он пользуется.

Протестируйте страницы, щелкнув по кнопке. Вы увидите, что вместо слова `Label` на экране появляется фраза `Hello, World!`. Заглянув в исходный текст страницы, вы обнаружите, что вместо строки

```
<span id="Label1">Label</span>
```

там теперь находится строка

```
<span id="Label1">Hello, World!</span>
```

Что же произошло? Каким образом было обработано событие нажатия на кнопку? В следующем разделе рассказывается, как ASP.NET обрабатывает страницы.

Как работает ASP.NET

Если коротко, то в основе работы ASP.NET лежат серверные компоненты, которые генерируют HTML-код и клиентский сценарий. То и другое посылается клиенту и интерпретируется браузером. ASP.NET определяет, какими возможностями обладает браузер, и генерирует соответствующую разметку. Это необязательно должен быть именно HTML. Например, беспроводным устройствам посылается разметка на языке WML.

Исполняемый ASP.NET серверный код (например, тот, с помощью которого вы изменили текст метки) предварительно компилируется. Это полная противоположность ASP, которая интерпретирует код, чередующийся с HTML-разметкой. Если на ASP-странице использовались COM-компоненты, то они подвергались позднему связыванию. ASP.NET-страницам доступны все сервисы, предоставляемые каркасом .NET Framework, — наследование, безопасность и сборка мусора.

В ASP.NET также встроены отдельные функции, которые раньше приходилось реализовывать вручную. Как и ASP, ASP.NET способна сохранять состояние сессии. Поскольку HTTP — это протокол без поддержки состояния, то его сохранение всегда представляло собой некую проблему. Механизм поддержки состояния, реализованный в ASP.NET, допускает использование в Web-фермах, продолжает функционировать после сбоя IIS и может работать даже без использования куков.

Web-страницы и код

Создаваемые вами страницы делятся на две категории: пользовательский интерфейс и код. Это видно уже на примере проекта WebAppTest, в котором есть два файла: WebForm1.aspx и WebForm1.vb. Файл с расширением .vb – это файл класса, который так и называется – *страничный класс* – и позволяет отделить логику от дизайна. При создании ASP.NET-страницы в среде VS.NET файлы с расширениями .aspx и .vb выглядят как два представления одной и той же страницы. Во время компиляции страницы VS.NET генерирует новый класс и компилирует его. У этого класса есть статическая HTML-часть, серверные элементы управления и код формы. Вся отправляемая клиенту HTML-разметка генерируется классом на лету. По сути дела, класс представляет собой исполняемую программу, которая генерирует HTML при каждом обращении к странице.

Для созданной выше страницы откомпилированный класс был получен из двух файлов. Посмотрев на сгенерированную им HTML-разметку, вы увидите, что все добавленные элементы управления (метка и кнопка) оказались внутри блока `<FORM>...</FORM>`. Это связано с тем, что HTML-форма — единственный способ передать данные от клиента серверу.

Написанный вами код обработки события щелчка по кнопке исполняется только на сервере. Когда пользователь нажимает кнопку, происходит отправка формы. В этот момент создается экземпляр класса, который обрабатывает событие. Генерируется HTML-разметка и отправляется клиенту. В состав потока HTML-данных включена строка, которая будет отображаться на месте метки, в данном случае `Hello, World!`. Такое поведение ASP.NET обусловлено тем, что вы поместили на страницу серверные элементы управления. Именно о них мы поговорим в следующем разделе.

Серверные элементы управления

Одно из основных новшеств технологии ASP.NET – серверные элементы управления. В последнее время, рассказывая слушателям о работе с программой Visual InterDev, я говорил, что поскольку этот продукт прекращает свое существование, его функции перешли в Visual Studio.NET. Это означает, что Web-приложения можно создавать на любом .NET-совместимом языке. Пусть это вас не пугает, ведь теперь можно писать высокопроизводительные динамические Web-приложения на языке COBOL.NET! Серверные элементы управления – это неотъемлемая часть каркаса .NET Framework, они могут применяться в программе, написанной на любом языке, для создания Web-приложений.

Если вы запустите Visual Studio.NET, щелкнете по форме и откроете набор инструментов, то увидите несколько вкладок. В одной из них, называемой HTML, содержатся HTML-теги. Это не что иное, как элементы управления, которые можно перетащить на форму для создания статической страницы. Например, перетащив элемент Table и посмотрев на HTML-представление страницы, вы увидите, что был сгенерирован такой код (для краткости он немного отредактирован):

```
<TABLE cellSpacing=1 cellPadding=1 width=300 border=1>
    <TR>
        <TD>
        </TD>
        <TD>
        </TD>
        <TD>
        </TD>
    </TR>
</TABLE>
```

Дизайнер позволяет работать с таблицей в точности так, как с любым другим элементом управления, но «за сценой» он генерирует HTML-код. Это обычная статическая разметка, то есть вы не можете ассоциировать с таблицей код на VB.NET.

Поскольку элементы на вкладке HTML отображаются на стандартные теги, то их возможности по сравнению с серверными элементами управления ограничены. Созданные ранее метка и кнопка также в конечном итоге соответствуют HTML-тегам, но при этом являются серверными элементами. Их можно программировать, как элементы в форме Windows. Например, дважды щелкнув по кнопке, вы откроете окно кода и сможете вписать код в процедуру обработки события `Button1_Click`.

Вернитесь в приложение WebAppTest. В окне дизайнера перейдите на очередную свободную строку (для этого, возможно, придётся нажать клавишу **Enter**). Перетащите на форму кнопку из вкладки **HTML** в наборе инструментов. Затем перейдите на вкладку **Web Forms** и перетащите оттуда кнопку. В дизайнере обе кнопки выглядят почти одинаково, только на второй в левом верхнем углу нарисован зеленый треугольник, говорящий о том, что это серверный элемент управления.

Но, взглянув на HTML-код, вы обнаружите существенные различия. Вот как выглядят эти кнопки в HTML-представлении:

```
<INPUT type="button" value="Button">
<asp:Button id="Button2" runat="server" Text="Button">
</asp:Button>
```

Первая кнопка представляет собой стандартный HTML-тег INPUT. Второй кнопке соответствует тег `<asp:Button>`. В стандартном HTML такого тега нет. Но, когда компилятор обнаруживает такую конструкцию, он определяет, что перед ним серверный элемент управления, поэтому предоставляет в ваше распоряжение примерно те же функции, что и для элементов в форме Windows.

Находясь в режиме проектирования, дважды щелкните по первой кнопке (**HTML**). При этом откроется окно, показанное на рис. 8.3. Сообщение в нем говорит о том, что это HTML-элемент, а значит, программировать его нельзя. Но в то же время вам предоставляется возможность преобразовать его в *серверный элемент управления HTML*. Между серверным элементом управления HTML и серверным элементом управления ASP.NET есть различия.

Серверные элементы управления HTML – это стандартные теги HTML, к которым добавлена возможность программирования на стороне сервера. Если вы размещаете обычный элемент HTML, то ASP.NET рассматривает его как текст, который надо буквально передать клиенту. Серверные же элементы HTML раскрывают все атрибуты серверу и доступны для программирования. Специалисты

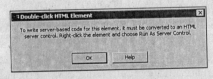

Рис. 8.3. В окне сообщения говорится, что программировать HTML-элемент нельзя, предварительно не преобразовав его в серверный элемент управления HTML

Microsoft наделили эти элементы широкими возможностями. Они могут сохранять состояние между запросами к серверу, реагировать на события на стороне сервера (а по желанию программиста и на стороне клиента), к ним можно привязывать источники данных.

Не путайте серверные элементы управления HTML с элементами, находящимися на вкладке HTML в наборе инструментов. Последние представляют собой просто HTML-теги и *не являются* серверными элементами управления. Все серверные элементы – как HTML, так и ASP.NET – находятся на вкладке **Web Forms**.

Серверные элементы управления ASP.NET – более абстрактные образования, они необязательно отображаются на единственный тег HTML. Так, например, на вкладке **Web Forms** вы найдете элементы `Calendar` и `Repeater`. Хотя после обработки на сервере они становятся HTML-разметкой, но составлены из большого числа различных тегов. Так, элемент `Calendar` представлен в виде таблицы из нескольких строк и колонок. Серверные элементы управления ASP.NET наделены всеми достоинствами элементов управления HTML. Они способны определять, какой браузер установлен у клиента, и генерировать разметку большей или меньшей степени сложности. Некоторые элементы могут откладывать отправку событий на сервер, дожидаясь, пока не будет отправлена вся форма.

Почти любой элемент на странице можно превратить в серверный элемент управления HTML. Например, при двойном щелчке по HTML-кнопке откроется окно с предложением преобразовать ее в серверный элемент управления HTML. Вам даже сообщается, что при щелчке правой клавишей по элементу вы сможете выбрать из меню пункт **Run As Server Control**. Это означает, что дизайнер добавит к тегу `<INPUT>` атрибут `runat="server"` и позволит вам написать для этого элемента код, который будет исполняться сервером.

Можно преобразовать в элемент управления HTML даже простой текст. Например, в начале страницы вы разместили заголовок, извещающий о том, что это ваша первая ASP.NET-страница. Переключитесь на секунду в HTML-представление и убедитесь, что соответствующий код выглядит следующим образом:

```
<H1 align="center">
   Welcome to my first ASP.NET page
</H1>
```

Вернитесь в режим проектирования и выделите текст заголовка. Щелкните по нему правой клавишей мыши и выберите из меню пункт **Run As Server Control**. Снова заглянув в HTML-представление, вы обнаружите, что код изменился:

```
<H1 align="center" id="H11" runat="server">
   Welcome to my first ASP.NET page
</H1>
```

На первый взгляд отличия незначительны, к тегу было добавлено всего два атрибута: `id="H11"` и `runat="server"`. Первый атрибут превращает тег в объект, на который можно ссылаться в коде. Это обычная практика при работе с динамическим HTML (DHTML). Второй атрибут сообщает ASP.NET, что код, ассоциированный с этим объектом, должен исполняться на стороне сервера. Поэтому серверу будут доступны все свойства, методы и события элемента.

Дважды щелкните по второй добавленной кнопке (серверному элементу управления HTML). В окне кода появится процедура обработки события Button2_Click, впишите в нее следующий код:

```
Private Sub Button2_Click(ByVal sender As System.Object, _
 ByVal e As System.EventArgs) Handles Button2.Click
    H11.InnerText = "It is now " & Now
End Sub
```

Этот код заменяет текст, отображаемый внутри тега <H1>, на строку It is now (Сейчас), за которой следуют текущие дата и время. Запустив проект и нажав кнопку, вы получите результат, показанный на рис. 8.4.

Можете перетащить на форму серверный элемент управления ASP.NET Calendar из вкладки **Web Forms**. Заглянув в HTML-представление, вы увидите, что дизайнер добавил в разметку тег <asp:Calendar>. Но если вы попробуете запустить страницу и посмотрите на ее исходный текст, то увидите, что этот элемент на самом деле сгенерировал HTML-таблицу, часть которой приведена в следующем фрагменте:

```
...
Sun
</td><td align="Center">
Mon
</td><td align="Center">
Tue
</td><td align="Center">
Wed
...
```

На странице также присутствует код на языке JavaScript, поскольку ASP.NET определила, что браузер его поддерживает. Напомним еще раз, что серверные

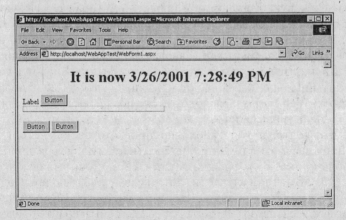

Рис. 8.4. Почти любой элемент HTML можно преобразовать в серверный элемент управления, что продемонстрировано на примере тега <H1>

элементы управления предназначены для распознавания функций браузера и генерируют такую комбинацию HTML и JavaScript, которая может быть интерпретирована на стороне клиента.

Элементы управления для контроля данных

Одно из самых типичных требований, предъявляемых к любому Web-приложению, — это возможность проверить на стороне клиента правильность введенных пользователем данных. Хорошо бы, если бы в HTML был встроен какой-нибудь механизм для наложения неких масок на поля, но, увы, этого нет. Стандартный HTML вообще не позволяет хоть как-то проконтролировать данные на стороне клиента. Чтобы решить эту проблему, многие браузеры поддерживают исполнение программ, с помощью которых можно выполнить проверки, но писать такие программы довольно утомительно.

Для осуществления контроля данных на стороне клиента существует целый ряд причин. Во-первых, вы упрощаете жизнь пользователю. Если вы сразу известите его о необходимости заполнить обязательное поле, то сэкономите время, необходимое для отправки формы на сервер, генерации на удаленном конце сообщения об ошибке и возврата его пользователю. Во-вторых, так как заведомо некорректные данные не посылаются, то уменьшаются и сетевой трафик, и нагрузка на сервер. Клиентский код позволяет воспользоваться тем фактом, что браузеры обычно (хотя и не всегда) способны выполнять программы.

Компания Microsoft включила в ASP.NET набор элементов управления, которые позволяют автоматизировать процесс контроля данных на стороне клиента. Эти элементы сначала определяют, поддерживает ли клиент DHTML, и, если это так, отправляют ему код программы. Если же возможности браузера ограничены, то контроль выполняется на стороне сервера.

Создание проекта, включающего элементы для контроля данных

Чтобы проверить, как работают элементы для контроля данных, лучше начать с нуля. Добавьте новую Web-форму в проект WebAppTest и назовите ее User-Info.aspx. На странице свойств этой формы присвойте свойству pageLayout значение FlowLayout. Перейдите на вкладку **Web Forms** в наборе инструментов и перетащите на форму элемент «поле ввода». В его свойство ID запишите значение txtSSN. Щелкните по полю ввода в форме, чтобы в нем появился курсор. Нажмите клавишу **Enter** для перехода к следующей строке. Перетащите на форму кнопку с вкладки **Web Forms** и расположите ее под полем ввода. И наконец, перетащите еще элемент управления RequiredFieldValidator.

Этот элемент контролирует, заполнено ли некоторое поле. Его нужно поместить на страницу и связать с тем или иным элементом для ввода данных, к примеру полем ввода (TextBox), флажком (CheckBox) или выпадающим списком (DropDownList). В данном случае мы хотим связать его с полем ввода. Щелкните по элементу RequiredFieldValidator, если он сейчас не выделен. В окне его свойств имеется свойство ControlToValidate. Раскройте представляющий его выпадающий список. В нем присутствует только одна строка – txtSSN, выберите ее.

Все готово для прогона первого теста. Но, быть может, у вас возникло желание сначала сделать страницу `UserInfo.aspx` стартовым объектом проекта. Не надо, Web-приложения работают несколько иначе, в них нет стартовых объектов как таковых. Вместо этого щелкните правой кнопкой по файлу UserInfo.aspx в окне **Solution Explorer** и выберите из меню пункт **Set As Start Page** (Назначить начальной страницей). Тем самым вы сообщаете Visual Studio.NET, какую страницу запустить, когда пользователь щелкнет по иконке **Start**. В самой странице при этом ничего не изменяется. А вот теперь, сделав страницу `UserInfo.aspx` начальной, запустите проект. Страница появится в окне браузера Internet Explorer.

Щелкните по кнопке, ничего не вводя в поле ввода. Сразу же рядом с ней появится текст `RequiredFieldValidator`. А теперь наберите что-нибудь и снова нажмите кнопку. Текст исчезнет, а введенное значение останется в поле. Это означает, что форма была отправлена и возвращена сервером назад.

То, что введенный текст остался в поле после возврата формы сервером, очень важно. До появления ASP.NET приходилось специально писать исполняемый на стороне сервера код, который извлекал из запроса значения полей формы, а потом помещал их обратно в поля. ASP.NET делает это автоматически, значит, вы получаете в свое распоряжение многочисленные функциональные возможности, не написав ни строчки кода.

Если вы пользуетесь браузером IE версии 4.0 или старше, то контроль данных выполняется на стороне клиента, то есть вы немедленно получаете уведомление о том, что обязательное поле осталось незаполненным. Если же значение введено, то данные отправляются на сервер, а потом обратно к вам. Если ваш браузер послабее, то контроль целиком выполняется на стороне сервера.

Если, на ваш взгляд, сообщение `RequiredFieldValidator` недостаточно информативно, можно написать другое. Для этого нужно изменить свойства элемента. Скоро я покажу, как это сделать.

Типы элементов управления для контроля данных

На вкладке **Web Forms** в наборе инструментов есть несколько различных элементов для контроля данных, а именно:

- `RequiredFieldValidator` – контролирует, что для элемента, указанного в свойстве `ControlToValidate`, задано значение. Иными словами, элемент требует, чтобы обязательное поле было заполнено;
- `CompareValidator` – сравнивает введенное пользователем значение с заранее заданным: константой, результатом вычисления или значением, выбираемым из базы данных;
- `RangeValidator` – контролирует, что введенное значение попадает в указанный диапазон. Границы диапазона могут быть числами, буквами, иметь тип даты или денежной единицы;
- `RegularExpressionValidator`. Регулярные выражения еще называют *масками*. Этот элемент позволяет проверить, что данные введены в правильном формате, как, например, номера телефонов или номера социального страхования;

❑ `CustomValidator` — позволяет написать свой код для контроля правильности данных;

❑ `ValidationSummary` — выдает сводку всех ошибок, обнаруженных другими элементами-контролерами. Ниже мы приводим пример использования этого элемента.

Применение нескольких элементов-контролеров к одному и тому же полю

Для проверки правильности одного поля можно использовать несколько элементов-контролеров. Например, можно потребовать, чтобы номер социального страхования был одновременно обязательным и соответствовал некоторому шаблону. Закройте IE, если он еще открыт, и вернитесь в режим проектирования. Перетащите на форму элемент `RegularExpressionValidator` и расположите его рядом с добавленным ранее элементом `RequiredFieldValidator`. Запишите в свойство `ControlToValidate` нового элемента значение `txtSSN` и щелкните по многоточию в свойстве `ValidateExpression`. В окне редактора регулярных выражений выберите шаблон U.S. Social Security Number (Номер социального страхования в США) и нажмите **OK**.

Запустите проект и попробуйте выполнить следующие тесты:

1. Ничего не вводите, просто нажмите кнопку. Появится сообщение `Required-FieldValidator`.
2. Введите строку `Hello` и нажмите кнопку. Сообщение `RequiredField-Validator` исчезнет, так как поле содержит значение. Однако вместо него появится сообщение `RegularExpressionValidator`, поскольку введенное значение не соответствует шаблону номера социального страхования.
3. Введите строку 111-11-1111 и нажмите кнопку. Все сообщения исчезнут, следовательно, форма прошла проверки и была отправлена на сервер.

В некоторых браузерах, в частности в IE, элементы для контроля данных срабатывают сразу же по выходе из контролируемого поля, то есть пользователю даже не нужно нажимать кнопку, чтобы увидеть ошибки.

Модификация элементов для контроля данных

Текст сообщений, выдаваемых элементами-контролерами, трудно назвать дружественным по отношению к пользователю. Вернитесь в режим проектирования, щелкните по элементу `RequiredFieldValidator` и посмотрите на страницу свойств. Вы найдете там свойство `ErrorMessage` (Сообщение об ошибке). Присвойте ему значение `This field is required` (Это поле обязательно). Затем щелкните по элементу `RegularExpressionValidator` и задайте такой текст сообщения об ошибке: `SSN must be in ###-##-#### format` (Номер социального страхования должен быть введен по шаблону ###-##-####).

Снова запустите страницу и повторите описанные выше тесты. В первых двух случаях вы получите от контролеров сообщения, которые были заданы с помощью свойства `ErrorMessage`.

Заметьте, что даже тогда, когда сообщение от элемента `RequiredField-Validator` не высвечивается, сообщение от элемента `RegularExpression-Validator` «уезжает» далеко вправо, так что можно догадаться, где находится первый контролер. А происходит так потому, что у контролеров есть свойство `Display`, по умолчанию равное `Static`. Если для элемента `RequiredField-Validator` вы сделаете его равным `Dynamic` и снова запустите страницу, то увидите, что сообщение, выдаваемое элементом `RegularExpressionValidator`, появляется рядом с полем, к которому оно относится. Значение `Dynamic` свидетельствует о том, что объект не должен занимать место на экране, если он невидим. Это значение поддерживается браузерами IE версии 4.0 и выше, а другие браузеры могут не предоставлять такой поддержки. В таком случае контролеры работают так, как если бы было задано значение `Static`.

Получение сводки сообщений об ошибках

Можно просто пометить поля, не прошедшие проверку, а сводный перечень всех сообщений об ошибках вывести в начало или в конец страницы. Для этого предназначен элемент `ValidationSummary`.

Чтобы увидеть его в действии, придется слегка модифицировать страницу `UserInfo.aspx`. Поместите перед первым полем ввода текст, сообщающий, что это номер социального страхования. Перейдите на следующую строку и добавьте текст `First Name` (Имя) и поле ввода. Запишите в свойство `ID` поля ввода что-нибудь осмысленное, например `txtFName`. Спуститесь на строку ниже, наберите текст `Last Name` (Фамилия) и добавьте еще одно поле ввода, присвоив ему подходящее название. Продолжая в том же духе, добавьте следующие поля:

- `Address 1` (Адрес 1);
- `Address 2` (Адрес 2);
- `City` (Город);
- `State` (Штат);
- `Zip` (Почтовый индекс);
- `Phone` (Телефон).

Рядом с полями `First Name`, `Last Name`, `Address 1`, `City`, `State` и `Zip` разместите элементы `RequiredFieldValidator`. При этом поля `Address 2` и `Phone` будут необязательными. Не забудьте связать каждый элемент-контролер с соответствующим полем ввода.

Рядом с полем `Phone` разместите элемент `RegularExpressionValidator`, а его свойству `ValidationExpression` присвойте значение `U.S. Phone Number` (Номер телефона в США). Не забудьте связать его с полем для ввода номера телефона. После всех этих манипуляций форма должна выглядеть так, как показано на рис. 8.5.

Измените тексты сообщений, выдаваемых контролерами. Например, для элемента `RequiredFieldValidator`, связанного с полем для ввода имени, сообщение об ошибке может иметь вид `The First Name field is required` (Имя должно быть введено). Когда все это будет сделано, запустите проект. Вы увидите страницу, показанную на рис. 8.6.

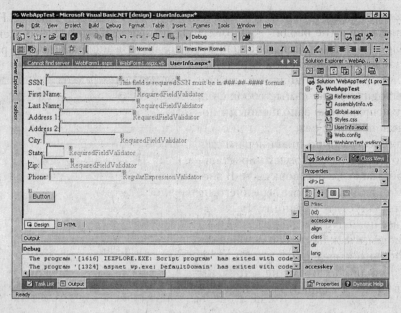

Рис. 8.5. Более сложная форма с несколькими элементами для контроля данных

Такой способ вывода сообщений об ошибках не всегда выглядит красиво. Лучше бы иметь весь перечень ошибок в одном месте. Именно тут и приходит на помощь элемент `ValidationSummary`. Вставьте пустую строку между полем `Phone` и кнопкой. Перетащите туда элемент управления `ValidationSummary`. Щелкните по нему и измените свойство `HeaderText` на `The following errors`

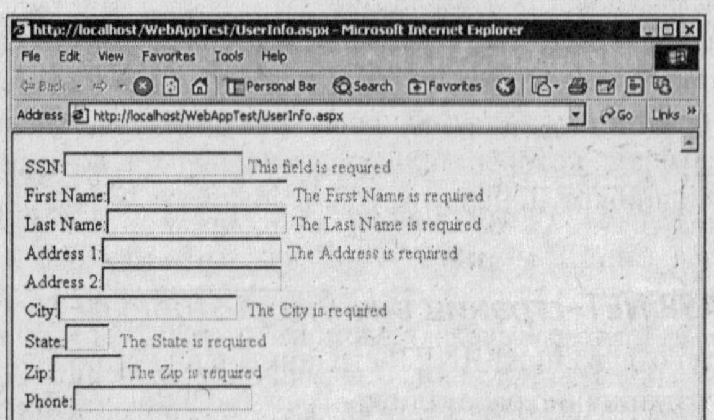

Рис. 8.6. Запущенная форма ввода, в которой присутствуют сообщения от большинства элементов-контролеров

occurred (Обнаружены следующие ошибки). Затем запустите форму. Нажмите кнопку, ничего не вводя, – рядом с каждым полем появится сообщение его контролера, а весь список сообщений отобразится в нижней части страницы.

Иметь компактное представление списка сообщений удобно, но нужно ли при этом выводить те же самые сообщения рядом с неправильно заполненными полями? Как правило, нет.

Вернитесь в окно дизайнера и для каждого элемента-контролера проставьте в свойстве Text звездочку (*). В элементе ValidationSummary ничего не меняйте. Запустите страницу. Если оставить все поля пустыми и нажать кнопку, то рядом с каждым из обязательных полей появится звездочка, а сами сообщения об ошибках будут перечислены только в сводке, выданной элементом ValidationSummary.

На рис. 8.7 показано, как выглядит форма, когда некоторые поля заполнены, а другие – нет. При этом поле Phone заполнено неправильно. Посмотрите, какие сообщения вывел элемент ValidationSummary.

Как видите, рядом с правильно введенными полями звездочек нет, а рядом

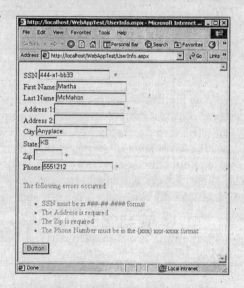

Рис. 8.7. Элемент *Validation-Summary* позволяет вывести все сообщения об ошибках в одном месте и показать их рядом с каждым неверно заполненным полем

с неправильно введенными – есть. При этом все сообщения об ошибках показаны в конце страницы. Таким образом, мы получили простой в использовании и в то же время мощный механизм для контроля данных в форме. Раньше для этой цели приходилось писать код, который проверял каждое поле по отдельности и выводил сообщения об ошибках. Теперь этого можно добиться, не прибегая к программированию.

Создание ASP.NET-страниц вне Visual Studio.NET

До сих пор мы создавали ASP.NET-страницы в интегрированной среде Visual Studio.NET. Так традиционно работали программисты, использовавшие ASP. Хотя Microsoft выпустила программу Visual InterDev, многие разработчики продолжали по старинке пользоваться редактором Notepad.

Принимая во внимание функциональную насыщенность среды VS.NET и поддержку, обеспечиваемую для применяемых в ASP.NET языков программирования, можно ожидать, что многие специалисты будут разрабатывать страницы именно в ней. Но это вовсе не обязательно. При желании можно продолжать работать в редакторе Notepad, что мы сейчас и продемонстрируем.

Создание простой ASP.NET страницы в редакторе Notepad

Откройте Notepad (или какой-нибудь другой редактор) и введите показанный ниже код. Пусть вас не волнует, что в нем отсутствуют некоторые стандартные разделы HTML-страницы, — с точки зрения браузера Internet Explorer это правильная разметка.

```
<html>
    <h1>Hello, world!</h1>
</html>
```

Как видите, кода здесь нет. Тем не менее сохраните страницу в файле с расширением .aspx в том же каталоге, где находится проект WebAppTest. По умолчанию это каталог c:\Inetpub\wwwroot\WinAppTest, но в зависимости от настроек вашей системы он может быть другим. Прежде чем сохранять файл, раскройте выпадающий список **Save As** (Сохранить как) и выберите тип **All Files** (Все файлы). Назовите файл NotepadTest.aspx.

Сохранив его, откройте IE и введите URL страницы:

```
http://<servername>/WebAppTest/NotepadTest.aspx
```

Страница должна загрузиться без ошибок. Это неудивительно, поскольку ASP.NET, обнаружив только статический HTML, отправила его клиенту без изменений.

Теперь отредактируем файл в Notepad. Новый вариант должен выглядеть так:

```
<html>
    <h1 id="myHeader" runat="server">Hello, world!</h1>
    <script language="vb" runat="server">
        Sub Page_Load(Source As Object, e As EventArgs)
            myHeader.InnerText="Changed in Code"
        End Sub
    </script>
</html>
```

Мы добавили в заголовок атрибут ID, дав тем самым возможность обращаться к нему из сценария, и сообщили ASP.NET, что он должен быть обработан на стороне сервера. Затем мы добавили блок сценария, в который поместили код на языке VB.NET. В момент обращения к странице свойство InnerText заголовка myHeader изменяется. Чтобы убедиться в этом, запустите страницу.

Добавление элементов управления

Только что вы создали простой пример и сделали элемент страницы доступным из сценария, добавив к нему атрибут ID. Можно и дальше продолжать в том же духе, а можно воспользоваться более сложными серверными элементами управления. Ранее вы уже видели, что теги серверных элементов управления несколько отличаются. Давайте изменим код:

```
<html>

<form id="Form1" method="post" runat="server">
    <h1 id="myHeader" runat="server">Hello, world!</h1>
```

```
<asp:Label id="lblDateTime" runat="server">Hello</asp:Label>
<p>
<asp:Button id="btnDateTime" runat="server"
            text="Click Me" Onclick="btnDateTime_Click" />
<script language="vb" runat="server">
    Sub Page_Load(Source As Object, e As EventArgs)
        myHeader.InnerText="Changed in Code"
    End Sub

    Sub btnDateTime_Click(Source As Object, e As EventArgs)
        lblDateTime.Text = Now
    End Sub
</script>
</form>
</html>
```

Мы добавили два серверных элемента управления: метку и кнопку. У них установлены некоторые свойства, а также добавлен код, обрабатывающий событие щелчка по кнопке. Запустите страницу и убедитесь, что при нажатии на кнопку в метке отображаются текущие дата и время.

Это всего лишь простой пример того, как можно создавать ASPX-страницы в обычном текстовом редакторе. В оставшейся части главы мы вернемся к работе в среде VS.NET.

Привязка к данным

Одна из самых важных задач, решаемых с помощью Web-приложений, – представление данных, хранящихся в базе. Неудивительно, что компания Microsoft включила элементы управления, специально предназначенные для отображения данных. Кроме того, большинство обычных серверных элементов, входящих в ASP.NET, можно привязывать к данным.

В главе 6 «Введение в ADO.NET» о привязке к данным рассказывается более подробно. Тем не менее повторим здесь некоторый материал на случай, если главу 6 вы пропустили.

Вам будет приятно узнать, что для привязки к данным используются многие из тех элементов, которые обсуждались в главе 6. Конечно, у Web-форм есть свои особенности, и с серверными элементами управления приходится работать немного по-другому. Кроме того, описанные ниже процедуры могут претерпеть изменения при переходе от версии Beta 2 VS.NET к окончательной. Но основные принципы останутся теми же.

Создайте в проекте новую форму и назовите ее DataTest1.aspx. Она появится в окне дизайнера, но изначально будет пустой. Чтобы поместить на страницу связанные элементы управления, необходимо указать источник данных. Перейдите на вкладку Data в наборе инструментов и перетащите на страницу элемент SqlDataAdapter. При этом запустится мастер конфигурации адаптера DataAdapter Configuration Wizard, который вы уже видели в главе 6. Нажмите кнопку **Next** (Дальше) – вам будет предложено выбрать источник данных. Отметьте тот, что был создан в главе 6 и указывает на базу данных Northwind (если вы пропустили эту главу, прочтите инструкции в разделе «Использование элементов управления в Web-формах»). Нажмите кнопку **Next**.

На следующей странице выберите вариант **Use SQL Statement** (Использовать предложение SQL) и нажмите кнопку **Next**. В поле ввода введите предложение `Select * from Products`. Нажмите кнопку **Finish** (Закончить).

Примечание   *Существует более простой способ достичь той же цели. С помощью программы Server Explorer вы можете перетащить таблицу Products на соответствующий сервер — вот и все.*

В форму автоматически добавилось два элемента: `SqlDbConnection` и `SqlDbDataAdapter`. Из меню `Data` выберите пункт **Generate DataSet** (Сгенерировать набор данных). Откроется диалоговое окно. Создайте новый объект `DataSet` с именем `dsProduct` и включите флажок, предлагающий добавить экземпляр класса в окно дизайнера.

Visual Studio добавляет в форму объект `dsProduct`, присвоив ему имя `dsProduct1`. Теперь у вас есть объект `DataSet`, который можно заполнить данными.

Перейдите на вкладку **Web Forms** в наборе инструментов. Перетащите на форму элемент управления `DataGrid`. Этот элемент автоматически выводит данные в формате сетки, пользуясь для этой цели HTML-таблицами.

Когда элемент `DataGrid` появится в форме, щелкните по нему правой клавишей и выберите из меню пункт **Property Builder** (Построитель свойств). В результате откроется окно свойств. На вкладке **General** (Общие) раскройте выпадающий список **DataSource** и выберите строку `dsProducts1`. Из списка **DataMember** выберите таблицу Products; из списка **Data Key Field** – первичный ключ таблицы Products – `ProductID`. Нажмите кнопку **OK**.

Вернувшись в окно дизайнера, вы увидите, что размеры сетки увеличились и теперь в ней есть колонки для каждого поля выбранной таблицы. Поборите искушение немедленно запустить страницу, мы еще не все подготовили.

Дважды щелкните по форме (но не по элементу `DataTable`), чтобы открыть окно кода. Вы увидите процедуру `DataTest1_Load`. В ней уже есть некий код, но вам предстоит добавить еще две строки. Окончательный вариант должен выглядеть так:

```
Protected Sub Page_Load _
   (ByVal Sender As System.Object, ByVal e As System.EventArgs)
      If Not IsPostback Then   ' Исполняется при первой загрузке
                               ' страницы браузером.
         Me.SqlConnection1.Open()
         Me.SqlDataAdapter1.Fill(dsProducts)
         Me.SqlConnection1.Close()
         DataGrid1.DataBind()
      End If
End Sub
```

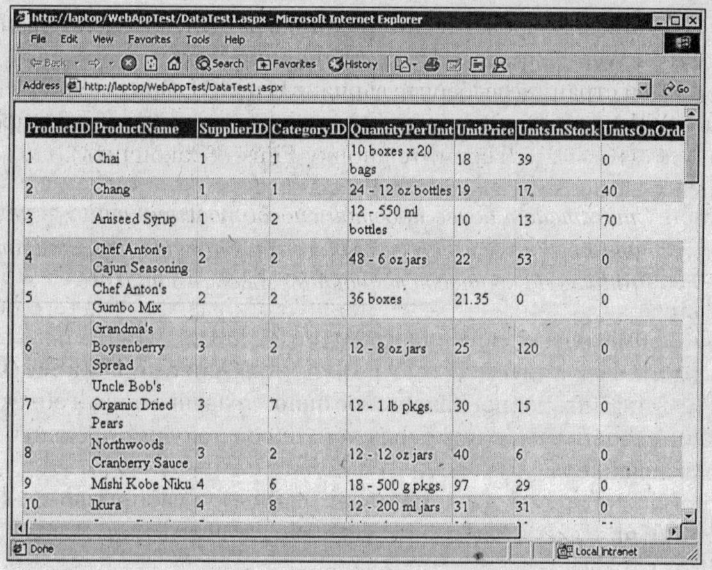

ProductID	ProductName	SupplierID	CategoryID	QuantityPerUnit	UnitPrice	UnitsInStock	UnitsOnOrde
1	Chai	1	1	10 boxes x 20 bags	18	39	0
2	Chang	1	1	24 - 12 oz bottles	19	17	40
3	Aniseed Syrup	1	2	12 - 550 ml bottles	10	13	70
4	Chef Anton's Cajun Seasoning	2	2	48 - 6 oz jars	22	53	0
5	Chef Anton's Gumbo Mix	2	2	36 boxes	21.35	0	0
6	Grandma's Boysenberry Spread	3	2	12 - 8 oz jars	25	120	0
7	Uncle Bob's Organic Dried Pears	3	7	12 - 1 lb pkgs.	30	15	0
8	Northwoods Cranberry Sauce	3	2	12 - 12 oz jars	40	6	0
9	Mishi Kobe Niku	4	6	18 - 500 g pkgs.	97	29	0
10	Ikura	4	8	12 - 200 ml jars	31	31	0

Рис. 8.8. В элементе управления `DataGrid` отображается содержимое таблицы `Products`. Вы установили соединение с базой данных, выполнили SQL-запрос и заполнили данными сетку. Для всего этого понадобилось две строки кода

Первая добавленная вами строка `Me.sqlDbConnection1.Open()` открывает соединение с базой данных, а следующая – `FillDataSet(dsProduct1)` – вызывает процедуру, которая была автоматически создана, когда вы дали команду сгенерировать методы. Здесь происходит обращение к базе данных, объект `SqlDbDataAdapter` исполняет SQL-запрос и сохраняет выбранные записи в объекте `DataSet`, который вы передали в качестве параметра (`dsProduct1`). В четвертой строке `DataGrid1.DataBind()` производится привязка сетки к объекту `DataView`, который, в свою очередь, связан с объектом `DataSet`.

Проверьте, что форма `DataTest1` назначена начальной страницей, и запустите проект. Вы увидите, что в окне Internet Explorer появляется сетка с записями из таблицы Products (см. рис. 8.8.). Выбрав из меню **View** пункт **Source** для просмотра исходного текста страницы, вы увидите информацию о состоянии и обычную HTML-таблицу с данными.

Это лишь очень поверхностное знакомство с тем, что можно сделать в ASP.NET-приложениях, используя привязку к данным. Однако на этом мы поставим точку, поскольку с основными принципами вы познакомились, а в последующих версиях Visual Studio.NET конкретный способ привязки к данным может измениться.

Реентерабельные страницы

Возможно, вы обратили внимание на следующую строку в обработчике события `DataTest1_Load`:

```
If Not IsPostback Then    ' Исполняется при первой загрузке
                          ' страницы браузером.
```

Проверка свойства `IsPostback` производится для того, чтобы понять, вызывалась ли эта форма раньше. Вспомните о том, что HTTP – это протокол без состояния. Каждый раз, когда производится обращение к некоторой странице, Web-сервер считает, что пришел новый посетитель. Однако ASP.NET записывает информацию на отправляемую клиенту страницу в виде скрытого поля `ViewState`. В результате при последующей отправке этой страницы серверу ASP.NET определяет, что пользователь уже был на ней раньше. Поэтому код внутри предложения `If` исполняется ровно один раз для каждого посетителя, который запрашивал страницу. Это может быть важно. Например, если вы хотите знать, какие страницы посещал конкретный пользователь, то можете записать эту информацию в протокол при первом посещении, а не при каждом возникновении события на сервере.

Серверные элементы управления ASP.NET работают в соответствии с моделью реентерабельной страницы. Другим словами, каждый раз, когда форма, размещенная на странице, отправляется на сервер, управление попадает на ту же самую страницу. На языке HTML это означает, что атрибут `Action` тега `<Form>` указывает на ту же страницу, которую вы просматриваете. Следовательно, формы снова и снова вызывают себя же, поэтому свойство `IsPostback` повышает масштабируемость и производительность приложения.

Таким образом, в отличие от приложений Windows, события `Load` и `Unload` возникают на одной и той же странице многократно. Свойство `IsPostback` позволяет легко определить, впервые данный пользователь загружает страницу или нет.

Резюме

Вам больше не нужно запускать отдельную программу для создания Web-приложений. В Visual Studio.NET имеется мощный HTML-редактор и целый набор элементов управления, позволяющих создавать не только статический HTML, но и элементы для контроля данных и привязки к данным.

Специалисты Microsoft избавили вас от многих хлопот по обработке событий, передаваемых через Web. Теперь Web-приложения можно программировать как обычные приложения Windows.

Однако в ряде аспектов построение Web-приложений все же отличается. Например, для поддержки состояния по-прежнему следует планировать свои действия загодя. Многим элементам управления недостает тех возможностей, которые есть у стандартных элементов Windows. А доступ к ресурсам на машине пользователя, например для чтения и записи файлов, разрешен не всегда.

И все же Visual Studio.NET – это гигантский шаг вперед в направлении создания событийно-ориентированных Web-приложений. В следующей главе мы разовьем эту тему.

Глава 9. Создание Web-сервисов с применением языка VB.NET

В компании Microsoft любят подчеркивать, что платформа .NET была отчасти задумана как гигантская операционная система. По сути, единой операционной системой становится весь Internet или, по крайней мере, ваша локальная сеть. А это значит, что приложение может быть распределено по всей сети, но при этом работает так, как будто установлено на вашей машине.

Попробуйте представить собственную реакцию, если бы во времена первых версий Visual Basic вам сказали, что можно будет создавать приложения в виде отдельных компонентов, размещенных на различных машинах; что программа, находящаяся на рабочем столе пользователя, будет вызывать компоненты на других машинах, а эти компоненты будут обращаться к данным, находящимся еще где-то, получать эти данные и возвращать их клиентскому приложению.

Сейчас все это звучит совершенно естественно, но программисту, работавшему с Visual Basic 1.0, показалось бы фантастикой. Ну а теперь подумайте, что и компоненты, и даже база данных вынесены за пределы вашей внутренней сети и разбросаны по всему Internet, так что общение между ними возможно только по протоколу HTTP. Именно в этом и состоит суть Web-сервиса.

Идея Web-сервиса – создать повторно используемый компонент, который можно вызывать по стандартному протоколу HTTP. Платформа .NET позволяет создавать Web-сервисы, обладающие всеми возможностями обычного .NET-приложения, в том числе доступом к пространствам имен в каркасе .NET Framework. Web-сервисы можно *обнаруживать*, то есть узнавать, на каких машинах находятся нужные вам компоненты, и обращаться к ним. Раскрывается также формат отдельных методов, поэтому всякий желающий может выяснить, какие методы есть у компонента и как их нужно вызывать.

Web-сервисы, равно как и COM-компоненты, можно вызывать из любой программы, в частности из форм Windows и Web-форм. Web-сервисы могут обращаться к другим Web-сервисам. Более того, написанные вами Web-сервисы допускается вызывать из приложений, работающих на других операционных системах, поскольку для обращения к ним необходим только протокол HTTP.

Чтобы поближе познакомиться с Web-сервисами, давайте создадим первый пример, а потом вернемся и продолжим разговор о том, как они работают.

Создание первого Web-сервиса

Конвертация валют – задача, решаемая многими Web-приложениями. В силу глобальной природы Internet вы можете посещать электронные магазины, расположенные в любой точке света. Как правило, магазин указывает цены в местной валюте, а вам хочется конвертировать их в валюту своей страны. В этом разделе мы заложим основы для Web-сервиса конвертации валют.

Запустите Visual Studio .NET. Создайте новый проект вида ASP.NET Web Service на языке VB.NET. Назовите проект CurrencyConverter и проверьте, что на той машине, где создается проект, работает Web-сервер IIS версии 4.0 или выше, а также установлен каркас .NET Framework.

Во вновь созданном проекте, как и в прежних, имеется пустое окно дизайнера. Окно **Solution Explorer** показывает, что текущая страница называется Service1.asmx. .ASMX – это расширение, зарезервированное для Web-сервисов. Кроме того, в проекте имеется файл CurrencyConverter.vsdisco. Он используется для обнаружения Web-сервиса.

Щелкните правой клавишей по файлу Service1.asmx в окне **Solution Explorer** и выберите из меню пункт **Rename** (Переименовать). Назовите файл CurrConvert.asmx. Заметим, что при этом меняется только имя файла, сам сервис по-прежнему называется Service1. Дважды щелкните по Дизайнеру файла CurrConvert.asmx – откроется его страница с кодом, файл CurrConvert.asmx.vb.

Взглянув на код, вы обнаружите, что там есть «закомментаренная» открытая функция HelloWorld(), перед именем которой находится странная конструкция <WebMethod()>. Таким атрибутом помечается метод, вызываемый через Web. Пользуясь функцией HelloWorld() как шаблоном, добавьте в файл такой код:

```
<WebMethod()> Public Function ConvertCurrency(ByVal dAmount As
Decimal, _
     ByVal sFrom As String, ByVal sTo As String) As Decimal
   Select Case sFrom
      Case "British Pounds"
         Return CDec(dAmount * 1.44333)
      Case "Japanese Yen"
         Return CDec(dAmount * 0.00859358)
   End Select
End Function
```

Мы создали метод ConvertCurrency, который принимает три параметра: сумму, название целевой валюты и название исходной валюты. В теле метода находится простое предложение Select Case, в котором определяется вид конвертации: из английских фунтов или японских иен, причем сумма всегда конвертируется в доллары США.

В реальной программе должна выполняться конвертация в валюты разных стран. Еще важнее то, что текущий курс следует получать из базы данных или иного источника, а не «зашивать» в программу. Но наша цель гораздо скромнее – показать, как работает Web-сервис.

Выберите из меню **Build** одноименный пункт. В результате Web-сервис будет построен и размещен на Web-сервере. Теперь все готово для тестирования.

Тестирование Web-сервиса

Visual Studio .NET позволяет без труда протестировать Web-сервис. Щелкните правой клавишей по файлу CurrConvert.asmx в окне **Solution Explorer** и выберите из меню пункт **View in Browser** (Показать в окне браузера).

.NET создает страницу по умолчанию, позволяющую работать с методами вашего Web-сервиса, передающего параметры в формате запросов POST или GET по протоколу HTTP. Сейчас на этой странице присутствует только метод ConvertCurrency. После щелчка по ссылке ConvertCurrency появляется новая страница, где можно ввести значения параметров и, нажав кнопку, отправить их сервису. На рис. 9.1 показано, как выглядит эта форма.

Примечание   *На сгенерированной странице имеется ссылка на метод* Convert-Currency, *а также говорится о том, что ваш Web-сервис использует по умолчанию пространство имен* http://tempuri.org. *Перед развертыванием приложения имя пространства имен нужно будет изменить. О том, как это делается, рассказывается в главе 13 «Развертывание и конфигурирование».*

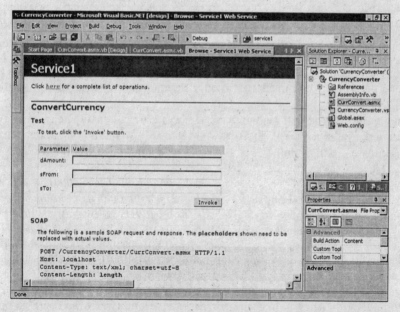

Рис. 9.1. Visual Studio.NET автоматически генерирует страницу для тестирования Web-сервисов

В середине страницы есть три поля ввода, в которые можно ввести значения параметров, после чего нажать кнопку **Invoke** (Вызвать) для тестирования метода. Введите в поле **dAmount** (Сумма) значение 100, в поле **sFrom** (Исходная) – British Pounds (Английские фунты), а в поле **sTo** (Целевая валюта) – US Dollars. Строго говоря, значение в поле **sTo** несущественно, поскольку программа его не проверяет. Но и оставить его пустым нельзя, так как параметр обязателен.

При щелчке по кнопке **Invoke** страница передает данные Web-сервису. Указанный метод отрабатывает и возвращает данные в виде XML-потока:

```
<?xml version="1.0" encoding="utf-8" ?>
<decimal xmlns="http://tempuri.org/">144.333</decimal>
```

Как видите, возвращено значение 144,333 типа decimal, то есть 100 английских фунтов эквивалентно 144,333 доллара США. Если еще раз запустить ту же форму, но указать в качестве исходной валюты японские иены, 100 иен будут эквивалентны 0,86 доллара.

То, что результат возвращается в виде XML-потока, вы видите. А вот то, что обращение к сервису тоже представлено в формате XML, от вас скрыто. Об этом чуть ниже.

Создание клиента Web-сервиса

Теперь, когда мы создали и протестировали Web-сервис, самое время написать клиента, который будет к нему обращаться. Клиентом может быть любая программа, в том числе приложение Windows, Web-приложение или другой Web-сервис. Мы создадим для этой цели Web-приложение.

Создайте в Visual Studio.NET новый проект вида ASP.NET Web Application и назовите его ConversionClient. Предварительно закройте существующее решение, поскольку мы не собираемся помещать клиента в то же решение, что и Web-сервис.

Перед вами пустое окно дизайнера. Поместите на форму следующие элементы управления из вкладки **Web Forms**: четыре метки, одно поле ввода, два выпадающих списка и одну кнопку. Расположите их, как показано на рис. 9.2.

Примечание　　*Выше было предложено перетащить четыре метки из вкладки Web Forms. Но если вы не собираетесь изменять их с помощью программы, то лучше взять метки с вкладки HTML. В этом случае в разметку помещается «легкий» тег <DIV>, а не серверный элемент управления. Как вы скоро увидите, в данном примере первые три метки вполне можно взять из вкладки HTML.*

Измените свойство Text первых трех кнопок на Amount:, From: и To: соответственно. Надпись на кнопке измените на Convert. Свойство Text для последней метки сделайте пустым, а в свойство ID запишите значение lblResult.

Щелкните по выпадающему списку справа от метки From: и назовите его cboFrom. Найдите в разделе **Misc** свойство Items и щелкните по многоточию.

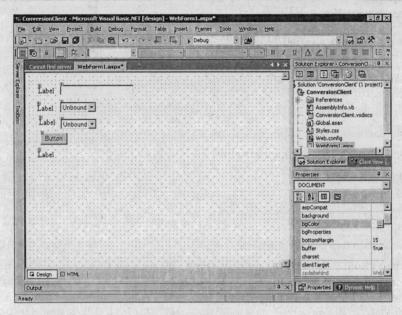

Рис. 9.2. Начало создания клиента, который будет обращаться к Web-сервису

Откроется окно редактора списка **ListItem Collection Editor**, показанное на рис. 9.3. Нажмите кнопку **Add**, введите в список **Properties** строку Japanese Yen и измените ее атрибут Selected (Выбран) на True, как показано на рис. 9.4. Еще раз нажмите **Add**, но теперь введите строку British Pounds. Атрибут Selected для нового элемента списка не устанавливайте в True. Нажмите кнопку **OK**.

Теперь щелкните по выпадающему списку справа от метки **To:**. Измените его имя на cboTo. Щелкните по многоточию в свойстве **Items**. Добавьте в список один элемент US Dollars и сделайте его выбранным. Окончательный вариант формы должен выглядеть, как показано на рис. 9.5.

Дважды щелкните по кнопке **Convert**, чтобы открыть окно кода. Но перед тем, как писать код обработчика события, нужно добавить ссылку на ранее созданный Web-сервис. Это очень важный шаг, он позволит обращаться к Web-сервису, как к обычному локальному компоненту.

В окне **Solution Explorer** щелкните правой клавишей по проекту ConversionClient и выберите из меню пункт **Add Web Reference** (Добавить ссылку на Web-сервис). Он отличается от пункта

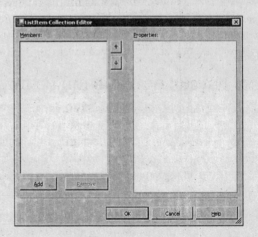

Рис. 9.3. Редактор списка

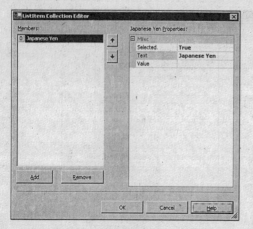

Рис. 9.4. Добавление новых элементов
в список

Add Reference (Добавить ссылку), так что будьте внимательны. Появится диалоговое окно **Add Web Reference**. В поле **Address** введите адрес Web-сервиса в следующем формате:

```
http://<имя_сервера>/
<имя_проекта>/<disco-файл>
```

Ваш сервер может называться по-другому, но на моей машине адрес выглядит следующим образом (если сервер находится на той же машине, что и клиент, то в качестве его имени можно также указать localhost):

```
http://laptop/CurrencyConverter/
CurrencyConverter.vsdisco
```

После ввода URL щелкните по иконке со стрелкой. Система «проконсультируется» с файлом обнаружения и запросит нужную информацию у Web-сервиса. После этого диалоговое окно будет выглядеть так, как показано на рис. 9.6. Нажмите кнопку **Add Reference**, чтобы завершить процесс добавления ссылки.

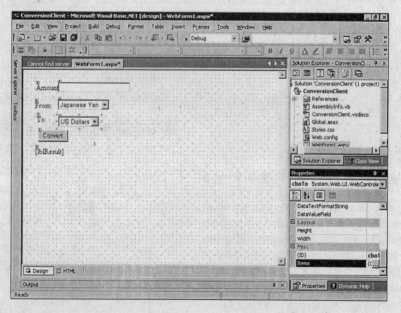

Рис. 9.5. Окончательный вид спроектированной формы. Показаны выпадающие
списки, в которых видны значения по умолчанию

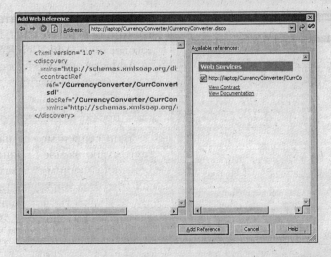

*Рис. 9.6. В диалоговом окне **Add Web Reference** показана информация о Web-сервисе*

Примечание *На некоторых машинах информация в правой части окна Add Web Reference появляется через несколько минут. Проявите терпение.*

Вновь добавленная ссылка появляется в узле **Web References** (Web-ссылки) в окне **Solution Explorer**. Раскрыв этот узел, вы увидите имя сервера, с которым только что соединились. Можете переименовать компонент, если хотите, – щелкните правой кнопкой по имени сервера и назовите его `ConversionService`. На рис. 9.7 показано, как это будет выглядеть.

Теперь в окне кода **WebForm1.aspx.vb** необходимо импортировать пространство имен Web-сервиса. Оно состоит из имени текущего приложения и имени сервера, на котором размещен Web-сервис. Поскольку вы только что переименовали сервер в `ConversionService`, добавьте такую строку перед строкой `Public Class WebForm1`:

```
Imports ConversionClient.ConversionService
```

`ConversionClient` – это имя приложения, с которым вы сейчас работаете, `ConversionService` – имя, по которому вы хотите ссылаться на Web-сервис. На самом деле `ConversionClient` – это одновременно имя клиентского приложения и пространства имен по умолчанию.

В процедуру `Button1_Click` нужно вписать код для обращения к Web-сервису, передачи параметров и вывода результатов. Вот этот код:

```
Public Sub Button1_Click(ByVal sender As Object, _
    ByVal e As System.EventArgs)
    Dim cService As New Service1
```

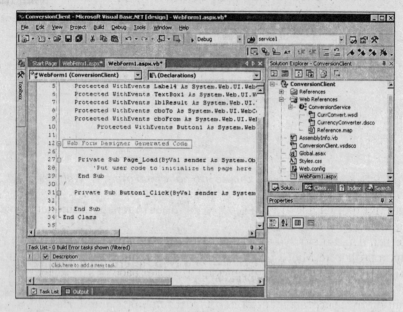

*Рис. 9.7. Диалоговое окно **Add Web Reference**, в которое загружена информация о вашем Web-сервисе*

```
Dim dAmount As Decimal
Dim sFrom, sTo As String
Dim dAnswer As Decimal

dAmount = CType(TextBox1().Text, Decimal)
sFrom = cboFrom().SelectedItem.ToString
sTo = cboTo().SelectedItem.ToString
dAnswer = cService.ConvertCurrency(dAmount, sFrom, sTo)
lblResult.Text = dAnswer.ToString
End Sub
```

Первым делом здесь создается объект типа Service1 – это имя сервиса, полученного в предыдущем разделе. Его можно назвать так потому, что он находится внутри пространства имен ConversionService, которое вы импортировали в самом начале. Затем объявляются отдельные переменные, в которые копируются значения из полей формы. Наконец, вызывается метод ConvertCurrency, которому передаются параметры. Полученный результат записывается в переменную, которая потом присваивается свойству lblResult.Text.

Запустите проект. Вы увидите, как в окне IE появляется форма. Введите 100 в поле Amount и выберите Japanese Yen из списка From:. Нажмите кнопку **Convert** – после того как серверу будет послан запрос и получен ответ, вы увидите, что под кнопкой появилось число 0.859358. Результат показан на рис. 9.8.

Вам не нужно вникать в детали генерации XML-запроса. Вы программируете Web-сервис точно так же, как любое другое приложение, пользуясь свойствами и методами. Клиентское приложение вызывает сервис, как любой другой

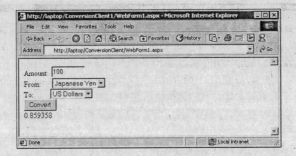

Рис. 9.8. Web-приложение только что получило ответ от Web-сервиса

компонент. Единственное отличие состоит в том, что теперь компонент может находиться в любом узле Internet.

Отметим, что, по сути дела, вы заменили технологию DCOM, работающую только на платформе Microsoft, широко распространенным протоколом HTTP и языком XML. Таким образом, теперь клиент может работать не только под управлением ОС Windows. Поскольку по каналам связи передается лишь текстовая информация, то межсетевой экран не является препятствием. На самом деле обращение к сервису было представлено в виде текста, передаваемого по протоколу HTTP, но .NET скрыла это от вас, создав впечатление, будто Web-сервис – это обычный компонент.

Создание Web-сервисов для обработки данных

Одна из самых сильных сторон Web-сервисов – возможность возвращать данные, хранящиеся в базе. Это позволяет получать от сервера данные, не открывая прямого соединения с базой. SQL Server поддерживает прямой доступ к базе по протоколу HTTP, поэтому пользователь сможет выполнять любые запросы, в том числе операции вставки, обновления, удаления и манипулирования объектами базы. Поэтому разрешать такой доступ обычно нежелательно. Web-сервисы – это один из способов ограничить доступ к базе и при этом предоставить все необходимые приложению данные.

То, какие именно данные доступны, контролируется методами. Например, для возврата одного или нескольких заказов можно было бы написать метод `GetOrders`, а для добавления нового заказа – метод `AddOrder`. Потребители такого сервиса вызывают методы и передают им параметры, о структуре самой базы данных они ничего не знают.

Создание сервиса OrderInfo

Создайте в VS.NET новый проект вида ASP.NET Web Service и назовите его OrderInfo. В окне дизайнера откроется файл Service1.asmx. В окне **Solution Explorer** переименуйте Service1.asmx в OrderInfo.asmx. Перейдите в окно кода и измените имя класса с `Service1` на `Orders`. Определение класса должно выглядеть так:

```
Public Class Orders
```

Вернитесь в окно дизайнера. Перейдите на вкладку **Data** в наборе инструментов и перетащите на форму элемент `SqlDataAdapter`. В главе 6 вы уже видели, что при этом запускается мастер конфигурации адаптера данных Data Adapter Configuration Wizard. Нажмите кнопку **Next** (Дальше), чтобы пропустить вводную страницу. На следующей странице Мастер предлагает выбрать соединение. Если вы выполняли примеры из главы 6, то в списке должно присутствовать соединение, указывающее на базу данных Northwind на локальном компьютере. Если нет, выполните следующие шаги:

1. Нажмите кнопку **New Connection** (Новое соединение).
2. На вкладке **Connection** диалогового окна **Data Link Properties** (Свойства канала данных) введите имя сервера, идентификатор и пароль пользователя и имя базы данных (в данном случае Nortwind).
3. Нажмите кнопку **OK**.

Указав соединение, нажмите кнопку **Next** и выберите тип запроса – Use SQL Statements (Предложения SQL). Снова нажмите **Next**.

На следующей странице выводится сообщение с просьбой ввести предложение SQL. Оно будет довольно длинным, так что лучше нажмите кнопку **Query Builder**. Щелчок по этой кнопке запускает построитель запросов — инструмент, позволяющий сконструировать запрос графически. При первом запуске этой программы появляется диалоговое окно **Add Table** (Добавить таблицу). Добавьте следующие таблицы:

❑ Customers;
❑ Order Details;
❑ Orders;
❑ Products;
❑ Shippers.

Построитель запросов сам определит, какие связи существуют между таблицами. В результате вы должны увидеть схему, представленную на рис. 9.9. Выберите следующие поля, поставив против них галочки в таблицах:

❑ `OrderID` в таблице Orders;
❑ `CompanyName` в таблице Customers;
❑ `ProductName` в таблице Products;
❑ `Quantity` в таблице Order Details;
❑ `CompanyName` в таблице Shippers;
❑ `ShippedDate` в таблице Orders.

Обратите внимание, что в процессе выбора полей получается запрос, содержащий два поля с одним и тем же именем `CompanyName`. Безусловно, интерпретатору языка SQL это не понравится. Но если вы посмотрите на текст запроса, который создает Query Builder, то увидите, что второму экземпляру поля `CompanyName` присвоен псевдоним `Expr1`. Перейдите в окно, где находится сетка. В колонке Alias (Псевдоним) для поля `CompanyName` из таблицы Customers

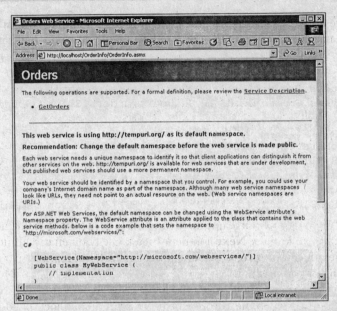

Рис. 9.11. Тестовая страница по умолчанию для Web-сервиса Orders

Появится тестовая страница, которую сгенерировала .NET. Вы видите, что единственный доступный метод — это `GetOrders` (рис. 9.11). Щелкните по ссылке `GetOrders`.

На следующей странице нажмите кнопку **Invoke** (Вызвать). Не забудьте, что метод `GetOrders` возвращает объект `DataSet`, который на платформах, отличных от .NET, скорее всего, отсутствует. Но, нажав кнопку **Invoke**, вы хотя бы увидите, что ADO.NET действительно передает данные в формате XML. На рис. 9.12 показан фрагмент потока, возвращенного методом `GetOrders`.

Построение клиента

После того как Web-сервис создан и протестирован, можно приступить к созданию клиентского приложения. В данном примере в этом качестве будет выступать обычное приложение Windows, запрашивающее данные. Создайте новый проект вида Windows Application на языке VB.NET и назовите его OrderTracker.

Первым делом добавьте ссылку на свой Web-сервис. Можете сделать это так же, как и в прошлых примерах. Правда есть еще два консольных приложения, решающих ту же задачу, но с несколько большими усилиями.

Добавление Web-ссылок с помощью программ disco.exe и wsdl.exe

Прежде всего убедитесь, что полные пути к каталогам с программами disco.exe и wsdl.exe указаны в переменной окружения PATH. Или, по крайней мере, найдите, где они находятся, чтобы вы могли набрать полный путь сами. В нашем примере обе программы скопированы в корневой каталог диска `C:`, чтобы поменьше печатать.

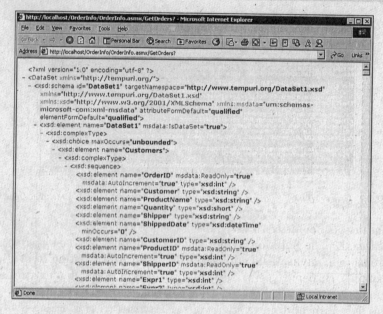

Рис. 9.12. Данные, возвращенные методом GetOrders, в формате XML

Откройте окно консоли и перейдите в каталог, где находится приложение OrderTracker. Вообще-то это необязательно, но файлы, которые мы сейчас сгенерируем, наверное, лучше всего поместить именно сюда. В Windows 2000 приложение OrderTracker по умолчанию размещается в каталоге `c:\documents and settings\<user>\my documents\visual studio projects\OrderTracker`. Открыв его, надо будет запустить программу disco.exe, предназначенную для создания имеющихся Web-сервисов и отдельных файлов, в том числе .discomap, который нам скоро понадобится. В окне консоли наберите приведенную ниже команду, но имейте в виду, что если система не сможет сама найти путь к файлу disco.exe, то вам придется набрать полный путь самостоятельно:

```
disco http://server/OrderInfo/OrderInfo.vsdisco
```

В результате работы программа disco.exe создает три файла: OrderInfo.wsdl, OrderInfo.disco и results.discomap.

Далее мы воспользуемся программой wsdl.exe, генерирующей модуль класса, который можно вставить в свое приложение. В нем содержится весь код, необходимый для вызова Web-сервиса. Наберите в окне консоли следующую команду:

```
wsdl /language:VB results.discomap
```

Если вы не укажете язык (параметр /language), будет создан модуль на языке C#. По завершении работы программа сообщит, что создан новый файл Orders.vb.

Набранные команды и полученные в ответ сообщения показаны на рис. 9.13.

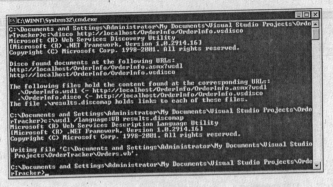

Рис. 9.13. Программы disco.exe и wsdl.exe и напечатанные ими сообщения

Это еще не все. Вернитесь в VS.NET и добавьте в проект только что созданный модуль класса. В окне **Solution Explorer** щелкните правой клавишей по проекту и выберите из меню пункт **Add** (Добавить), а затем **Add Existing Item** (Добавить существующий). Выберите в диалоговом окне файл Orders.vb и нажмите кнопку **Open** (Открыть).

Дважды щелкните по файлу Orders.vb, чтобы открыть его код. Взглянув на предложения Imports в начале файла, вы увидите, что те два, которые начинаются с System.Web, подчеркнуты. Это означает, что у программы в данный момент нет ссылки на пространство имен System.Web. В окне **Solution Explorer** щелкните правой клавишей по узлу **References** и выберите из меню пункт **Add Reference**. Появится диалоговое окно для добавления ссылки. Перейдите на вкладку **.NET**, найдите и выделите библиотеки System.Web.dll и System.Web.Services.dll, после чего нажмите кнопку **Select**. Диалоговое окно должно выглядеть, как показано на рис. 9.14.

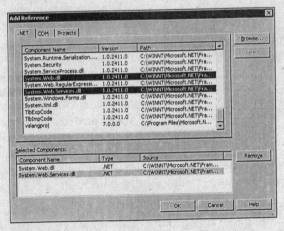

*Рис. 9.14. Для добавления ссылок, необходимых в работе с Web-сервисами, используется диалоговое окно **Add Reference***

Нажмите кнопку **OK** – окно закроется, и вы увидите, что оба предложения `Imports` больше не подчеркнуты.

Вернитесь в форму `Form1` и добавьте в нее два элемента управления: кнопку и сетку `DataGrid`. Растяните форму и сетку. Дважды щелкните по кнопке и вставьте код в ее обработчик:

```
Private Sub Button1_Click(ByVal sender As System.Object, _
  ByVal e As System.EventArgs) Handles Button1.Click
    Dim myOrders As New Orders()
    Dim myDS As New System.Data.DataSet()
    myDS = myOrders.GetOrders
    DataGrid1.DataSource = myDS
    'Свойство DataMember должно содержать имя той таблицы, которую вы
    'видели при создании объекта DataSet.
    DataGrid1.DataMember = "Customers"
End Sub
```

Возможно, вам понадобится изменить свойство `DataMember`. Помните, вам предлагалось зафиксировать имя таблицы, использованной при создании набора данных. Вот это имя и должно быть значением свойства `DataMember`.

Запустите приложение. Нажав на кнопку, вы создадите новый объект класса `Orders` с именем `myOrders`. Определение класса `Orders` находится в файле `Orders.vb`. Но этот класс – не что иное, как заместитель Web-сервиса; он содержит код, необходимый для вызова настоящего Web-сервиса. Затем мы вызываем метод `GetOrders` и получаем возвращенное значение в объекте `myDS` класса

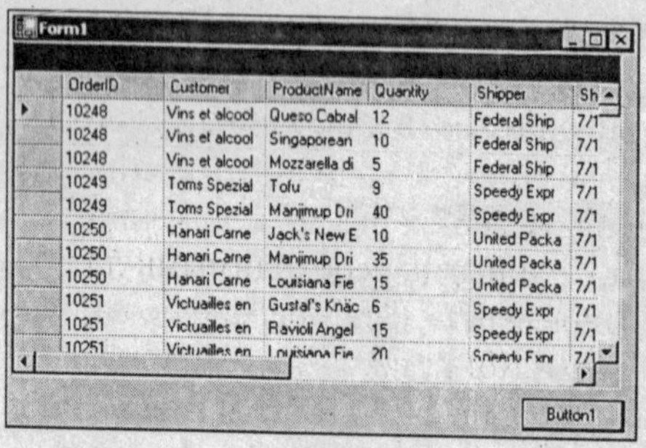

Рис. 9.15. Приложение Windows получило данные от Web-сервиса и привязало их к сетке

`DataSet`. Таким образом, на обоих концах мы пользуемся стандартными объектами ADO.NET, но по сети данные передаются в виде XML.

Получив запрошенные данные, мы привязываем элемент `DataGrid` к набору данных `DataSet` и к конкретной таблице в этом наборе. Напомним, что объект `DataSet` может содержать несколько таблиц, но в данном случае таблица всего одна – та, которая была указана первой при построении запроса.

Привязкой к данным все и заканчивается. На рис. 9.15 показано приложение после нажатия кнопки. Число возвращенных записей довольно велико, так что на помещение их в сетку может понадобиться несколько секунд.

Как работают Web–сервисы

В предыдущем примере вы видели, что любой метод Web-сервиса, который вы хотите сделать доступным через Internet, должен быть помечен атрибутом `<Web-Method()>`. Такой метод может обнаружить любой клиент, обращающийся к URL проекта. Каждый класс, в котором хотя бы один метод объявлен с атрибутом `<Web-Method()>`, становится Web-сервисом. Каркас выполняет все действия, необходимые для того, чтобы компонент можно было вызывать по HTTP.

Большинство Web-сервисов импортируют пространство имен `System.Web.Services`. Это необязательно, но в противном случае пришлось бы добавлять префикс `System.Web.Services` к имени любого класса из этого пространства. Многие сервисы также наследуют базовому классу `System.Web.Services.WebService`, поскольку это дает им доступ к таким встроенным объектам ASP.NET, как `Application` и `Session`. Этот класс, кроме того, содержит методы, обеспечивающие базовую функциональность Web-сервисов. С каждым Web-сервисом ассоциирован файл обнаружения (файл VSDISCO, который иногда называют просто DISCO-файлом), из которого затем генерируется WSDL-файл с описанием Web-сервиса на языке WSDL (Web Service Description Language). Подробнее об этом чуть ниже.

Вы видели, что можно протестировать Web-сервис, обратившись к asmx-файлу. Платформа .NET создает страницу, которая содержит не только поля для ввода каждого параметра объявленных в описании Web-сервиса методов, но и пояснения, и ссылку для просмотра описания Web-сервиса на языке WSDL. Описание оказывается весьма пространным даже для такого простого сервиса с единственным методом, который мы только что создали, но именно этот файл позволяет вызывать Web-сервис клиентам, работающим под управлением самых разных операционных систем.

Для чего нужен DISCO-файл

После того как сервис создан, его необходимо развернуть на Web-сервере. До сих пор мы не задавались вопросом о развертывании, потому что это получалось автоматически – достаточно было указать имя Web-сервера при построении проекта. Но если возникает потребность скопировать сервис на другую машину, то нужно не забыть перенести на нее и документ с данными, необходимыми для обнаружения. DISCO-файл позволяет клиенту определить, какие сервисы размещены на данном сервере и какие у них есть методы. Когда пользователь указывает в браузере URL DISCO-файла, ему предоставляется информации о предлагаемых Web-сервисах.

Но что делать, если пользователь не знает пути к документу обнаружения? На любой машине, где установлена Visual Studio.NET, есть документ обнаружения с именем default.vsdisco. Обычно серверы ASP.NET используют файлы default.vsdisco для статического обнаружения. Поэтому разработчик Web-сервиса должен подумать, какие сервисы на рабочей машине следует делать доступными для внешнего мира, и подготовить соответствующий статический DISCO-файл.

Развертывание можно производить по-разному, в зависимости от того, пользуетесь вы Visual Studio.NET или копируете файлы вручную. Кроме того, процедура варьируется для двоичных и текстовых файлов. Подробно эту тему мы обсудим в главе 13.

Говоря о проблемах обнаружения Web-сервисов, нельзя не упомянуть аббревиатуру UDDI. Она расшифровывается как Universal Discovery, Description, and Integration (Универсальный протокол обнаружения, описания и интеграции). Цель проекта UDDI – создать службу регистрации Web-сервисов, чтобы любой желающий смог искать Web-сервисы, предоставляемые в рамках отрасли промышленности или даже отдельной компании. Это попытка создать центральный репозитарий Web-компонентов, из которых можно было бы сравнительно легко строить Web-приложения. Подробности о проекте UDDI см. на сайте по адресу: http://www.uddi.org.

Доступ к Web-сервисам

На сегодняшний день ASP.NET поддерживает три способа доступа к Web-сервисам: HTTP-GET, HTTP-POST и SOAP. Протокол SOAP (Simple Object Access Protocol – простой протокол доступа к объектам) определяет XML-формат вызова методов и передачи параметров вместе с определением схемы. Результат возвращается также в формате XML. Web-сервисы можно вызывать и методами HTTP-GET или HTTP-POST, но SOAP позволяет передавать более сложные типы данных, в частности классы, структуры и объекты DataSet. При этом SOAP остается чисто текстовым протоколом, а значит, является переносимым и способным преодолевать межсетевые экраны, чем выгодно отличается от других распределенных технологий, например DCOM или CORBA.

Web-сервисы, созданные в среде VS.NET, автоматически поддерживают все три механизма. Поскольку сервис поддерживает SOAP, то вызывать его можно не только по протоколу HTTP, но и, скажем, по протоколу SMTP.

Если известен URL Web-сервиса, можно указать его в браузере и получить ту же страницу, которую вы видели при тестировании сервиса внутри IDE. Вот, например, URL Web-сервиса, созданного в этой главе (не забудьте только подставить правильное имя сервера):

```
http://localhost/currencyconverter/currconvert.asmx
```

При обращении к нему создается страница, позволяющая протестировать сервис. Это важно, так как дает возможность любому клиенту, знающему адрес, соединиться с Web-сервисом, пользуясь любым инструментом. Имеется также ссылка на WSDL-контракт, используемый клиентскими приложениями. Такой контракт содержит более подробную информацию о сервисе и, что гораздо более существенно, дает возможность клиенту сгенерировать заместителя Web-сервиса. Думать об этом не стоит, если вы программируете клиента в Visual Studio.NET и добавляете ссылку на Web-сервис. VS.NET сама генерирует код заместителя в виде класса на языке VB.NET (или C# – в зависимости от ваших предпочтений). При желании создать заместителя вручную нужно сохранить WSDL-контракт на своей машине и запустить программу Webserviceutil.exe, поставляемую в комплекте с S.NET.

При рассмотрении Web-сервисов часто приходится задумываться о безопасности. Вы сохраняете полный контроль над безопасностью сервисов и можете запретить свободный доступ к ним со стороны любого клиента. Давайте смотреть правде в глаза: некоторые компании берут деньги за пользование определенными сервисами, так уж устроен наш капиталистический мир. Web-сервисы, создаваемые на платформе .NET, могут пользоваться всеми механизмами обеспечения безопасности, которые она предоставляет. Поскольку доступ к сервисам осуществляется по протоколу HTTP, то можно также задействовать средства защиты, имеющиеся в Web-сервере Internet Information Server. Но теме безопасности, как и развертыванию, посвящена глава 12.

Резюме

В этой главе описаны основные принципы и инструменты для создания Web-сервисов – одной из наиболее интересных технологий, предоставляемых каркасом .NET Framework. Эта технология позволяет задействовать сложившуюся архитектуру Internet для увеличения степени распределенности приложений. Теперь вы можете обращаться к компонентам, находящимся за пределами своей компании, и использовать для этой цели протокол HTTP. При этом наличие межсетевого экрана не станет помехой, а сервер и клиент смогут работать на машинах с разными операционными системами.

Создание сервиса Windows

Глава 10. Построение сервисов Windows и консольных приложений на языке VB.NET

Язык VB.NET позволяет писать сервисы Windows на языке Visual Basic. Сервис Windows, иначе называемый сервисом NT, – это программа, которая запускается даже тогда, когда ни один пользователь не зарегистрировался, и обычно работает до перезагрузки системы. Сервисы можно приостанавливать и возобновлять, а также конфигурировать для работы в различных контекстах безопасности. До последнего времени написание сервисов Windows оставалось прерогативой программистов на C++, но теперь каркас .NET Framework позволяет создавать их на любом .NET-совместимом языке.

Не следует путать сервисы Windows с Web-сервисами, для них даже существуют проекты разных видов. Сервисы поддерживаются только в операционных системах Windows NT, Windows 2000 и Windows XP.

Создание сервисов несколько отличается от создания проектов других видов. Их нельзя пошагово отлаживать в среде Visual Studio.NET. Сервис необходимо сначала зарегистрировать в операционной системе, только тогда его можно будет запустить. А уже после того, как сервис начнет работу, к нему можно подключить отладчик. Поскольку у сервисов Windows нет пользовательского интерфейса, то информацию об ошибках они обычно пишут в протокол событий.

Сервисы находят применение в различных ситуациях. Например, я разрабатывал приложение, в котором файлы могли поступать в любое время по протоколу FTP. Я написал сервис, который следил за некоторым каталогом и получал извещение при помещении в него нового файла. Затем сервис приступал к обработке файла. Это типичный пример использования сервиса: программа должна работать постоянно, независимо от того, зарегистрированы ли в системе какие-нибудь пользователи, и отслеживать поступление новых файлов. Никакой пользовательский интерфейс такой программе не нужен.

Мы создадим еще один проект, а когда он заработает, разберемся, что же мы сделали. Наш сервис будет регулярно проверять загрузку процессора и записывать информацию в файл. Заодно мы познакомимся с показателями производительности.

Создание сервиса Windows

Запустите Visual Studio.NET и создайте проект вида Windows Services, назвав его LearningVBservice. В окне **Solution Explorer** вы увидите файлы Service1.vb и AssemblyInfo.vb.

Щелкните по окну дизайнера — откроется окно свойств сервиса. Измените свойство ServiceName (Имя сервиса) с Service1 на UsageMonitor. Также измените с Service1 на UsageMonitor свойство(Name). Дважды щелкните по окну дизайнера, чтобы открыть окно кода. Вы увидите, что сразу после предложения Imports находится строка:

```
Public Class UsageMonitor
```

Раскрыв код, автоматически сгенерированный средой разработки, вы увидите процедуру Sub New. Помимо нее есть еще процедура Shared Sub Main, которую мы раньше не встречали. Возможно, вы догадались, что эта процедура по умолчанию первой получит управление. Поэтому в ней уже есть код, необходимый для инициализации сервиса. Одна из строк в процедуре ссылается на имя сервиса Service1, которое вы только что изменили. Поэтому найдите строку

```
ServicesToRun = New System.ServiceProcess.ServiceBase()
{New Service1()}
```

и напишите вместо нее

```
ServicesToRun = New System.ServiceProcess.ServiceBase()
{New UsageMonitor()}
```

Вернитесь в окно дизайнера. Откройте набор инструментов и перетащите в него компонент Timer с вкладки **Components**. У сервиса Windows, как и у многих других проектов, есть дизайнер, но, поскольку сервис — это не форма, то компонент Timer оказывается не в лотке, а прямо в окне Дизайнера.

Взглянув на свойства компонента Timer1, вы увидите, что по умолчанию таймер включен, а свойство Interval равно 100. Интервал между срабатываниями измеряется в миллисекундах и имеет тип Double. Следовательно, если вы хотите подождать одну секунду, то должны записать в свойство значение 1000. В нашем примере мы будет собирать статистику каждые 5 секунд, поэтому для свойства Interval установите значение 5000. В реальном приложении, возможно, будет достаточно опрашивать систему каждую минуту или каждые 5 минут, но вряд ли при тестировании вы захотите так долго ждать, чтобы убедиться, что сервис работает.

Примечание   *Значение свойства Enabled по умолчанию в различных бета-версиях многократно изменялось. Поэтому вполне возможно, что в окончательной версии VS.NET таймер по умолчанию будет выключен.*

Далее перетащите с вкладки **Components** элемент управления `Performance-Counter`. Он дает доступ к той же информации, которую показывает программа Performance Monitor (или PerfMon). Измените следующие свойства элемента `PerformanceCounter1`:

- ❑ `CategoryName` на `"Processor"`;
- ❑ `CounterName` на `"% Processor Time"`;
- ❑ `InstanceName` на `"_Total"`;
- ❑ `MachineName` оставьте равным точке, это сокращенное обозначение локальной машины.

Примечание   *Можно поступить по-другому: перетащить объект `PerfCounter` из окна Server Explorer, а затем изменить его свойства. Кстати, при работе с сервисами обозреватель серверов (Server Explorer) весьма полезен.*

Дважды щелкните по компоненту `Timer1`, чтобы открыть окно кода. По умолчанию система покажет процедуру обработки события `Timer1_Elapsed`, которая вызывается по истечении интервала таймера. Но мы-то хотим обрабатывать каждое событие срабатывания таймера, поэтому нам нужна процедура `Timer1_Tick`. Однако, прежде чем помещать в нее какой-либо код, добавьте следующую строку в самое начало программы:

```
Imports System.IO
```

Теперь сами создайте процедуру `Timer1_Tick`, дописав следующий код:

```
Protected Sub Timer1_Tick(ByVal sender As Object, _
  ByVal e As System.EventArgs)
    Dim file As TextWriter = New StreamWriter("c:\output.txt",
True)
    file.WriteLine("Загрузка ЦП: " & _
      PerformanceCounter1.NextValue.ToString & " - " & Now)
    file.Close()
End Sub
```

Этот код будет исполняться каждые пять секунд. Он открывает текстовый файл output.txt в корневом каталоге диска `C:`. Аргумент `True` конструктора означает, что файл открывается в режиме дозаписи. Программа записывает в конец файла строку, содержащую полученную из показателя производительности информацию о загрузке процессора, а также текущие дату и время. Затем файл закрывается. Заметим, что указывать неквалифицированное имя класса `StreamWriter` можно, потому что мы импортировали пространство имен `System.IO`, в котором находятся и другие классы для выполнения ввода/вывода. Если бы мы этого не сделали, пришлось бы писать имя полностью `System.IO.StreamWriter`.

Ниже в коде вы найдете заглушки для процедур `OnStart` и `OnStop`. Измените их, а также добавьте процедуру `OnContinue`:

```
Protected Overrides Sub OnStart(ByVal args() As String)
    timer1.Enabled = False
    Dim file As TextWriter = New StreamWriter("c:\output.txt",
True)
    file.WriteLine("Сервис запущен")
    file.Close()
    timer1.Interval = 5000
    timer1.Enabled = True
End Sub

Protected Overrides Sub OnStop()
    Timer1.Enabled = False
    Dim file As TextWriter = New StreamWriter("c:\output.txt",
True)
    file.WriteLine("Сервис остановлен")
    file.Close()
End Sub

Protected Overrides Sub OnContinue()
    Dim file As TextWriter = New StreamWriter("c:\output.txt",
True)
    file.WriteLine("Сервис возобновлен")
    file.Close()
End Sub
```

Процедура `OnStart` срабатывает, когда сервис запускается, и пишет сообщение об этом в текстовый файл. Затем мы устанавливаем интервал таймера и включаем таймер – на всякий случай, хотя эти свойства уже были заданы в режиме проектирования. Процедура `OnStop` срабатывает, когда сервис останавливается, и пишет сообщение об этом в файл. Если работа сервиса будет приостановлена, а затем возобновлена, то о возобновлении также будет помещена запись в файл, – это сделает процедура `OnContinue`.

Собственно это все, что необходимо для работы сервиса. Однако, чтобы им можно было воспользоваться, необходимо добавить в программу инсталлятор.

Добавление инсталлятора сервиса

Вернитесь в окно Дизайнера. Щелкните правой клавишей и выберите из меню пункт **Add Installer** (Добавить инсталлятор). В области Дизайнера появится новое окно – **ProjectInstaller.vb [Design]**. В проект будут добавлены два компонента. Первый – `ServiceInstaller1` – устанавливает сам сервис, а второй – `ServiceProcessInstaller1` – настраивает процесс, в контексте которого будет работать сервис. Каждый сервис работает в отдельном процессе. Оба компонента – `ServiceInstaller` и `ServiceProcessInstaller` – необходимы для правильной регистрации и конфигурирования сервиса.

Прежде чем начинать строить проект, необходимо выполнить ряд действий, так как вы изменили имя сервиса с `Service1` на `UsageMonitor`. В окне дизайнера **ProjectInstaller.vb** щелкните по элементу `ServiceInstaller1` и убедитесь, что свойство `ServiceName` равно `UsageMonitor`. Если это не так, измените его вручную. Затем в окне **Solution Explorer** щелкните правой клавишей по проекту LearningVBservice и выберите из меню пункт **Properties**. На странице свойств измените значение в комбинированном списке `Startup Object` (Стартовый объект) на `UsageMonitor` и нажмите кнопку **OK**.

Щелкните по компоненту `ServiceProcessInstaller1` и посмотрите на свойство `Account`. Оно задает учетную запись пользователя, от имени которого будет работать сервис. По умолчанию это `User` (Конкретный пользователь), но свойства `Username` (Имя пользователя) и `Password` (Пароль) не заполнены. Если вы их оставите в таком виде, то процедура установки (не построения проекта!) завершится с ошибкой. В промежуточных версиях VS.NET попытка установить сервис с неуказанными именем и паролем пользователя приводила к появлению диалогового окна, в котором запрашивалась недостающая информация. Теперь это не так, хотя по-прежнему документировано, поэтому необходимо либо ввести имя и пароль, либо изменить учетную запись.

В этом примере просто измените свойство `Account` на `LocalSystem`. Тогда сервис будет работать в контексте учетной записи `LocalSystem`, для которой жестко «зашивать» в программу код и пароль не нужно.

Вот теперь можно построить сервис, для чего нужно выбрать из меню **Build** одноименный пункт.

Конфигурирование сервиса

Итак, сервис откомпилирован, но система про него еще ничего не знает. Сначала его нужно установить, только тогда он появится в программе управления сервисами. Откройте окно консоли (командную строку DOS) и перейдите в тот каталог, где компилировался сервис. По умолчанию это каталог `C:\Documents and Settings\<имя пользователя>\My Documents\Visual Studio Projects\LearningVBservice\bin`. Затем введите команду:

```
installutil LearningVBservice.exe
```

Примечание   *Путь к программе InstallUtil.exe должен быть указан в переменной окружения PATH. Если это не так, придется набрать полный путь вручную.*

На установку сервиса уйдет некоторое время. Когда все закончится, вы сможете запустить сервис и задать параметры запуска.

Откройте программу управления сервисами. В системе Windows 2000 ее можно вызывать из приложения Computer Management. В списке будет отражен и ваш сервис `UsageMonitor` (см. рис. 10.1). Дважды щелкните по нему – откроется окно свойств. Если вы хотите, чтобы сервис запускался при каждой загрузке системы, измените поле **Startup Type** с **Manual** на **Automatic**. В этом же окне вы можете нажать кнопку **Start** и запустить сервис. Когда он немного поработает, остановите его и посмотрите на созданный файл протокола.

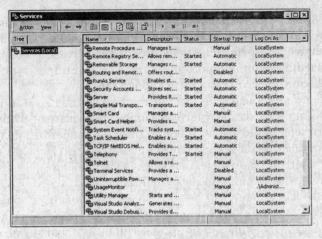

*Рис. 10.1. Сервис находится в списке, отображаемом
программой управления сервисами*

В нем содержится информация о загрузке процессора, собираемая каждые пять секунд. Данный сервис можно только останавливать и запускать. Его нельзя приостановить, поскольку свойство `CanPauseAndContinue`, управляющее возможностью приостанавливать и возобновлять сервис, по умолчанию равно `False`, а вы его не меняли. Вот как мог бы выглядеть файл протокола:

```
Сервис запущен
Загрузка ЦП: 0 - 2/24/2001 4:21:55 PM
Загрузка ЦП: 9.504132 - 2/24/2001 4:21:57 PM
Загрузка ЦП: 9.8 - 2/24/2001 4:22:02 PM
...
Загрузка ЦП: 23 - 2/24/2001 4:24:07 PM
Загрузка ЦП: 1.19760478 - 2/24/2001 4:24:12 PM
Загрузка ЦП: 5.61122227 - 2/24/2001 4:24:17 PM
Загрузка ЦП: 4.2 - 2/24/2001 4:24:22 PM
Сервис остановлен
```

Самая первая строка с данными о загрузке ЦП обычно отбрасывается. Остальные содержат правдоподобные значения.

Как работают сервисы Windows

Вы уже знаете, что сервисы Windows запускаются, когда загружается операционная система, даже если ни один пользователь не зарегистрирован. У этих программ нет пользовательского интерфейса, они работают в фоновом режиме и не требуют вмешательства человека. Они «регистрируются» под системной учетной записью или под учетной записью конкретного пользователя, а значит, могут исполняться в контексте безопасности именно этого пользователя, даже если он сам не входил в систему.

Сервисы Windows обладают рядом уникальных особенностей. Нельзя отлаживать сервис в среде разработки, необходимо предварительно установить его, чтобы операционная система могла его запустить. О том, как все-таки отлаживать сервис, мы поговорим ниже.

В проект пришлось добавить инсталляторы, чего раньше мы не делали. И это тоже связано с тем, что сервис необходимо устанавливать.

Поскольку у сервиса нет пользовательского интерфейса, то любые сообщения необходимо выводить в протокол событий Windows. Это очень важно для постоянно работающей программы; ничто не должно блокировать ее. В частности, она не должна ждать, пока пользователь нажмет кнопку **OK** в диалоговом окне. При обнаружении ошибки информацию о ней нужно поместить в протокол, а не открывать окно сообщения. Если вы попытаетесь это сделать, то пользователь ничего не увидит, а программа зависнет в ожидании закрытия окна.

Время жизни и события сервиса

В процессе работы сервиса могут возникать различные события, на которые он должен реагировать. Они напрямую связаны с этапами жизни сервиса. Так, например, вы уже видели обработчик события `OnStart`. Перечислим все возможные события:

- ❑ `OnStart` – возникает в момент запуска сервиса. В примере выше мы реагировали на это событие, записывая в файл протокола информацию о факте и времени запуска;
- ❑ `OnPause`. Если свойство `CanPauseAndContinue` равно `True`, то работу сервиса можно приостановить из программы управления сервисами. В этот момент возникает событие `OnPause`, в обработчике которого можно выполнить некоторые действия, предшествующие приостановке;
- ❑ `OnContinue`. Если свойство `CanPauseAndContinue` равно `True`, то это событие возникает в момент возобновления работы сервиса после приостановки;
- ❑ `OnStop` – возникает непосредственно перед остановом сервиса. Имеется свойство `CanStop`, по умолчанию равное `True`. Если это свойство равно `False`, то сервис не получает события останова (хотя все равно останавливается);
- ❑ `OnShutdown`. Если во время работы сервиса инициируется процедура останова операционной системы, то возникает это событие. В отличие от события `OnStop`, оно связано только с остановом ОС. Существует свойство `CanShutdown`, равное по умолчанию `False`. Чтобы сервис получал событие `OnShutdown`, необходимо изменить значение этого свойства на `True`.

Существует также свойство `AutoLog`, которое по умолчанию равно `True`. Оно позволяет автоматически протоколировать некоторые события. Например, если запустить написанный выше сервис, открыть программу просмотра событий Event Viewer и полистать протокол приложений Application Log, то вы увидите информационные сообщения о запуске и останове сервиса. Если вы не хотите, чтобы они появлялись, присвойте свойству `AutoLog` значение `False`.

Выше мы говорили, что свойству `Account` можно присвоить значение `User`, указав затем конкретного пользователя, от имени которого будет работать сервис. Но после установки вы можете изменить контекст безопасности сервиса, изменив его свойства в программе управления сервисами.

Отладка сервиса

Сервис нельзя отлаживать, как другие программы, так как сначала его необходимо установить и запустить под управлением программы Service Control Manager. Среда разработки не может запустить сервис, поскольку им владеет операционная система. Поэтому для отладки необходимо построить, установить сервис и стартовать. Таким образом, вам предстоит отлаживать уже работающее приложение. И в этом среда разработки может оказать помощь.

Поставьте контрольную точку на какой-нибудь строке в процедуре `Timer1_Tick`. Затем выберите из меню **Processes** пункт **Debug**. В диалоговом окне **Processes** (Процессы) установите флажок **Show system processes** (Показать системные процессы). В списке процессов будет присутствовать не имя сервиса, а имя процесса `LearningVBservice.exe` (рис. 10.2). Нажмите кнопку **Attach** (Присоединить), появится окно, показанное на рис. 10.3. Выберите строку `Common Language Runtime` (Единая среда исполнения) и нажмите кнопку **OK**. Затем нажмите кнопку **Close** в окне **Processes**.

Поскольку сервис работает, то не позже, чем через пять секунд, программа дойдет до контрольной точки, и далее вы сможете исполнять ее по шагам, как любую другую. Сейчас сервис находится в режиме отладки, поэтому он работает не обычным образом, а отвечает на команды отладчика. Чтобы прекратить отладку,

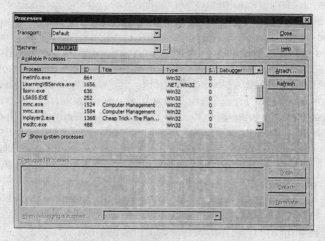

Рис. 10.2. Присоединение отладчика Visual Studio.NET к работающему процессу

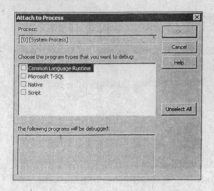

Рис. 10.3. Форма, позволяющая указать вид отлаживаемого приложения

выберите из меню **Debug** пункт **Stop Debugging**. После этого сервис вернется в нормальный режим.

Если вам понадобится удалить сервис, откройте консоль, перейдите в каталог, где находится EXE-файл сервиса, и введите команду:

```
installutil /u LearningVBservice.exe
```

Создание консольных приложений

Консольные приложения иногда называют приложениями командной строки, приложениями DOS и т.д. Такие программы не имеют пользовательского интерфейса, запускаются из окна консоли и часто применяются в административных целях, например для изменения настроек. Многие программы, написанные компанией Microsoft, до сих пор остаются консольными. Например, в системе Windows 2000 можно ввести команду IPCONFIG для получения информации о текущих настройках протокола IP на вашей машине. С помощью различных флажков вы можете узнать более детальную информацию, а также освободить или изменить свой IP-адрес.

Создать консольное приложение очень просто, и потому этот раздел будет коротким. Однако в V.B6 создавать консольные приложения было нельзя, по крайней мере без дополнительных утилит, поставляемых сторонними фирмами.

При разработке консольного приложения среда не предоставляет вам Дизайнера, как и при создании библиотеки классов. Вам сразу предлагается процедура Sub Main, с которой начинается исполнение программы. Программа исполняется от начала до конца этой процедуры, так что здесь применяется парадигма последовательного, а не событийно-управляемого программирования.

Пример консольного приложения

Начните новый проект вида Console Application и назовите его LearningConsole. В проекте автоматически создаются всего два файла: AssemblyInfo.vb и Module1.vb. В последнем будет находиться код вашей программы.

В окне кода создан модуль (не класс!) с именем Module1. Во всех предыдущих проектах система генерировала некий класс; в случае консольных приложений это не так. Внутри модуля есть процедура Sub Main.

При работе с консольным приложением вы будете принимать данные от пользователя и выводить информацию на консоль. Вывести что-нибудь на консоль несложно. Вставьте в процедуру Sub Main следующий код:

```
Sub Main()
    Console.WriteLine("Hello, World!")
End Sub
```

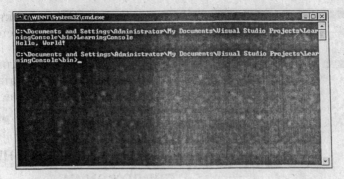

Рис. 10.4. Консольное приложение, выводящее информацию

Постройте приложение и откройте окно консоли. Вам придется перейти в каталог приложения, который находится по адресу: `c:\documents and settings\`
`<имя_пользователя>\my documents\visual studio projects\learning-`
`console\bin`. Открыв этот каталог, наберите `LearningConsole` (результатом компиляции вашего приложения является файл LearningConsole.exe). Вы увидите, что в окне появилась строка `Hello, World!` (см. рис. 10.4).

Консольное приложение может также читать данные. Например, создайте простейший калькулятор, умеющий складывать два числа. Измените код в процедуре `Sub Main`:

```
Sub Main()
    Dim firstNum As Double
    Dim secondNum As Double
    Console.Write("Введите первое число: ")
    firstNum = Console.ReadLine
    Console.Write("Введите второе число: ")
    secondNum = Console.ReadLine
    Console.WriteLine("Сумма равна: " & firstNum + secondNum)
End Sub
```

В этой программе объявляются две переменные типа `Double`. Затем вызывается метод `Write` объекта `Console`, который выводит данные на экран, но не переходит на следующую строку, так что курсор остается в конце напечатанной строки. После этого пользователь может ввести первое число. Когда будет нажата клавиша **Enter**, метод `Console.ReadLine` считает введенные данные и запишет их в переменную `firstNum`. Заметим, что никакого контроля не производится, так что ввод нечислового значения приведет к ошибке.

После ввода второго значения вызывается метод `WriteLine`, который выводит строку `Сумма равна` и результат сложения. Далее встречается предложение `End Sub`, и программа завершается. Результат работы программы показан на рис. 10.5.

Обработка аргументов, заданных в командной строке

Большинство консольных приложений получают аргументы из командной строки. Для их обработки применяется такой же механизм, как в ранних версиях

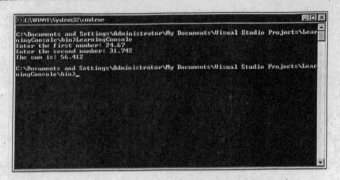

Рис. 10.5. Консольное приложение принимает данные от пользователя

Visual Basic, – функция `Command()`. Она считывает все переданные аргументы, которые потом можно разобрать с помощью метода `Split` класса `String`, входящего в состав каркаса .NET Framework.

Вот как это может выглядеть:

```
Sub Main()
    Dim args As String = Command()
    Dim argsArray() As String = args.Split
Dim loopCounter As Integer
    For loopCounter = 0 To UBound(argsArray)
        Console.WriteLine(argsArray(loopCounter))
    Next
End Sub
```

Здесь с помощью функции `Command` сначала считываются аргументы, перечисленные в командной строке после имени программы. Затем методом `Split` отдельные аргументы выделяются из строки и помещаются в одномерный массив.

После этого мы входим в цикл с начальным значением переменной 0 (напомним, что в VB.NET все массивы индексируются начиная с нуля) и конечным, равным верхней границе массива (`UBound`). Значение каждого элемента выводится на консоль. На рис. 10.6 показан результат работы программы, когда в командной строке передано два аргумента.

Разумеется, это не все, что может выполнять консольное приложение. Однако значительная часть функциональных возможностей базируется на методах `Read`, `ReadLine`, `Write` и `WriteLine`. В принципе входной и выходной потоки можно изменить, но для этого придется работать в неконтролируемом (unmanaged) режиме, чего не рекомендует компания Microsoft.

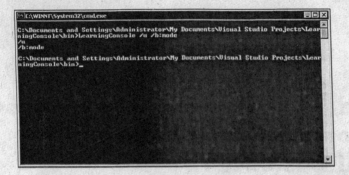

Рис. 10.6. Консольное приложение считывает аргументы из командной строки, строит из них массив и выводит его обратно на консоль по одному элементу в строке

Резюме

В этой главе вы познакомились с сервисами Windows и консольными приложениями. Такие классы приложений стали доступны программистам на VB только теперь. Примеры в этой главе были несложными. Так, в сервисе Windows протокол можно было бы сохранять не в файле, а в базе данных.

Модели программирования сервисов и консольных приложений довольно просты. Однако в работе с сервисами Windows имеется ряд сложностей. Одним из основных отличий между сервисами и другими проектами является методика отладки. Кроме того, нельзя забывать об отсутствии пользовательского интерфейса и проявлять повышенное внимание к обработке ошибок.

Консольные приложения писать очень легко, но они полезны для создания быстрых программ, не нуждающихся в развитом интерфейсе пользователя. Например, таким образом можно получить очень производительную программу для синтаксического анализа типа утилиты bcp, которая поставляется вместе с SQL Server и загружает данные из текстового файла в базу.

Глава 11. Создание многопоточных приложений на языке Visual Basic.NET

О возможностях многопоточной обработки в Visual Basic.NET говорилось в главе 3 «Основные изменения в VB.NET». Там рассказывалось о том, как поместить процедуру в отдельный поток, чтобы она не блокировала выполнение вызывающей программы. Эту главу мы начнем с похожего примера, а затем перейдем к более сложным темам.

В компьютерной терминологии *потоком* (thread) называется нечто, в контексте чего происходит исполнение программы. На машине с одним процессором в каждый момент времени исполняется ровно один поток. Но одновременно может существовать много потоков, и операционная система использует специальный алгоритм планирования для выделения каждому из них временного кванта процессора. В языке Visual Basic по умолчанию приложение исполняется в одном потоке. Если вызвать процедуру, которая работает долго, то программа ничего не сможет делать, пока эта процедура не закончится. Чтобы заставить такую процедуру уступить на время процессор, в VB существовала функция DoEvents, которая проверяла наличие таких событий, как щелчок мыши или нажатие клавиши, в очереди приложения. Хотя в VB.NET аналогичный метод тоже существует, но основным методом выполнения обработки без блокирования всей программы является организация многопоточности.

Функция DoEvents не предназначена для параллельного выполнения различных фрагментов программы. Она может лишь обработать ожидающие события, но для этого должна прервать выполнение текущей задачи. При наличии нескольких потоков два участка программы могут выполняться параллельно, получая поочередно кванты процессорного времени.

Создание многопоточного приложения

По большей части примеры из этой книги очень просты и призваны лишь проиллюстрировать те или иные возможности. В главе 3 мы рассматривали пример многопоточного приложения, в котором долго работающая процедура была помещена в отдельный поток, чтобы не мешать интерфейсу откликаться на действия пользователя. Сейчас мы рассмотрим более сложную задачу, продолжающую пример Web-сервиса из главы 9. Если вы пропустили эту главу, то придется построить сервис, описанный в разделе «Создание Web-сервисов для обработки данных». Этот сервис работает нормально, но медленно. В течение всего времени, необходимого для выборки данных из базы и заполнения сетки, приложение не отвечает. Мы сделаем его многопоточным, стараясь сократить объем кода до минимума, но продемонстрировать при этом как можно больше приемов многопоточного программирования.

Откройте приложение OrderTracker, созданное в главе 9. Оно вызывает Web-сервис OrderInfo. Метод GetOrders возвращает выбранные из базы Northwind сведения о заказах в виде набора данных ADO.NET. Полученный объект DataSet привязывается к элементу управления DataGrid, который отображает данные.

Нам предстоит выполнить несколько модификаций. Добавьте в форму еще две кнопки. В главе 9 мы оставили первой кнопке имя **Button1**, но теперь изменим свойства Name и Text для всех трех кнопок. Выполните следующие действия:

- кнопка **Button1**: измените свойство Name на cmdGetData, а свойство Text — на Load Data (Загрузить данные);
- кнопка **Button2**: измените свойство Name на cmdBeep, а свойство Text — на Beep (Звуковой сигнал);
- кнопка **Button3**: измените свойство Name на cmdLoadGrid, а свойство Text — на Load Grid (Загрузить сетку);

Теперь нужно модифицировать текст программы. Перейдите в окно кода, сотрите все, что там есть, кроме автоматически сгенерированной секции Windows Form Designer generated code, и наберите такой текст:

```
Public Class Form1
    Inherits System.Windows.Forms.Form
    Dim myDS As New System.Data.DataSet()

#Region " Windows Form Designer generated code "
    Private Sub cmdGetData_Click(ByVal sender As System.Object, _
     ByVal e As System.EventArgs) Handles cmdGetData.Click
        GetData()
    End Sub

    Private Sub cmdBeep_Click(ByVal sender As System.Object, _
     ByVal e As System.EventArgs) Handles cmdBeep.Click
        Beep()
    End Sub

    Private Sub GetData()
        Dim myOrders As New Orders()
        myDS = myOrders.GetOrders
        Beep()
    End Sub

    Private Sub cmdLoadGrid_Click(ByVal sender As System.Object, _
     ByVal e As System.EventArgs) Handles cmdLoadGrid.Click
        If myDS.Tables.Count > 0 Then
            DataGrid1.DataSource = myDS
            'Свойство DataMember должно содержать имя той таблицы,
            'которую вы видели при создании объекта DataSet.
```

```
            DataGrid1.DataMember = "Customers"
        End If
    End Sub
End Class
```

Первое, на что стоит обратить внимание, – это объявление переменной myDS типа DataSet. Почему мы создали ее на уровне модуля, станет ясно, когда речь пойдет о возврате данных из процедуры, работающей в отдельном потоке.

Внутри процедуры обработки нажатия на кнопку **cmdGetData** мы просто вызываем процедуру GetData, которая создает экземпляр Web-сервиса Orders. Затем вызывается метод GetOrders только что созданного объекта, и результат записывается в переменную myDS.

Процедура cmdBeep совсем простая, она лишь подает звуковой сигнал, который извещает пользователя о том, заблокирован главный поток формы или нет.

Процедура cmdLoadGrid сначала проверяет, есть ли в объекте myDS какие-нибудь таблицы (объекты DataTable). Это предотвращает ошибку, которая могла бы возникнуть, если бы кнопка **Load Grid** была нажата раньше, чем кнопка **Load Data**. Затем процедура привязывает элемент DataGrid к объекту DataSet, хранящемуся в переменной myDS, и к таблице внутри этого объекта. В главе 9 мы уже предупреждали, что нужно указывать имя той же таблицы, что и при конфигурировании объекта DataAdapter. Хотя в запросе участвует пять разных таблиц, результат возвращается в виде одной плоской табличной структуры, а не в виде нескольких объектов DataTable.

Запустите проект. Когда форма появится на экране, нажмите кнопку **Beep** – вы должны услышать звуковой сигнал. Затем нажмите кнопку **Get Data** и сразу вслед за этим кнопку **Beep**. На этот раз звукового сигнала не будет, поскольку медленная процедура GetData блокирует главный поток программы. Как только данные будут получены, снова раздастся звуковой сигнал, потому что он запрограммирован в процедуре GetData. Теперь можно щелкнуть по кнопке **Load Grid** для загрузки данных в сетку. Форма будет выглядеть, как показано на рис. 11.1.

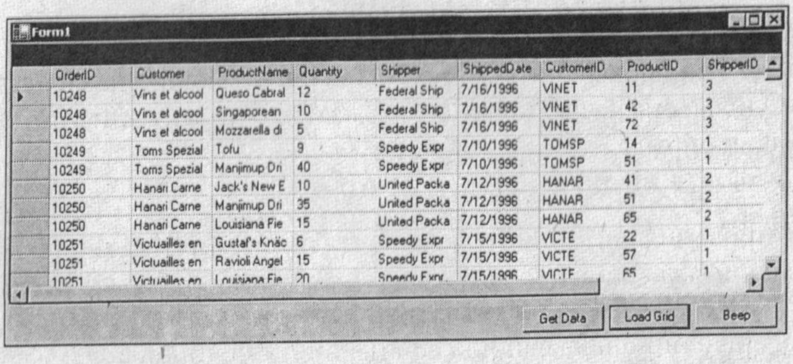

Рис. 11.1. Новый клиент, который вызывает Web-сервис и загружает данные в сетку

Пока что ничего примечательного не произошло, и у вас возникает вопрос: зачем нужна эта многопоточность? Но следующим шагом мы запустим процедуру GetData в отдельном потоке, в результате чего уже не будет блокировок пользовательского интерфейса.

Превращение программы *OrderTracker* в многопоточную

Нажатие кнопки **Beep** сразу после обращения к Web-сервису не давало никакого эффекта, поскольку главный поток программы в этот момент был блокирован. Хотелось бы выполнять эту работу в отдельном потоке, чтобы интерфейс продолжал реагировать на действия пользователя, пока идет запрос данных. Для этого мы воспользуемся классом System.Threading.Thread. Он позволяет создать новый поток, в котором можно производить вычисления.

В процедуре GetData создавался экземпляр переменной типа Orders, представляющей Web-сервис. Затем для выборки данных вызывался метод GetOrders. Создание такого объекта и вызов его метода может занять много времени, поэтому эти действия нужно вынести в отдельный поток.

В простейшей форме многопоточности изменения необходимо внести только в вызывающую, а не в вызываемую процедуру. Значит, вызываемая процедура вообще не знает, что она работает не в том потоке, в каком исполняется вызвавшая ее программа. И при этом работает правильно.

Но вызывающая процедура должна быть несколько изменена. Необходимо создать объект класса Thread, находящегося в пространстве имен System.Threading. Конструктору этого класса следует передать обязательный параметр – указатель на функцию, с которой начнется исполнение потока.

Прежде чем возражать, что в VB.NET нет указателей на функции, вспомните, что в этом языке поддерживаются делегаты, которые, по существу, есть не что иное, как указатели на функции. Делегат может представлять адрес функции, то есть выполнять роль указателя. Для создания делегата в VB.NET применяется оператор AddressOf. Созданный таким образом делегат может быть передан объекту класса Thread. Выглядит это так:

```
Imports System.Threading
...
Dim myThread As New Thread(AddressOf CalledFunction)
```

Итак, вы создали новый поток myThread, указывающий на функцию CalledFunction. Однако она не вызывается автоматически, запустить поток должны вы сами с помощью метода Thread.Start:

```
myThread.Start()
```

Для тестирования описанного механизма необходимо немного изменить программу. Сначала вставьте в процедуру cmdGetData_Click код для создания потока по описанному образцу. Затем измените вызываемую процедуру GetData, чтобы по завершении она выводила сообщение, а не пищала. Смысл здесь в том, что теперь вы сможете нажимать кнопку **Beep** и во время исполнения процедуры GetData, так что для индикации конца работы нужно что-то другое.

Измененная процедура cmdGetData_Click должна выглядеть так:

```
Private Sub cmdGetData_Click(ByVal sender As System.Object, _
 ByVal e As System.EventArgs) Handles cmdGetData.Click
    Dim threadGetData As New System.Threading.Thread(AddressOf
GetData)
    threadGetData.Start()
End Sub
```

Кстати, можно было бы поместить в начало программы предложение Imports System.Threading, чтобы было проще ссылаться на класс Thread.

Новая процедура GetData выглядит так:

```
Private Sub GetData()
    Dim myOrders As New Orders()
    myDS = myOrders.GetOrders
    MsgBox("Готово")
End Sub
```

Снова запустите приложение. Нажмите кнопку **Get Data**, а затем **Beep**. Вы сразу же услышите звуковой сигнал, так как выборка данных происходит в отдельном потоке. Поскольку каждому потоку выделяются кванты процессорного времени, то интерфейс продолжает реагировать на события.

По завершении процедуры GetData вы увидите диалоговое окно с сообщением **Готово**. Но – и такое в Windows вы наверняка встречали нечасто – можно нажать кнопку **Beep**, не закрывая окна! Это объясняется тем, что окно сообщения находится в другом потоке и не блокирует работу основного пользовательского интерфейса.

Щелкните по кнопке **OK** и закройте окно сообщения. Кнопка **Load Data** работает так же, как раньше, загружая набор данных в сетку. Этот пример показывает, как можно поместить в отдельный поток долго исполняющиеся фрагменты, чтобы пользователь мог продолжать работать с программой. В данном случае пользователю все равно было нечего делать, но нетрудно представить себе приложение, которое в фоновом режиме выполняет обработку или поиск в большом файле, пока пользователь занят чем-то другим.

Возврат значений из других потоков

Наверняка, работая над предыдущим примером, вы подумали, что довольно нелепо или по крайней мере неэффективно извещать пользователя о завершении потока, чтобы он нажал кнопку для загрузки данных в сетку. Напрашивается очевидное решение – пусть процедура GetData вернет полученный набор данных, а вызывающая процедура сама загрузит его в сетку.

У такого подхода есть два недостатка. Во-первых, раз GetData работает в отдельном потоке, то вызывающая программа продолжит выполнение сразу после запуска этого потока. А значит, она попытается заполнить сетку немедленно после вызова GetData, хотя данные к этому времени, скорее всего, еще не будут получены. Ясно, что это не годится.

Вторая проблема состоит в том, что нельзя вернуть значение из процедуры, исполняющейся в другом потоке. Такая процедура вообще не может возвращать значения.

Принимая во внимание два этих факта (второе ограничение введено намеренно), возникает вопрос: как же клиентскому приложению узнать, что метод Get-Data завершился и можно ли загружать данные в сетку? Есть два решения: завести глобальную переменную или возбудить событие.

Возврат данных в глобальных переменных

В рассмотренном примере используется глобальная переменная. Именно на уровне модуля объявлена переменная типа DataSet, в которую процедура Get-Data помещает возвращенное Web-сервисом значение. Но вызывающая программа не знает, когда можно обратиться к этой переменной, так что для решения проблемы придется добавить код.

При использовании глобальных переменных есть два способа узнать, что поток завершился. Во-первых, вызывающая программа может периодически проверять, существует ли еще поток. Во-вторых, процедура, исполняемая в отдельном потоке, может возбуждать событие, обрабатываемое в главном потоке. Об обработке таких событий и о том, как возбуждение события может помочь полностью избавиться от глобальных переменных, рассказывается в следующем разделе.

Для проверки состояния потока следует пользоваться свойством IsAlive класса Thread. Его значением является булевская переменная, равная True, если поток еще существует, и False — если его больше нет.

Для проверки свойства IsAlive нужно либо периодически опрашивать его в цикле, либо завести для этой цели таймер. Ни тот, ни другой подход неидеален, так как требуется исполнять некий код для постоянного мониторинга условия, тогда как событие позволило бы решить эту проблему без затрат времени процессора.

Тем не менее для демонстрации свойства IsAlive модифицируйте процедуру cmdGetData_Click следующим образом:

```
Private Sub cmdGetData_Click(ByVal sender As System.Object, _
  ByVal e As System.EventArgs) Handles cmdGetData.Click
    Dim threadGetData As New System.Threading.Thread(AddressOf
GetData)
    threadGetData.Start()
    Do While threadGetData.IsAlive
        Application.DoEvents()
    Loop
    DataGrid1.DataSource = myDS
    'Свойство DataMember должно содержать имя той таблицы, которую
    'вы видели при создании объекта DataSet.
    DataGrid1.DataMember = "Customers"
End Sub
```

Здесь мы запускаем поток и входим в цикл, исполняемый до тех пор, пока свойство `IsAlive` остается равным `True`. Заметим, что внутри цикла вызывается метод `Application.DoEvents()`. Это необходимо для того, чтобы главный поток смог обнаружить изменение состояния второго потока. В противном случае цикл никогда бы не завершился.

Прежде чем запускать новую версию примера, удалите из процедуры `GetData` открытие окна сообщения, иначе вам придется закрывать его, чтобы удалить поток. Таким образом, в процедуре `GetData` должен остаться только такой код:

```
Private Sub GetData()
    Dim myOrders As New Orders()
    myDS = myOrders.GetOrders
End Sub
```

Запустите приложение. По завершении цикла программа установит свойства `DataSource` и `DataMember` элемента `DataGrid`, так что сетка автоматически заполнится. Приложение стало вести себя более разумно, однако это не самый эффективный способ. Прежде всего программист-пурист нахмурится при виде глобальных переменных или даже переменных уровня модуля. Но даже если отбросить это возражение, то никуда не деться от того факта, что в цикле `Do...Loop` бессмысленно расходуется процессорное время.

Использование метода Join

У проверки свойства `IsAlive` есть альтернатива. Метод `Join` класса `Thread` ожидает завершения потока. На самом деле этот метод перегружен. Первый вариант действительно ждет, когда поток завершится. Второй и третий варианты ждут одного из двух: завершения потока или истечения заданного промежутка времени. Разница между ними в том, как именно задается этот промежуток.

Для знакомства с методом `Join` модифицируйте программу следующим образом:

```
Private Sub cmdGetData_Click(ByVal sender As System.Object, _
 ByVal e As System.EventArgs) Handles cmdGetData.Click
    Dim threadGetData As New System.Threading.Thread(AddressOf
GetData)
    threadGetData.Start()
    threadGetData.Join()
    DataGrid1.DataSource = myDS
    'Свойство DataMember должно содержать имя той таблицы, которую
    'вы видели при создании объекта DataSet.
    DataGrid1.DataMember = "Customers"
End Sub
```

Но при запуске программы вы столкнетесь с важной особенностью метода `Join`: он блокирует главный поток, пока не завершится тот поток, которого он ждет. Убедиться в этом можно, нажав кнопку **Get Data** и сразу вслед за этим кнопку **Beep**, — звукового сигнала не будет. Итак, пока `Join` следит за вторым потоком, поток пользовательского интерфейса блокирован. Очевидно, это не то, чего мы добивались.

Но не думайте, что метод Join бесполезен. Иногда один поток обязан ждать завершения другого. Например, если один поток получает данные, то второму, возможно, придется дождаться их поступления, а только потом начать обработку. В таком случае применение Join намного эффективнее опроса свойства IsAlive в цикле.

Возврат данных с помощью событий

Для возврата данных из одного потока в другой многие разработчики предпочитают использовать события. К сожалению, для этого приходится изменять код приложения. Каким бы мощным ни был механизм Web-сервисов, они не могут возбуждать события в клиентских программах. Поэтому нужно создать простой класс, который возбудит событие. Но есть и хорошее известие – такой класс можно реализовать в виде обертки обращения к Web-сервису Orders. Таким образом, вы по-прежнему будете получать от сервиса данные, но при этом сможете возбудить событие и передать данные в качестве одного из его аргументов.

Добавьте в проект новый класс ServiceWrapper.vb, содержащий следующий код:

```
Public Class ServiceWrapper
    Public Event DataReturn(ByVal OrderDS As System.Data.DataSet)

    Public Sub GetData()
        Dim myDS As New System.Data.DataSet()
        Dim myOrders As New Orders()
        myDS = myOrders.GetOrders
        RaiseEvent DataReturn(myDS)
    End Sub
End Class
```

В этом классе определено событие DataReturn, в составе которого возвращается объект DataSet. Кроме того, определен еще метод GetData, который в классе-обертке выполняет то же, что и одноименный метод клиента: создает экземпляр Web-сервиса Orders и вызывает его метод GetOrders. Полученный объект класса DataSet передается затем событию DataReturn при обращении к функции RaiseEvent.

Но просто возбудить событие мало, надо, чтобы клиент его обработал. Если хотите, можете убрать из формы в клиентской программе кнопку **Load Grid**. Модифицируйте код следующим образом (разумеется, секцию Windows Form Designer generated code трогать не надо):

```
Public Class Form1
    Inherits System.Windows.Forms.Form

#Region " Windows Form Designer generated code "
    Dim WithEvents SW As New ServiceWrapper()

    Private Sub cmdGetData_Click(ByVal sender As System.Object, _
    ByVal e As System.EventArgs) Handles cmdGetData.Click
```

```
      AddHandler SW.DataReturn, AddressOf DataReturnedEH
      Dim threadGetData As New System.Threading.Thread(AddressOf
   SW.GetData)
      threadGetData.Start()
   End Sub

   Sub DataReturnedEH(ByVal ReturnedDS As System.Data.DataSet)
      DataGrid1.DataSource = ReturnedDS
   End Sub

   Private Sub cmdBeep_Click(ByVal sender As System.Object, _
    ByVal e As System.EventArgs) Handles cmdBeep.Click
      Beep()
   End Sub
End Class
```

Первое, на что обращается внимание в новой версии, – это объявление объекта `ServiceWrapper`. Поскольку в объявлении присутствует модификатор `With-Events`, то оно должно находиться на уровне модуля. Затем в теле метода `cmd-GetData_Click` с помощью функции `AddHandler` регистрируется процедура, которая будет обрабатывать событие `DataReturn` от объекта `ServiceWrapper`. И наконец, метод `GetData` этого объекта запускается в отдельном потоке.

Как вы помните, метод `GetData` объекта `ServiceWrapper` обращается к Web-сервису и возвращает объект `DataSet` в составе события `DataReturn`. Процедура `DataReturnEH` обрабатывает это событие, получает из него объект `DataSet` и присваивает его свойству `DataSource` сетки `DataGrid`.

Возможно, вы заметили, что свойству `DataMember` элемента `DataGrid` ничего не присваивается. На самом деле использовать элементы управления Windows в многопоточной программе – не самое лучшее решение, поскольку с ними связан целый ряд проблем, и в первую очередь то, что многие методы небезопасны по отношению к потокам, то есть их можно вызывать только в том потоке, в котором исполняется сам элемент. Но пока оставьте все как есть и запустите пример. Когда поступит набор данных, в левом верхнем углу сетки появится небольшой знак «плюс». Если щелкнуть по нему и раскрыть дерево, появится список объектов `DataTable`, хранящихся в наборе `DataSet`. В данном случае таблица всего одна, и если щелкнуть по ней, вы увидите в сетке данные (рис. 11.2).

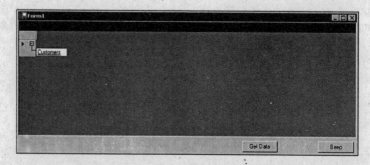

Рис. 11.2. Список объектов `DataTable` внутри объекта `DataSet`

Использование форм и элементов управления в многопоточной программе

Вряд ли вам хочется обременять пользователя необходимостью самому выбирать объект `DataTable`. Лучше бы установить не только свойство `DataSource`, но и `DataMember`, как показано ниже:

```
Sub DataReturnedEH(ByVal ReturnedDS As System.Data.DataSet)
    DataGrid1.DataSource = ReturnedDS
    DataGrid1.DataMember = ReturnedDS.Tables.Item(0).ToString
End Sub
```

Поскольку заранее известно, что в этом наборе всего одна таблица, то получить ее имя можно с помощью конструкции `Tables.Item(0).ToString`.

Но, попытавшись запустить модифицированное таким образом приложение, вы получите крайне неудовлетворительный результат, проще говоря – ошибку:

```
Controls created on one thread cannot be parented to a control on
a different thread.
```

```
Элементы управления, созданные в одном потоке, не могут
принадлежать родителю, работающему в другом потоке.
```

Беда пришла, откуда не ждали. Дело в том, что большинство элементов управления не являются безопасными по отношению к потокам. Другими словами, обращаться к ним из разных потоков нельзя. Возможно, вы не видите никакой проблемы. Ведь форма со всеми элементам управления создана в главном потоке, а потом она запускает новый поток, который всего лишь вызывает Web-сервис. В этом потоке возбуждается событие, которое обрабатывается процедурой, находящейся в классе формы. А теперь вопрос: где работает обработчик события? В главном потоке или в потоке объекта `ServiceWrapper`?

Если вы считаете, что в потоке формы, вынужден вас разочаровать. На самом деле обработчик события исполняется в том же потоке, что и `ServiceWrapper`. Хотите удостовериться? Пожалуйста. Измените процедуру `DataReturnedEH`:

```
Sub DataReturnedEH(ByVal ReturnedDS As System.Data.DataSet)
    MsgBox("Я блокирую исполнение своего потока")
End Sub
```

Если вы запустите приложение, то увидите, что это сообщение появляется одновременно с сообщением об ошибке в методе `GetData`. Но щелкнуть по форме при этом можно. Нажмите кнопку **Beep**, и вы убедитесь, что пользовательский интерфейс отвечает, хотя окно сообщения находится на экране. Значит, окно сообщения и обработчик события исполняются в другом потоке, нежели пользовательский интерфейс.

Компания Microsoft предупреждает, что многопоточность лучше использовать для вызова процедур и методов, а не для работы с формами и элементами управления. Тем не менее многопоточный пользовательский интерфейс – вещь полезная. Если вы не хотите отказываться от такой возможности, попытайтесь организовать программу так, чтобы методы элемента управления вызывались из того же потока, в котором он был создан. Если необходимо вызывать метод из другого потока, воспользуйтесь функцией `Control.Invoke`.

Звучит эта рекомендация просто, однако нужно знать о некоторых тонкостях. Во-первых, метод `Control.Invoke` готов принять в качестве аргумента только делегата, значит, вы должны создать процедуру, вызывающую метод элемента управления, да еще и делегата для этой процедуры. В итоге получится, что процедуру вызывает сам элемент управления, то есть метод будет вызван из того потока, где создан элемент.

Вот одна из возможных реализаций такого подхода. Объект `ServiceWrapper` при этом не меняется, но код формы преобразуется:

```
Public Class Form1
    Inherits System.Windows.Forms.Form

#Region " Windows Form Designer generated code "

    Dim WithEvents SW As New ServiceWrapper()
    Delegate Sub delFillGrid()
    Dim myDS As System.Data.DataSet

    Private Sub cmdGetData_Click(ByVal sender As System.Object, _
      ByVal e As System.EventArgs) Handles cmdGetData.Click
        Dim threadGetData As New System.Threading.Thread(AddressOf _
SW.GetData)
        threadGetData.Start()
    End Sub

    Sub DataReturnedEH(ByVal ReturnedDS As System.Data.DataSet) _
      Handles SW.DataReturn
        myDS = ReturnedDS
        Dim dFG As New delFillGrid(AddressOf FillGrid)
        DataGrid1.Invoke(dFG)
    End Sub

    Sub FillGrid()
        DataGrid1.DataSource = myDS
        DataGrid1.DataMember = myDS.Tables.Item(0).ToString
    End Sub

    Private Sub cmdBeep_Click(ByVal sender As System.Object, _
      ByVal e As System.EventArgs) Handles cmdBeep.Click
        Beep()
    End Sub
End Class
```

Объект SW типа `ServiceWrapper` создается, как и раньше. Но уже в следующей строке объявляется делегат, названный `delFillGrid`. Позже создается его экземпляр. Переменная `myDS` объявлена на уровне модуля из-за сложностей с передачей параметров процедуре при вызове метода `Invoke`.

При нажатии на кнопку **Get Data** исполняется тот же код, что и раньше. Но когда `ServiceWrapper` возбуждает событие `DataReturn` (которое теперь обрабатывается процедурой с ключевым словом `Handles`, а не зарегистрированной с помощью функции AddHandler), то DataReturnedEH сначала копирует объект DataSet в переменную myDS уровня модуля. Затем создается новый экземпляр делегата, указывающего на процедуру FillGrid. И наконец, вызывается метод Invoke элемента DataGrid, которому передается делегат.

Это долгий и не слишком простой способ заставить элемент DataGrid вызвать метод FillGrid. Но метод Invoke гарантирует, что FillGrid будет исполняться в том же потоке, что и сам элемент, поэтому проблем с вызовом свойств и методов не возникнет.

Запустив новое приложение, вы убедитесь, что все работает нормально. Можно нажать кнопку **Get Data**, а потом **Beep**, интерфейс останется активным. После получения данных сетка заполняется.

С формами и элементами управления связана еще одна проблема, которую мы обсудим в разделе, посвященном синхронизации.

Передача параметров потокам

Методы и процедуры обычно принимают параметры. Однако мы уже говорили, что процедура, с которой начинается исполнение потока, не может ни возвращать значения, ни иметь параметров. Значит, нужно найти какой-то обходной способ передать такой процедуре параметры.

Как и при возврате значения, существует два способа передачи параметров процедуре, работающей в другом потоке: через глобальные переменные либо с помощью свойств или полей. У каждого подхода есть свои плюсы и минусы. Мы рассмотрим оба варианта, однако имейте в виду, что в примере с Web-сервисом Orders параметры не нужны, так как их нет у самого метода GetOrders. Но, вместо того чтобы изменять Web-сервис, мы создадим новую процедуру и класс для обработки параметров.

Передача параметров с помощью глобальных переменных

Для знакомства с передачей параметров через глобальные переменные вам предстоит создать в классе Form1 новую процедуру. Она очень похожа на ту, что была рассмотрена в главе 3, но умеет работать с параметрами.

Сначала поместите в форму два элемента управления: кнопку cmdPassParam и поле ввода txtCounter. Очистите свойство Text элемента txtCounter, а в свойство Text элемента cmdPassParam запишите строку Pass Params (Передать параметры).

Добавьте в форму такой код:

```
Dim mlCount As Long

Private Sub cmdPassParam_Click(ByVal sender As System.Object, _
  ByVal e As System.EventArgs) Handles cmdPassParam.Click
    mlCount = 100000
    Counter()
End Sub
```

```
Sub Counter()
   Dim lCount As Long
   For lCount = 1 To mlCount
      txtCounter.Text = lcount
   Next
End Sub
```

Здесь мы объявляем на уровне модуля переменную `mlCount` и присваиваем ей значение 100 000 в процедуре `cmdPassParam_Click`. В зависимости от того, сколько времени, по вашему мнению, должен проработать поток, можете установить значение побольше или поменьше.

В процедуре `Counter` просто исполняется цикл – число итераций равно значению переменной `mlCount`. Текущее значение переменной цикла отображается в поле `txtCounter`. Если вы запустите этот проект и нажмете кнопку **Pass Params**, то обнаружите, что нажатие на кнопку **Beep** ничего не дает, – главный поток занят исполнением цикла в процедуре `Counter`. Кроме того, не изменится и число в поле ввода. Это объясняется тем, что элементу управления не дают возможность отобразить новое значение. Все это вы уже видели в главе 3.

В данном примере значение `mlCount` можно было бы передать в качестве параметра процедуре `Counter`; необходимости в объявлении переменной `mlCount` на уровне модуля нет. Но мы собираемся превратить эту программу в многопоточную, после чего передать параметр уже не удастся, так как процедура `Counter` будет работать в отдельном потоке. Вот почему мы предусмотрели такое развитие событий заранее.

Модифицируем код для работы с несколькими потоками. Начнем с процедуры `cmdPassParam_Click`:

```
Private Sub cmdPassParam_Click(ByVal sender As System.Object, _
   ByVal e As System.EventArgs) Handles cmdPassParam.Click
   mlCount = 100000
   Dim threadCounter As New System.Threading.Thread(AddressOf Counter)
   threadCounter.Start()
End Sub
```

Произведя такое изменение, запустите программу еще раз. Теперь кнопка **Beep** уже отвечает во время работы процедуры `Counter`. Кроме того, вы видите, как увеличивается значение счетчика в поле ввода. Следовательно, вы успешно создали многопоточное приложение, в котором процедура `Counter` работает в отдельном потоке, а изменяемое внутри нее значение можно получить из переменной уровня модуля.

Какие недостатки у такого подхода? Прежде всего, как мы уже говорили, – глобальные переменные. Но важнее, пожалуй, то, что если запустить несколько потоков, каждый из которых вызывает процедуру `Counter`, то все они будут использовать одну и ту же переменную `mlCount`. Чтобы решить эту проблему, нужно применить другой способ – воспользоваться полями или свойствами объекта.

Передача параметров с помощью полей или свойств

Более распространенный подход к передаче параметров процедуре в другом потоке состоит в создании класса-обертки, похожего на класс `ServiceWrapper` из предыдущего раздела. В этом классе создаются свойства или поля (открытые переменные) и им присваиваются значения. Затем вызывается метод, исполняемый в своем потоке. Таким образом, вы можете хранить в памяти несколько объектов с различными наборами параметров, причем все они могут работать одновременно.

Продемонстрируем этот подход на примере. Добавьте в проект новый класс `Counter.vb` и вставьте в него такой код:

```
Public Class Counter
    Public mlCount As Long

    Public Sub Count()
        Dim lCount As Long
        For lCount = 1 To mlCount
            'Ничего не делать.
        Next
        MsgBox("Поток завершился, mlCount равно " & mlCount.ToString)
    End Sub
End Class
```

Здесь создается поле `mlCount` и метод `Count`, в котором исполняется пустой цикл. В поле ввода при этом ничего не записывается, в отличие от предыдущего примера. По выходе из цикла выводится сообщение о том, что поток завершился, и значение счетчика.

Вернитесь в форму и измените процедуру `cmdPassParam_Click`:

```
Private Sub cmdPassParam_Click(ByVal sender As System.Object, _
  ByVal e As System.EventArgs) Handles cmdPassParam.Click
    Dim count1 As New Counter()
    Dim count2 As New Counter()
    count1.mlCount = 1000000000
    count2.mlCount = 99999999
    Dim threadCounter1 As New System.Threading.Thread(AddressOf
count1.Count)
    Dim threadCounter2 As New System.Threading.Thread(AddressOf
count2.Count)
    threadCounter1.Start()
    threadCounter2.Start()
End Sub
```

На этот раз создаются два экземпляра класса `Counter`: `count1` и `count2`. В каждом из них свое значение поля `mlCount` (возможно, вы захотите изменить его в зависимости от быстродействия вашего компьютера). Затем создаются два потока, в каждом из которых исполняется метод `Count` соответствующего экземпляра, и наконец, оба потока запускаются и исполняются параллельно.

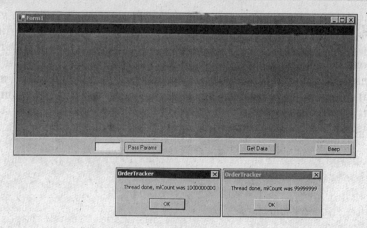

Рис. 11.3. Окна сообщений, выведенные двумя экземплярами одного и того же класса, работающими в разных потоках и содержащими разные значения полей

По завершении каждый поток выведет сообщение, в котором будет сказано, сколько раз выполнялся цикл (рис. 11.3). Таким образом, мы показали, как можно передать параметры через объект, конфигурируемый до запуска потока, и тем самым решить проблему передачи параметров, исполняемой в другом потоке.

Управление потоками и синхронизация потоков

До сих пор мы запускали потоки методом `Start`, и они «умирали естественной смертью». Есть также возможность приостанавливать, возобновлять и убивать потоки. Можно в любой момент проверить состояние потока. Потокам можно назначать приоритеты, определяющие, сколько процессорного времени получит поток при очередном исполнении. Наконец, бывают потоки приоритетные (foreground) и фоновые (background).

Приоритетные и фоновые потоки

Имеющийся вариант приложения демонстрирует интересное поведение. Если вы его запустите и нажмете кнопку **Pass Params**, то в конечном итоге появятся два окна сообщения – по одному от каждого потока. В этот момент вы можете работать с главной формой, не закрывая окон сообщений, поскольку они принадлежат другим потокам. А если вы закроете главную форму, то окна сообщений останутся на экране.

Наверное, вы полагали, что окна сообщений исчезнут. Ведь в предыдущих версиях Visual Basic при закрытии программы все ссылки на созданные ей компоненты обнулялись и компоненты удалялись из памяти. Но потоки – это не компоненты. Потоки, создавшие окна сообщений, еще живы, а значит, приложение продолжает работать.

Созданные вами потоки являются *приоритетными* (foreground), по умолчанию так создается любой поток. Приоритетные потоки функционируют неопределенно долго по сравнению с фоновыми потоками, которые уничтожаются, как только будет завершен последний приоритетный поток.

Понаблюдать за различиями в поведении приоритетных и фоновых потоков можно, добавив одну строку в процедуру `cmdPassParam_Click`. Модифицируйте ее код следующим образом:

```
Private Sub cmdPassParam_Click(ByVal sender As System.Object, _
  ByVal e As System.EventArgs) Handles cmdPassParam.Click
    Dim count1 As New Counter()
    Dim count2 As New Counter()
    count1.mlCount = 1000000000
    count2.mlCount = 99999999
    Dim threadCounter1 As New System.Threading.Thread(AddressOf
count1.Count)
    Dim threadCounter2 As New System.Threading.Thread(AddressOf
count2.Count)
    threadCounter1.IsBackground = True
    threadCounter1.Start()
    threadCounter2.Start()
End Sub
```

Единственное отличие заключается в установке свойства `IsBackground` потока `threadCounter1` в `True`. Это означает, что поток с большим значением `mlCount` завершится, как только завершится последний приоритетный поток.

Запустите приложение и нажмите кнопку **Pass Params**. Когда появятся оба окна сообщений, нажмите кнопку **ОК** в том из них, где показано меньшее число итераций (оно принадлежит потоку `threadCounter2`). В этот момент у вас останется открытым главное окно и одно окно сообщения. Закройте главное окно – окно сообщения также закроется. Это связано с тем, что второе окно сообщения принадлежит фоновому потоку, который завершается вместе с завершением последнего приоритетного потока.

Приоритет потока

Не все потоки равны, некоторые имеют больший или меньший приоритет по сравнению с другими. Любой поток рано или поздно получает в свое распоряжение процессор, но одним выделяется больше времени, чем другим.

Существует всего пять приоритетов потока:

- ❑ Highest (высший);
- ❑ AboveNormal (повышенный);
- ❑ Normal (нормальный) – подразумевается по умолчанию;
- ❑ BelowNormal (пониженный);
- ❑ Lowest (низший).

Задать приоритет потока несложно, просто установите свойство `Priority`. Например, если вставить следующую строку после создания потока `thread-Counter1` и запустить программу, вы увидите, что первый поток завершается гораздо быстрее второго:

```
threadCounter1.Priority = Threading.ThreadPriority.AboveNormal
```

На машине, где прогонялся этот тест, поток `threadCounter1` завершился быстрее, чем `threadCounter2`, несмотря на то что он выполнял в десять раз больше итераций цикла.

Состояния потока

Поток может находиться в различных состояниях. Состояние потока можно узнать в любой момент, опросив свойство `ThreadState`. Состояние потока зависит от того, какие методы вы вызывали. Например, после вызова метода `Start` поток оказывается в состоянии `Running` (исполняется).

В любой момент можно приостановить исполнение потока, вызвав либо метод `Sleep`, либо метод `Suspend`. После вызова `Sleep` поток «засыпает» на заданное время. Промежуток времени можно указать с помощью параметра типа `Integer` или `TimeSpan`. Метод `Sleep` переводит поток в состояние `WaitSleepJoin`. Метод `Suspend`, не принимающий никаких параметров, приостанавливает исполнение потока до тех пор, пока оно не будет возобновлено методом `Resume` или поток не будет принудительно завершен методом `Abort`. Метод `Suspend` переводит поток в состояние `Suspended`. Потоки, находящиеся в состоянии `WaitSleepJoin`, возобновляют исполнение после вызова метода `Interrupt`.

Метод `Resume` возобновляет исполнение приостановленного потока, после чего поток вновь переходит в состояние `Running`.

Посмотреть, как потоки приостанавливаются и переходят из одного состояния в другое, можно на примере. Модифицируйте код существующей программы следующим образом:

```
Dim threadCounter1 As System.Threading.Thread

Private Sub cmdBeep_Click(ByVal sender As System.Object, _
  ByVal e As System.EventArgs) Handles cmdBeep.Click
    Beep()
    MsgBox(threadCounter1.ThreadState.ToString)
    threadCounter1.Resume()
End Sub

Private Sub cmdPassParam_Click(ByVal sender As System.Object, _
  ByVal e As System.EventArgs) Handles cmdPassParam.Click
    Dim count1 As New Counter()
    Dim count2 As New Counter()
    count1.mlCount = 1000000000
    count2.mlCount = 99999999
    threadCounter1 = New System.Threading.Thread(AddressOf
count1.Count)
    Dim threadCounter2 As New System.Threading.Thread(AddressOf
count2.Count)
```

```
    threadCounter1.IsBackground = True
    threadCounter1.Start()
    threadCounter1.Suspend()
    threadCounter2.Start()
End Sub
```

Первое, что мы сделали, — это перенесли определение переменной `thread-`
`Counter1` на уровень модуля. В теле процедуры `cmdPassParam_Click` создается, запускается и сразу же приостанавливается поток `threadCounter1`. В таком
состоянии он остается неопределенно долго. После приостановки можете нажать
кнопку **Beep**. Теперь ее обработчик выводит текущее состояние потока и возобновляет `threadCounter1`.

Можно уничтожить работающий поток, до сих пор мы этого не делали. Для
этого модифицируйте код, удалив вызов `Suspend` из процедуры `cmdPassPa-`
`ram_Click` и внеся следующие изменения в процедуру `cmdBeep_Click`:

```
Private Sub cmdBeep_Click(ByVal sender As System.Object, _
 ByVal e As System.EventArgs) Handles cmdBeep.Click
    Beep()
    threadCounter1.Abort()
End Sub

Private Sub cmdPassParam_Click(ByVal sender As System.Object, _
 ByVal e As System.EventArgs) Handles cmdPassParam.Click
    Dim count1 As New Counter()
    Dim count2 As New Counter()
count1.mlCount = 1000000000
    count2.mlCount = 99999999
    threadCounter1 = New System.Threading.Thread(AddressOf
count1.Count)
    Dim threadCounter2 As New System.Threading.Thread(AddressOf
count2.Count)
    threadCounter1.IsBackground = True
    threadCounter1.Start()
    threadCounter2.Start()
End Sub
```

Здесь мы запускаем поток `threadCounter1`, а в процедуре `cmdBeep_Click`
вызываем метод `Abort` класса `Thread`. Этот метод уничтожает работающий поток. Для тестирования запустите приложение и нажмите кнопку **Beep** до того, как
завершится метод `Count` потока `threadCounter1`. Поток `threadCounter1` будет уничтожен. Можете убедиться в этом, подождав немного, — окно сообщения
так и не появится. А можете посмотреть в окно **Output** в среде разработки VB.NET,
там написано, что поток завершился.

Синхронизация

Последняя тема, которую мы обсудим, — синхронизация потоков. В некоторых приложениях бывает так, что один поток извлекает информацию, второй сортирует ее, а третий загружает данные в сетку. Распределить эти задачи

по потокам нужно хотя бы для того, чтобы можно было пересортировать данные по другому критерию, не извлекая их заново. Но такие потоки, как правило, должны работать строго последовательно. Вряд ли имеет смысл извлекать и сортировать данные параллельно. Поэтому нужно, чтобы поток сортировки дождался завершения потока выборки.

Наиболее распространенный способ известить программу о том, что поток завершился, — возбудить событие. При обсуждении возврата данных из потока вы уже видели, как применяется такой подход, — они передаются в составе события.

VB.NET предоставляет также способ синхронизации доступа к разделяемым данным: предложение SyncLock. Оно работает примерно так же, как блокировки в базе данных, которые предотвращают одновременный доступ к одному ресурсу.

Если у вас есть класс с разделяемыми свойствами или методами, можно поместить код доступа к члену в блок SyncLock. Это дает гарантию, что в каждый момент времени к разделяемому члену сможет получить доступ только один поток. Создайте, например, следующий класс в том же файле, где находится форма Form1:

```
Class SyncTest
    Public Shared Sub SyncMe()
        Dim lCount As Long
        For lCount = 1 To 1000000000
            'Ничего не делать.
        Next
    End Sub
    End Class
```

Пока нет ничего необычного. Но давайте немного расширим функции кнопки **Beep**, вставив в ее обработчик следующий код:

```
Private Sub cmdBeep_Click(ByVal sender As System.Object, _
 ByVal e As System.EventArgs) Handles cmdBeep.Click
    Dim oST1 As New SyncTest()
    Dim oST2 As New SyncTest()
    Dim threadX As New System.Threading.Thread(AddressOf
oST1.SyncMe)
    Dim threadY As New System.Threading.Thread(AddressOf
oST2.SyncMe)
    threadX.Name = "threadX"
    threadY.Name = "threadY"
    threadX.Start()
    threadY.Start()
End Sub
```

Здесь создаются два экземпляра класса SyncTest, а затем вызывается метод SyncMe в двух разных потоках. Понаблюдать за поведением программы можно в окне **Output** среды разработки. На рис. 11.4 показан момент завершения обоих потоков, а поскольку вы задали для каждого свойства Name, то отличить

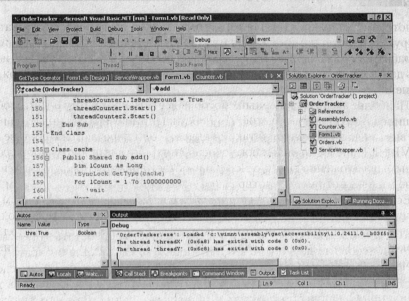

Рис. 11.4. *Оба потока завершились, как явствует из окна* **Output**, *в среде разработки Visual Studio.NET*

один от другого несложно. Засеките время, необходимое для завершения потоков. На моей машине это заняло 20 секунд, причем оба потока завершились почти одновременно.

Теперь измените класс SyncTest:

```
Class SyncTest
    Public Shared Sub SyncMe()
        Dim lCount As Long
        SyncLock GetType(SyncTest)
            For lCount = 1 To 1000000000
                'do nothing
            Next
        End SyncLock
    End Sub
End Class
```

Разница только в том, что мы добавили предложение SyncLock для синхронизации доступа к разделяемому методу SyncMe. Теперь в каждый момент времени к разделяемому ресурсу может обратиться только один поток. Снова запустите проект и замерьте, сколько времени понадобится для завершения обоих потоков. Общее время останется примерно таким же, но первый поток threadX работает примерно в два раза меньше, чем второй. Объясняется это тем, что из-за предложения SyncLock потоки исполняются последовательно, а не параллельно.

Резюме

Многое из того, что обсуждалось в этой главе, для программистов на VB является новым. Ведь целых десять лет они могли позволить себе не думать о многопоточности. Однако для создания надежных и масштабируемых приложений этот механизм трудно переоценить.

Если тезис о масштабируемости вызывает у вас вопросы, вспомните, что не у каждого компьютера всего один процессор. На однопроцессорных машинах потоки поочередно получают временные кванты процессора, поэтому на самом деле в каждый момент времени работает только один поток. Но на машинах с несколькими процессорами может быть достигнута истинная параллельность.

Если вы полагаете, что все то же самое можно сделать с помощью предложения DoEvents, то вы чего-то не понимаете. Представьте себе цикл, в котором встречается DoEvents. Если вы нажмете кнопку в форме, то благодаря предложению DoEvents у системы появится возможность обработать это событие. Но обработчик события щелчка по кнопке ничего не сделал для возврата управления в цикл! Другими словами, код внутри обработчика мог бы иметь свой цикл без DoEvents, и исполнение внешнего цикла было бы блокировано на все время функционирования обработчика. При использовании многопоточности такого не произойдет.

Глава 12. Мониторинг производительности с помощью VB.NET

Оптимизация производительности – обычно последний шаг в жизненном цикле разработки программного обеспечения. К сожалению, отсутствие окончательной версии VB.NET пока не дает возможности провести достоверные замеры производительности. Однако в составе каркаса .NET Framework имеются новые инструменты для мониторинга производительности как локального компьютера, так и любого компьютера в сети. Кроме того, можно без труда создать собственные показатели производительности и замерять скорость работы отдельных участков своей программы.

Показатели производительности

В состав операционной системы Windows NT входит программа Performance Monitor, которую все называют просто Perfmon. Она включена также в систему Windows 2000 и очень удобна для отслеживания работы всех ресурсов компьютера. Чаще всего контролируется потребление процессорного времени, но эта программа поддерживает десятки разных категорий показателей, например Processor и FTP Server.

В системе Windows есть многочисленные показатели производительности, отражающие различные аспекты ее работы. Показатели связаны с так называемыми *объектами мониторинга* (performance objects), которые образуют две большие группы. В первую группу входят физические объекты, например память и процессоры, во вторую – системные объекты, например потоки, процессы и акты компиляции. Объекты мониторинга отнесены к различным категориям, и внутри каждой категории есть несколько показателей.

В каркасе .NET Framework есть класс PerformanceCounter, находящийся в пространстве имен System.Diagnostics. Он позволяет установить соединение с показателем производительности на некотором компьютере и получать в программе его значения. С помощью класса PerformanceCounter можно также создавать собственные показатели, и мы продемонстрируем, как это делается.

Доступ к показателям производительности

Класс PerformanceCounter позволяет без труда получить доступ к показателям производительности на компьютерах, работающих под управлением ОС Windows NT или Windows 2000. Воспользоваться им можно с помощью программы Server Explorer.

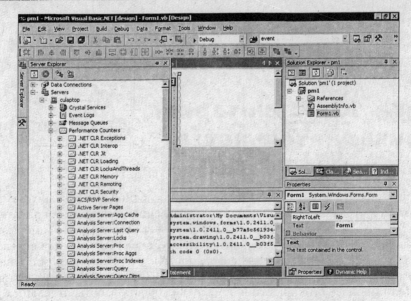

Рис. 12.1. Программа Server Explorer позволяет добавлять в приложение показатели производительности

Создайте новый проект вида Windows Application и назовите его PerfTest. Откройте окно программы Server Explorer, задержав курсор мыши над иконкой **Server Explorer**, расположенной рядом с иконкой **Toolbox**. Раскройте узел **Servers**, а затем узел, относящийся к интересующему вас серверу. На рис. 12.1 показан раскрытый узел сервера culaptop. Далее раскройте узел **Performance Counters**, и вы увидите список категорий показателей производительности для выбранного сервера. Состав показателей зависит от того, какие программы были установлены на сервере.

Раскройте узел **Processor**. В нем есть такие показатели, как $\%$ Interrupt Time (Доля времени, затраченного на обработку прерываний), $\%$ User Time (Доля времени, проведенного в режиме пользователя) и DPC Rate (Частота выполнения отложенных вызовов процедур). Но попытка перетащить их на форму не увенчается успехом. Вам придется сначала раскрыть узел, соответствующий показателю, и тогда появятся дополнительные узлы, называемые *экземплярами*. Они позволяют обратиться к показателю, с которым ассоциировано несколько объектов. Например, у компьютера может быть более одного процессора, и с каждым связан свой показатель. Есть также экземпляр _Total, который суммирует данные для всех процессоров. Так, на рис. 12.2 показано два экземпляра показателя $\%$ Processor Time. Нуль соответствует единственному имеющемуся процессору, а _Total – совокупности всех процессоров. Разумеется, для однопроцессорной системы эти показатели совпадают.

Убедитесь, что экземпляры показателя $\%$ Processor Time видны на экране, щелкните по экземпляру _Total и перетащите его на форму. В результате в лотке компонентов окажется элемент с именем PerformanceCounter1. Если вы щелкнете

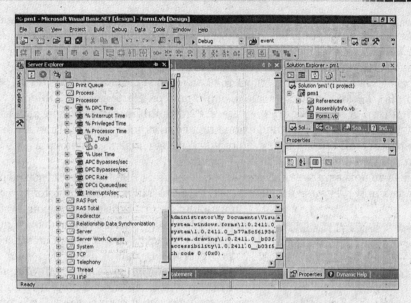

*Рис. 12.2. Экземпляры показателя % **Processor Time***

по нему, то увидите его свойства. В данном случае свойство CategoryName (Название категории) равно Processor, свойство CounterName (Название показателя) – % Processor Time, а свойство Instance (Экземпляр) – _Total. В свойстве MachineName находится имя сервера, на котором вы производите мониторинг.

Перейдите на вкладку **Windows Form** в наборе инструментов. Перетащите на форму элементы Label и Timer. Щелкните по элементу Timer1, который находится в лотке компонентов. Измените значение свойства Interval на 1000 и установите свойство Enabled в True.

Перейдите в окно кода и добавьте такой текст:

```
Private Sub Timer1_Tick(ByVal sender As System.Object, _
 ByVal e As System.EventArgs) Handles Timer1.Tick
   Label1.Text = PerformanceCounter1.NextValue.ToString
End Sub
```

Здесь значение свойства NextValue объекта PerformanceCounter1 каждую секунду считывается и помещается в метку. Тем самым программа следит за использованием ЦП. Запустите приложение и немного понаблюдайте за ним. Выполните какие-нибудь действия, на осуществление которых потребуется немало процессорного времени, например запустите большое приложение или поищите какой-нибудь файл на всем диске.

Значения показателей производительности

Интерпретировать сведения о потреблении процессора несложно. Но не все показатели столь же интуитивно понятны. Если вы хотите получить дополнительную информацию о том или ином показателе, запустите программу Performance

Monitor. В системе Windows 2000 для этого нужно выбрать пункт **Performance** из меню **Administrative Tools** (Служебные программы) или просто набрать команду perfmon в командной строке.

Запустив монитор производительности, щелкните по иконке со знаком «плюс» для добавления показателей. Откроется диалоговое окно **Add Counter** (Добавить показатель), в котором есть выпадающий список **Performance Object** (Объект мониторинга). В нем представлены все категории объектов. Если вы выберете объект System, то в левом списке появятся все ассоциированные с ним показатели, а в правом – экземпляры текущего показателя (правда, для показателей из категории System экземпляров нет).

Выберите показатель Context switches/sec (Число контекстных переключений в секунду). Если вы не понимаете, что это такое, нажмите кнопку **Explain**,

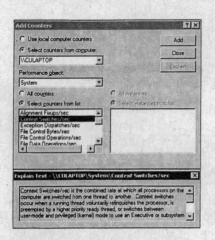

*Рис. 12.3. Нажатие на кнопку **Explain** в программе Performance Monitor выводит описания различных показателей*

и в нижней части окна увидите новую область (рис. 12.3), в которой отображаются пояснения. Она остается открытой, пока вы ее не закроете, и информация в ней изменяется при выборе каждой новой категории или показателя. Это удобный способ получить дополнительные сведения о показателе, название которого ничего вам не говорит.

Но в среде VS.NET есть и другой способ получить описание конкретного показателя производительности. Выделите интересующий вас показатель в окне Server Explorer, щелкните правой клавишей по категории показателя и выберите из меню пункт **View Category** (Показать категорию). При этом откроется диалоговое окно **Performance Counter Builder** (Конструктор показателя производительности), но только в режиме чтения (рис. 12.4). В этом окне отражаются название и описание категории, все входящие в нее показатели, а также тип данных и характеристики каждого показателя. Чуть ниже мы воспользуемся этим же окном для создания собственного показателя.

Мгновенные и вычисляемые значения

Показатели бывают двух типов: мгновенные и вычисляемые. Значения любого показателя получаются в результате опроса того или иного объекта мониторинга. Мгновенное значение больше ничего не показывает, это в точности та величина, которая была возвращена объектом. Типичными примерами таких значений являются счетчики открытых файлов или потоков в конкретном процессе.

С другой стороны, для получения вычисляемого значения нужны результаты хотя бы двух опросов. Так, видимый на экране показатель использования процессора вычисляется по результатам двух последних опросов. Именно поэтому при

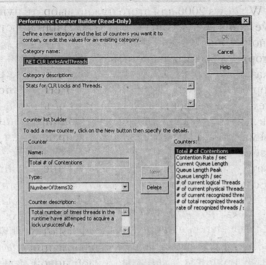

Рис. 12.4. В окне **Performance Counter Builder** показана информация о категории

прогоне программы самое первое значение показателя равно нулю. Почти все показатели, так или иначе связанные со временем, являются вычисляемыми, в частности количество контекстных переключений в секунду, о котором мы говорили выше.

Два метода класса `PerformanceCounter` называются очень похоже: `Next-Sample` (Следующий опрос) и `NextValue` (Следующее значение). Первый метод возвращает структуру типа `CounterSample`. В ней хранится необработанное значение показателя производительности. При первом обращении будет возвращено то же значение, что в свойстве `RawValue` класса `PerformanceCounter`. Но при последующих обращениях можно воспользоваться также методом `Calculate` для усреднения последних двух значений. Обычно это делается для сглаживания резко меняющихся показателей.

С другой стороны, метод `NextValue` возвращает только вычисляемое значение, то есть делает то же самое, что и `CounterSample.Calculate`, только автоматически. Он возвращает число с плавающей точкой одинарной точности, а не структуру, как метод `NextSample`.

Добавление показателей производительности из программы

Как вы только что видели, программа Server Explorer позволяет добавить в приложение показатель производительности. Но то же самое можно сделать и из программы. В пространстве имен `System.Diagnostics` есть класс `Performance-Counter`, который предоставляет доступ к показателям производительности. Чтобы выполнить то же, что и раньше, удалите элемент `PerformanceCounter1` и введите такой код (значением свойства `MachineName` должно быть имя машины, на которой измеряется производительность):

```
Dim pcProc As New PerformanceCounter()
Private Sub Form1_Load(ByVal sender As System.Object, _
  ByVal e As System.EventArgs) Handles MyBase.Load
    pcProc.CategoryName = "Processor"
    pcProc.CounterName = "% Processor Time"
    pcProc.InstanceName = "_Total"
    pcProc.MachineName = "culaptop"
End Sub
Private Sub Timer1_Tick(ByVal sender As System.Object, _
  ByVal e As System.EventArgs) Handles Timer1.Tick
    Label1.Text = pcProc.NextValue.ToString
End Sub
```

Здесь мы с помощью программы создали объект `pcProc` класса `PerformanceCounter`. Он объявлен вне процедуры, в области действия модуля.

В процедуре `Form_Load` задается вся необходимая информация: названия категории, показателя, экземпляра и сервера. А затем мы, как и раньше, выводим значение показателя в метке при каждом срабатывании таймера.

Создание собственных показателей производительности

Операционная система предоставляет показатели производительности, полезные для решения многих задач. Но что делать, если вам нужны свои показатели, например среднее число заказов, помещенных в базу данных, в секунду? Раньше приходилось создавать в программе специальные переменные и обрабатывать их самостоятельно, например периодически сбрасывать в файл или в базу данных. Теперь же класс `PerformanceCounter` позволяет создавать показатель на лету и показывать его в мониторе производительности.

Есть два способа создания категорий и показателей производительности: воспользоваться конструктором показателей или создать их непосредственно в программе. Создание категории и показателя – это не два шага одного процесса. Напротив, они создаются одной операцией, что будет продемонстрировано ниже. Кроме того, нельзя создавать категории и показатели на удаленных машинах.

Создание показателей с помощью конструктора

Проще всего создать новые категории и показатели с помощью конструктора показателей производительности, который доступен из программы Server Explorer. Откройте эту программу и щелкните правой клавишей по узлу **Performance Counters**. Выберите из контекстного меню пункт **Create New Category** (Создать новую категорию) – появится окно **Performance Counter Builder**. В отличие от того, что вы видели на рис. 12.4, все поля будут пустыми.

В поле **Category Name** (Название категории) введите `LearningVB`, в поле **Category Description** (Описание категории) – `Example counters used for`

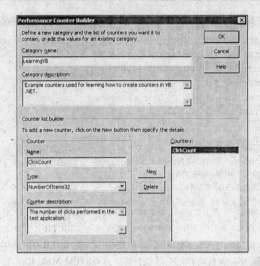

*Рис. 12.5. Диалоговое окно **Performance Counter Builder***
с описанием нового показателя

learning how to create counters in VB.NET (Пример создания показателя на VB.NET).

Заметим, что в этот момент кнопка **OK** еще неактивна, так как нельзя создать категорию без единого показателя. В разделе **Counter List Builder** (Конструктор списка показателей) нажмите кнопку **New** (Новый). В поле **Name** введите Click-Count, а в списке **Type** (Тип данных) выберите тип NumberOfItems32. В поле **Counter Description** (Описание показателя) введите The number of clicks-performed in the test application (Число щелчков мыши в тестовом приложении). По окончании работы окно должно выглядеть, как показано на рис. 12.5. Нажмите кнопку **OK**.

Обратите внимание, что в окне Server Explorer появилась новая категория **LearningVB**. Раскрыв соответствующий узел, вы увидите под ним показатель ClickCount (рис. 12.6).

Вновь созданный показатель появился не только в окне **Server Explorer**, но и в программе Performance Monitor. Если вы запустите ее и нажмете иконку со знаком «плюс», то в выпадающем списке **Performance Object** обнаружите новую категорию **LearningVB**. Если выбрать ее, то в правом списке появятся все входящие в эту категорию показатели (рис. 12.7).

Нажмите кнопку **Add** в диалоговом окне **Add Counter**, чтобы добавить показатель в окно монитора производительности. Вы увидите, что монитор начнет отслеживать значения показателя – на данный момент все они нулевые. Пусть монитор продолжает работать, а вы вернитесь в VS.NET.

Добавьте в проект новую форму Form2. Назначьте ее стартовой, воспользовавшись окном свойств проекта. В форму поместите поле ввода и четыре кнопки.

*Рис. 12.6. В список имеющихся категорий и показателей в окне **Server Explorer** добавлен новый показатель*

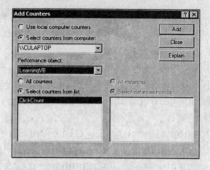

Рис. 12.7. Новая категория и показатель, добавленные в среде VS.NET, видны в программе Performance Monitor

Оставьте для поля ввода предложенное по умолчанию имя `TextBox1`, а для кнопок установите такие свойства:

	Name	Text
Button1	cmdAdd1	Add 1
Button2	cmdAddX	Add X
Button3	cmdSubtract1	Subtract 1
Button4	cmdSubtractX	Subtract X

Откройте окно **Server Explorer** и найдите в только что добавленной категории **LearningVB** показатель `ClickCount`. Перетащите его на форму. В лоток компонентов будет добавлен элемент `PerformanceCounter1`. Щелкните по нему, чтобы открыть окно свойств. Измените свойство `ReadOnly` на `False`, это даст возможность модифицировать счетчик в программе.

Добавьте в приложение следующий код:

```
Private Sub cmdAdd1_Click(ByVal sender As System.Object, _
  ByVal e As System.EventArgs) Handles cmdAdd1.Click
    PerformanceCounter1.Increment()
End Sub

Private Sub cmdAddX_Click(ByVal sender As System.Object, _
  ByVal e As System.EventArgs) Handles cmdAddX.Click
    PerformanceCounter1.IncrementBy(TextBox1.Text)
End Sub

Private Sub cmdSubtract1_Click(ByVal sender As System.Object, _
  ByVal e As System.EventArgs) Handles cmdSubtract1.Click
    If PerformanceCounter1.RawValue > 0 Then
        PerformanceCounter1.Decrement()
    End If
End Sub

Private Sub cmdSubtractX_Click(ByVal sender As System.Object, _
  ByVal e As System.EventArgs) Handles cmdSubtractX.Click
    If PerformanceCounter1.RawValue >= TextBox1.Text Then
```

```
      PerformanceCounter1.IncrementBy(-1 * TextBox1.Text)
   Else
      PerformanceCounter1.RawValue = 0
   End If
End Sub
```

Процедура `cmdAdd1_Click` просто увеличивает значение показателя на единицу, для чего достаточно вызвать метод `Increment` объекта `Performance-Counter1`.

Процедура `cmdAddX_Click` вызывает метод `IncrementBy` для добавления к текущему значению показателя величины, отличной от 1. В данном случае прибавляется значение, находящееся в поле ввода.

Примечание   *При включенном режиме* Option Strict *пришлось бы явно преобразовать значение в поле* TextBox1 *к типу* Long. *Следовательно, код должен был выглядеть так:*

PerformanceCounter1.IncrementBy(CLng(TextBox1.Text))

Процедура `cmdSubtract1_Click` уменьшает значение показателя на 1, для чего вызывается метод `Decrement`. Предварительно мы проверяем, что текущее значение больше 0. В противном случае после уменьшения на 1 показатель окажется максимально возможным – 4 294 967 295 (так как представлен беззнаковым целым числом).

И наконец, процедура `cmdSubtractX_Click` уменьшает значение показателя на величину, находящуюся в поле ввода. Но поскольку метода `DecrementBy` не существует, то мы применяем метод `IncrementBy` с отрицательным аргументом. Заметим, что при попытке вычесть из показателя величину, большую, чем его текущее значение, свойство `RawValue` просто сбрасывается в нуль. Это нормально, поскольку показатель – мгновенное, а не вычисляемое значение.

Запустите приложение. На экране должны быть видны и ваша форма, и окно программы Performance Monitor, в котором отслеживается показатель `ClickCount`. Нажмите кнопку **Add 1**. Вы увидите, что показатель стал равен единице. Нажмите ту же кнопку еще два раза, и показатель возрастет до трех. Теперь наберите в поле ввода значение 5 и нажмите кнопку **Add X** – показатель увеличится до 8. Один раз нажмите кнопку **Subtract 1** – показатель будет равен 7. Не стирая пятерку в поле ввода, нажмите кнопку **Subtract X** – показатель станет равным 2. Снова нажмите **Subtract X**, значение показателя сбросится в нуль.

На рис. 12.8 показано, как будет выглядеть окно монитора производительности, если проделать все вышеописанные действия достаточно быстро.

Создание нестандартного показателя на удаленном компьютере

Вы только что создали новый показатель производительности `ClickCount` в категории **LearningVB**, но лишь на своем компьютере. А что, если потребуется установить работающее с ним приложение на другую машину? Можно, конечно, создать на ней такой же показатель вручную, но это не всегда самое лучшее решение.

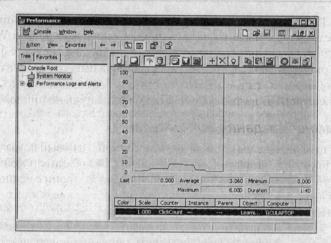

Рис. 12.8. В окне программы *Performance Monitor видно, как изменяется значение созданного вами показателя при манипуляции им из программы*

Вместо этого разумно включить в само приложение код, который будет создавать показатель, и чуть ниже мы покажем, как это сделать.

Но VS.NET предлагает более простой способ создания показателей производительности на удаленных машинах. Вернитесь в окно Дизайнера формы `Form2` и щелкните по элементу `PerformanceCounter1` в лотке компонентов. В окне

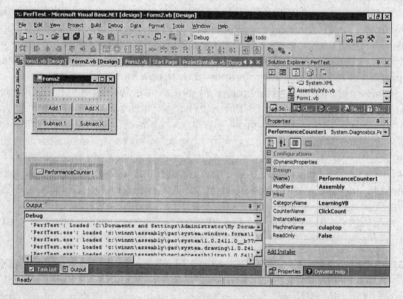

Рис. 12.9. В окне свойств элемента `PerformanceCounter` есть ссылка для добавления в проект инсталлятора показателя производительности

свойств (рис. 12.9) вы увидите ссылку Add Installer (Добавить инсталлятор). С похожим механизмом мы встречались при обсуждении сервисов Windows.

После щелчка по ссылке Add Installer в проект добавляется файл Project-Installer.vb. В окне соответствующего ему дизайнера имеется элемент управления PerformanceCounterInstaller, который и добавит показатель ClickCount в категорию **LearningVB** на той машине, где будет запущено приложение.

Программное создание показателей

В предыдущем разделе мы создали новую категорию и новый показатель, пользуясь конструктором (Performance Counter Builder). Но показатели можно создавать самостоятельно. Для создания из программы новой категории с единственным показателем нужно вызывать метод Create класса PerformanceCounterCategory. При этом и категория, и показатель создаются одновременно.

Если вам нужно создать несколько показателей, придется воспользоваться классом CounterCreationData и поместить описания новых показателей в набор CounterCreationDataCollection. Затем этот набор передается в качестве аргумента методу Create, который за один шаг создает категорию и все принадлежащие ей показатели.

Предположим, что вам нужно подсчитать, сколько транзакций в секунду обрабатывает ваша программа. А еще вы хотели бы знать, сколько в среднем времени программа тратит на исполнение некоторого участка кода. И создание показателей, и доступ к ним вы желаете запрограммировать самостоятельно.

Для демонстрации работы с показателями из программы создайте новую форму Form3 и сделайте ее стартовым объектом. Поместите в нее кнопку и добавьте такой код:

```
Private Sub Button1_Click(ByVal sender As System.Object, _
  ByVal e As System.EventArgs) Handles Button1.Click
    Dim CountColl As New CounterCreationDataCollection()
    Dim counterTxPerSec As New CounterCreationData()
    Dim counterAvgTime As New CounterCreationData()
    Dim counterAvgBase As New CounterCreationData()
With counterTxPerSec
     .CounterName = "Transactions"
     .CounterHelp = "Число транзакций в секунду"
     .CounterType =
PerformanceCounterType.RateOfCountsPerSecond32
    End With
    With counterAvgTime
     .CounterName = "Time to Process"
     .CounterHelp = "Среднее время обработки запроса"
     .CounterType = PerformanceCounterType.AverageTimer32
    End With
    With counterAvgBase
     .CounterName = "Base Time to Process"
     .CounterHelp = "Базовое время обработки запроса"
```

```
        .CounterType = PerformanceCounterType.AverageBase
    End With

    CountColl.Add(counterTxPerSec)
    CountColl.Add(counterAvgTime)
    CountColl.Add(counterAvgBase)
    PerformanceCounterCategory.Create("VbNetCounters", _
      "Показатели, созданные в ходе изучения VB.NET", CountColl)
End Sub
```

На первый взгляд, код выглядит непонятно, однако в нем нет ничего сложного. Для начала создается новый набор `CounterCreationDataCollection`, в который нужно поместить описания новых показателей. Затем мы описываем три отдельных счетчика: `counterTxPerSec`, `counterAvgTime` и `counterAvgBase`. Так как нам нужно определить среднее время выполнения некоторой задачи, то для этой цели потребуется целых два показателя.

Затем мы зададим имя, описание и тип каждого показателя. После этого описания добавляются в набор, который передается методу `Create` класса `PerformanceCounterCategory` вместе с названием и описанием категории.

В результате создается новая категория `VbNetCounters`. Закройте программу Performance Monitor (она не обновляет список категорий автоматически). Затем запустите свое приложение и нажмите кнопку **Button1**. После этого вновь запустите Performance Monitor и раскройте список **Performance Object**, чтобы убедиться, что в нем есть категория `VbNetCounters`. Включите мониторинг счетчика **Transactions**.

Закройте приложение и поместите в форму еще две кнопки и поле ввода. Кроме того, добавьте такой код:

```
Private Sub Button2_Click(ByVal sender As System.Object, _
  ByVal e As System.EventArgs) Handles Button2.Click
    Dim TxPerSec As New PerformanceCounter()
    TxPerSec.CategoryName = "VbNetCounters"
    TxPerSec.CounterName = "Transactions"
    TxPerSec.ReadOnly = False
TxPerSec.IncrementBy(textbox1.text)
End Sub

Private Sub Button3_Click(ByVal sender As System.Object, _
  ByVal e As System.EventArgs) Handles Button3.Click
    PerformanceCounterCategory.Delete("VbNetCounters")
End Sub
```

Процедура `Button2_Click` создает новый экземпляр класса `PerformanceCounter` — раньше для этого вы перетаскивали на форму показатель из окна **Server Explorer**. Затем объект привязывается к конкретной категории и показателю, а его свойство `ReadOnly` устанавливается равным `False`. При запуске приложения показатель увеличивается на значение, находящееся в поле ввода. Однако это не монотонно растущий показатель. Поскольку его тип равен `RateOfCountsPerSecond32`, то монитор один раз в секунду считывает, выводит и сбрасывает это значение в ноль.

Процедура `Button3_Click` уничтожает ранее созданную категорию.

Запустите проект и расположите на экране вашу форму и окно программы Performance Monitor так, чтобы видеть их одновременно. Введите в текстовое поле значение 10 и нажмите кнопку **Button2**. Вы увидите, что показатель `Transactions` увеличился до 10, а затем опустился до нуля. Измените значение на 50 и снова нажмите кнопку **Button2**. И на этот раз показатель станет равным 50 и вновь уменьшится. Верните значение 10, но теперь нажмите **Button2** столько раз, сколько успеете за 5 секунд.

Поскольку вы наверняка нажимали кнопку чаще, чем раз в секунду, то увидите, что число транзакций, выполненных в секунду, равно 20, 30, 40 и даже больше. Но, как только вы прекратите нажимать на кнопку, значение показателя снизится до нуля.

Такого рода показатель идеален в ситуации, когда вам нужно узнать, сколько запросов в секунду обслуживает Web-сервис, сколько транзакций в секунду обрабатывает компонент и т.п. Программа Performance Monitor позволяет включить для любого показателя механизм оповещения, благодаря которому вы узнаете об определенных событиях.

Резюме

Мониторинг показателей производительности из программ, написанных на VB.NET, позволяет следить практически за любым аспектом работы как локального компьютера, так и любого другого компьютера в сети при наличии у вас достаточных полномочий.

Тот факт, что на платформе .NET можно легко создавать собственные показатели производительности и работать с ними из программы, открывает перед программистами на VB.NET новые возможности. Теперь ваша программа может создавать новые категории, доступные из Perfomance Monitor – инструмента, который знаком большинству администраторов и опытных пользователей. Таким образом, с его помощью вы сможете следить за различными этапами работы приложения.

Но еще важнее то, что теперь вы сможете контролировать эффективность работы программы. Если нужно сравнить ее производительность на различных серверах, определите собственные показатели и понаблюдайте за тем, что показывает монитор при запуске программы сначала на одном, а потом на другом сервере. Теперь не нужно вставлять в текст программы отладочную печать, которую потом придется удалять.

Глава 13. Развертывание и конфигурирование

Конфигурирование и развертывание – это одни из последних этапов создания приложения. Они необходимы для того, чтобы приложение работало правильно на любом компьютере.

VB.NET и каркас .NET Framework предельно упрощают процедуру развертывания и конфигурирования, но делается это совершенно не так, как в VB6.

Развертывание приложений .NET

Прежде чем вдаваться в детали развертывания приложений VB.NET, нужно сначала ознакомиться с некоторыми основными идеями и преимуществами, предоставляемыми платформой .NET по сравнению с другими классическими средами разработки.

Для начала напомним, что с каждым приложением, разработанным для .NET, связаны метаданные, которые делают его самоописываемым. Все настройки и параметры развертывания содержатся в самом приложении, поэтому не нужно помещать их в реестр или полагаться на какие-то другие зависимости от внешних объектов. Кроме того, это означает, что каждое приложение является полностью автономной единицей, не способной повредить другим приложениям. То есть на одной машине можно даже развернуть несколько версий одного и того же приложения, и они не будут мешать друг другу!

Еще одно достоинство самоописываемых приложений состоит в том, что их очень легко развертывать. Достаточно просто скопировать файлы с одной машины на другую. И никаких тебе сложных процедур установки!

Но процедура доставки приложения на другой компьютер стала не только проще, появились также новые способы ее выполнения. Самый быстрый вариант – воспользоваться утилитой XCOPY, но можно развертывать приложения через Internet или с помощью программы Microsoft Installer. Обновление приложения также можно выполнять путем замены отдельных компонентов опять-таки посредством XCOPY или через Internet.

В этой главе мы рассмотрим три способа развертывания приложений: с помощью инсталлятора Windows Installer, CAB-файлов и браузера Internet Explorer 5.5.

Программа Windows Installer

Windows Installer – это программа инсталляции и конфигурирования, предлагающая стандартизованный метод развертывания приложений. Она позволяет пользователю выборочно устанавливать одни части приложения и пропускать другие, отложив их установку на потом. Обычно инсталляционные файлы имеют расширение .msi, и вам, скорее всего, приходилось встречаться со стандартным интерфейсом. На рис. 13.1 показано, как выглядит окно Windows Installer при установке пакета Microsoft Office.

Если вам доводилось работать с программой Windows Installer, то вы знаете, что она предоставляет несколько вариантов инсталляции приложения, упрощая задачу развертывания как для разработчиков, так и для конечных пользователей.

В составе Visual Studio.NET есть мастер, позволяющий определить способ развертывания приложения с помощью Windows Installer. Для этого достаточно всего лишь нажать несколько кнопок.

Откройте новый или какой-нибудь существующий проект в VS.NET. На рис. 13.2 показан пустой проект, созданный специально для данного упражнения.

В окне **Solution Explorer** щелкните правой клавишей по решению и выберите из меню пункт **Add**, а затем **New Project**. В диалоговом окне **Add New Project** (Добавить новый проект) установите свойство **Project Types** равным **Setup and Deployment Projects** (Конфигурирование и развертывание), а свойство **Templates**

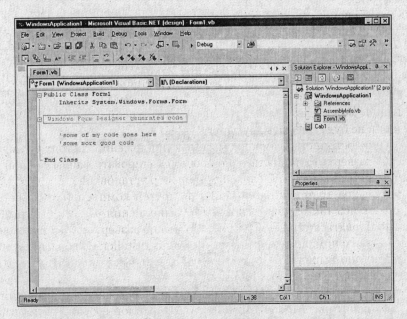

Рис. 13.1. Программа Windows Installer в действии

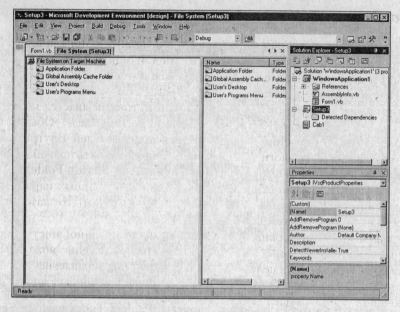

Рис. 13.2. Типичное приложение, готовое для развертывания

(Шаблоны) – равным **Setup Wizard** (Мастер конфигурирования). Присвойте проекту какое-нибудь имя. После щелчка по кнопке **ОК** к решению будет добавлен новый проект и VS.NET выведет окно **File System**, показанное на рис. 13.3.

В левой части показано, как будет выглядеть фрагмент файловой системы на целевой машине после развертывания приложения. Напомним, что процедура развертывания заключается только в копировании файлов, поэтому вам не задавали вопросов по поводу настроек реестра и не просили указать зависимости. В правой

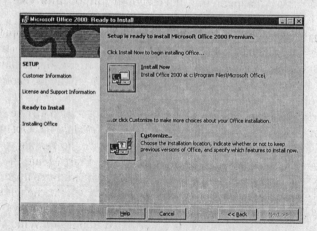

*Рис. 13.3. Окно **File System** позволяет изменить состав инсталляции*

части отражено содержание каждой папки (в начальный момент обе части совпадают).

В папку Application Folder записываются основные файлы приложения, как правило, с расширениями .exe, .dll, .resource и т.д. В окне свойств (справа внизу на рис. 13.2) можно указать, где точно должна находиться эта папка на целевой машине. По умолчанию это каталог `c:\Program Files\название вашей компании\название вашего приложения`. Такой путь описывается конструкцией `[ProgramFilesFolder][Manufacturer]\[ProductName]`. Обычно нет причин изменять это соглашение, чтобы не путать пользователей. Внутри этой папки можно создавать подкаталоги, для чего достаточно щелкнуть правой клавишей по узлу **Application Folder** и выбрать из меню пункт **Add**, а затем **Folder**.

В окне свойств можно задать также ряд дополнительных параметров. Во-первых, свойство `AlwaysCreate` свидетельствует о том, что каталог должен быть создан, если его пока не существует. Свойство `Condition` позволяет задать условия, которые должны быть выполнены для успешной инсталляции. Например, условие `VersionNT>=500` означает, что приложение может быть установлено в том случае, если целевая машина работает под управлением ОС Windows 2000 или более поздней версии. Подробнее о синтаксисе задания условий см. в документации по VS.NET (раздел Deployment Conditions).

Свойства `DefaultLocation` (Место установки по умолчанию), `Description` (Описание), `DisplayName` (Отображаемое имя) и `Name` (Имя) в пояснениях не нуждаются. Свойство `Property` позволяет переопределить путь к папке приложения во время установки. Если оставить его незаполненным, то пользователь не сможет ни задать другой путь, ни переименовать компоненты пути, предложенного по умолчанию.

Наконец, свойство `Transitive` определяет, следует ли вычислять условие, заданное свойством `Condition`, только на этапе начальной установки или при каждом последующем вызове инсталлятора. Например, это свойство можно было бы использовать, для разрешения переконфигурирования уже установленного приложения. Как правило, лучше оставить его равным `False`.

Узел **Global Assembly Cache Folder** содержит те сборки, которые должны быть скопированы в глобальный кэш сборок. Они будут считываться в память при каждой загрузке среды исполнения на целевой машине и, следовательно, окажутся доступными сразу многим приложениям. У этого узла такие же свойства, как у узла **Application Folder**.

Узел **User's Desktop**, как явствует из названия, содержит те папки и файлы, которые будут помещены на рабочий стол целевой машины. Обычно это ярлыки, соответствующие различным частям приложения. Точно так же узел **User's Programs Menu** содержит ярлыки, помещаемые в папку Start Menu, Programs.

Если этих четырех узлов недостаточно, можете щелкнуть правой клавишей по узлу **File System on Target Machine** (Файловая система на целевой машине), выбрать из меню пункт **Add Special Folder** (Добавить специальную папку) и добавить столько специальных папок, сколько хотите, например Windows System, Start menu, Fonts и т.д.

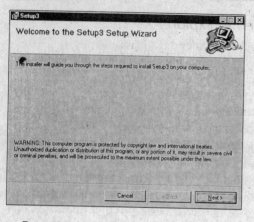

Рис. 13.4. Запущенный инсталлятор

Закончив конфигурирование приложения, выберите пункт **Build** из одноименного меню. В результате будет создан файл с расширением .msi. Загляните в каталог, где находится ваше решение (по умолчанию `c:\Documents and Settings\имя пользователя\My Documents\Visual Studio Projects\имя приложения`), и вы обнаружите там новую папку с тем именем, которое было присвоено решению развертывания (в данном случае Setup3). Внутри нее находятся папки Debug и Release для отладочной и выпускной версий инсталлятора. По умолчанию инсталлятор помещается в папку Debug. Открыв ее, вы найдете файл инсталлятора (в нашем примере Setup3.msi). Дважды щелкните по этому файлу – на экране появится знакомое окно программы Windows Installer, показанное на рис. 13.4.

Вам остается только передать пользователю этот файл – и все! Пользователь может многократно запускать его для выполнения различных действий, скажем, восстановления запорченного приложения или деинсталляции. Манипулировать установленным приложением можно также с помощью иконки **Add/Remove Programs** (Установка и удаление программ) на панели управления.

Примечание   *Для того чтобы созданный таким образом инсталляционный пакет работал, на машине пользователя должна быть установлена платформа .NET.*

CAB-файлы

CAB-файл – это сжатый набор файлов приложения. Он позволяет упростить распространение приложения, особенно если речь идет о загрузке из Internet.

Создать CAB-файл легко. Выберите из меню **File** пункт **Add Project**, а затем **New Project** и в окне **Add New Project** (Добавить новый проект) укажите вид проекта **Cab Project**. В окне **Solution Explorer** появится строка `CAB project`. Для добавления в проект необходимых файлов нужно щелкнуть правой клавишей по решению CAB и выбрать из меню пункт **Add**, а затем **File**. Все, что вы поместите в это решение, войдет в сжатый CAB-файл.

CAB-файлы можно распространять вместе с пакетом для Windows Installer или через Internet, как вы увидите в следующем разделе.

Примечание   *В версии Beta 2 каркаса .NET Framework с CAB-файлами связано несколько ограничений. Точнее, в один CAB-файл можно поместить только одну сборку, причем файл должен называться, как сама сборка. Пока неясно, сохранится ли такое условие в окончательной версии.*

Развертывание с помощью Internet Explorer

У вашего приложения есть много способов воспользоваться преимуществами Internet. Так, в главе 8 «Построение Web-приложений с помощью VB.NET и ASP.NET» говорилось, что полнофункциональное приложение можно создать с помощью технологии ASP.NET. Тогда пользователю для работы с ним достаточно будет зайти на ваш сайт. В главе 9 «Создание Web-сервисов с применением языка VB.NET» показано, как создавать Web-сервисы – еще один способ распределения компонентов приложения по сети Internet. В обоих методах часто используются сборки в качестве вспомогательных ресурсов приложения. При этом пользователю не нужно запускать у себя ничего, кроме браузера Internet Explorer.

Единая среда исполнения CLR при наличии браузера Internet Explorer версии 5.5 или более поздней позволяет обращаться к исполняемому приложению через Internet, просто набрав его имя в адресной строке (до появления .NET это было невозможно). Например, указав браузеру адрес http://www.yourserver.com/MyApp/MyApp.exe, вы создадите на своей машине экземпляр приложения и запустите его. На рис. 13.5 показано, как это выглядит в случае простого приложения, созданного ранее в этой главе.

Чтобы такой способ сработал, необходимые приложению служебные файлы (например, конфигурационные или CAB-файлы) должны находиться в том же каталоге, где хранится .exe-файл. Клиент автоматически будет подгружать их по мере надобности.

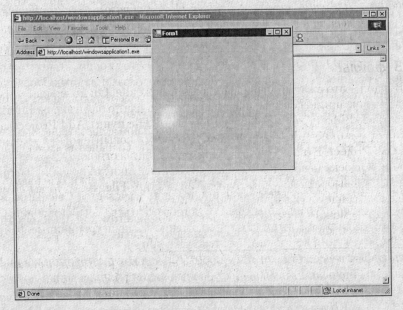

Рис. 13.5. Выполнение приложения с помощью Internet Explorer 6.0

Конфигурирование .NET-приложений

Раньше конфигурирование приложений было сложным и неприятным делом. В случае локальных программ приходилось залезать в реестр или во внешние .ini-файлы. Хранить там конфигурационную информацию было удобно, но в таком подходе не хватало гибкости.

Реестр – это хранилище всей информации о приложениях, и потому помещать в него данные, необходимые для настройки конкретного приложения, вполне логично. Однако реестр практически непереносим, поэтому настройки, сохраненные на одной машине, нельзя скопировать на другую без полного или частичного дампа реестра. Кроме того, если по какой-то причине произошла рассинхронизация приложения с реестром (например, изменились пути к каким-то файлам), считайте, что вам не повезло. Лучше не восстанавливать настройки, а заново инсталлировать все приложение.

INI-файлам присуща большая гибкость, поскольку настройки можно перемещать вместе с приложением. Но с ними связана другая проблема – хранящаяся в них информации понятна только одному приложению и не может повлиять на работу операционной системы или других программ.

Конфигурирование ASP-приложений выполнялось совершенно по-другому и, пожалуй, еще менее приятно. Настройки регистрировались в самом сервере IIS, поэтому были непереносимы. Для конфигурирования приложения был нужен прямой доступ к серверу. Уверен, многие ASP-разработчики припомнят, как им приходилось просиживать на площадке заказчика, настраивая приложения и серверы. А если требовалось что-то изменить, приходилось отправляться в очередную командировку – удовольствие не из дешевых.

VB.NET предоставляет разработчикам принципиально новый способ конфигурирования приложений. В каркасе .NET Framework появился файл с расширением .config, с помощью которого можно настроить все что угодно: от места и способа хранения состояния сессии до строк соединения с базами данных. Поскольку это файл в формате XML, то его можно переносить и развертывать вместе с приложением. Больше вам не придется вручную менять значения в реестре или в метабазе IIS; для внесения изменений в конфигурационные данные достаточно простого текстового редактора, например Notepad, причем после сохранения изменения сразу вступают в силу.

В приложениях, написанных на VB.NET, имя файла должно совпадать с именем приложения. Если, скажем, ваше приложение называется Calculator, то соответствующий конфигурационный файл будет называться Calculator.config. Он хранится в том же каталоге, что и само приложение. Конфигурационные файлы для ASP.NET-приложений всегда называются web.config.

В таких файлах может храниться произвольная конфигурационная информация. Ниже мы приведем примеры их использования для настройки приложений VB.NET и ASP.NET.

Конфигурирование VB.NET-приложений

Файл .config для VB.NET-приложения может иметь практически произвольную структуру (естественно, согласующуюся с форматом XML) при условии, что открывает его тег `<configuration>` (см. листинг 13.1).

Листинг 13.1. Пример файла .config

```
<configuration>
    <configSections>
        <!- место для обработчиков ->
    </configSections>
    <myruntime>
        <!- место для параметров времени исполнения ->
    </myruntime>
    <appSettings>
        <!- место для настроек приложения ->
    </appSettings>
</configuration>
```

В случае ASP.NET-приложений конфигурационный файл автоматически создается средой разработки и всегда имеет одно и то же имя Web.config. Для проекта любого другого вида .config-файлы вы создаете самостоятельно и называете их по имени приложения. Например, конфигурационный файл для приложения App1 следует назвать App1.Config. Можно присвоить такому файлу обобщенное имя app.config, и тогда он будет обслуживать текущее приложение.

Даже если вы не знакомы с синтаксисом XML, понять приведенный выше листинг не составит труда. В строке 1 присутствует корневой элемент `<configuration>`. Этот элемент обязателен. Затем в строке 2 элемент `<configSections>` открывает раздел обработчиков (другими словами, классов .NET), которые будут использоваться для обработки встречающихся в файле настроек. Приведу более развернутый пример этого раздела:

```
<configSections>
    <sectionGroup name="system.web">
        <section name="browserCaps" type="System.Web.
Configuration.HttpCapabilitiesSectionHandler,System.Web "/>
    </sectionGroup>
</configSections>
```

Во второй строке (`sectionGroup`) определена группа параметров, которые встретятся в config-файле, а в третьей строке (`section`) – класс, экземпляр которого будет обрабатывать параметр `browserCaps`. Атрибут `type` задает имя класса, а также имя сборки, которой он принадлежит.

.NET уже содержит готовые обработчики практически для всех мыслимых ситуаций в разделе `configSections` файла machine.config (см. предыдущее примечание). Поэтому маловероятно, что вам когда-либо придется включать этот раздел в свой файл (напомним, что вы можете как унаследовать, так и переопределить значения, заданные в machine.config).

Но если вы захотите добавить нестандартный раздел, для которого не объявлен обработчик в файле machine.config, то вставить раздел `<configSection>` в свой конфигурационный файл все же придется. В большинстве случаев вполне приемлем стандартный обработчик `System.Configuration.NameValueFile-SectionHandler`, который возвращает набор пар «имя–значение» для каждого настроечного параметра.

В строке 5 начинается раздел `myruntime`. Поскольку это нестандартный раздел, не имеющий обработчика, объявленного в machine.config, необходимо добавить описание обработчика в раздел `configSection`. Выбор обработчика зависит от типа конфигурационных данных. Чуть ниже мы покажем, как приложение получает доступ к своим конфигурационным параметрам.

Наконец, `appSettings` – это специальный раздел для .NET-приложений. Именно здесь вы, скорее всего, будете хранить специфические для вашего приложения настройки, поскольку среда исполнения предоставляет исключительно простой механизм для доступа к ним.

Доступ к конфигурационным параметрам из приложения

Платформа .NET позволяет очень легко получить доступ к настройкам, хранящимся в config-файле. В листинге 13.2 приведен простой config-файл, на который мы будем ссылаться в дальнейших примерах.

Листинг 13.2. Файл MyApp.config

```
<configuration>
    <appSettings>
        <add key="appName" value="MyApp" />
        <add key="DSN" value="MyDBConnection" />
    </appSettings>
</configuration>
```

В этом файле есть всего два параметра – `appName` и `DSN`, и расположены они в разделе `appSettings`. Заметим, что для помещения нового элемента в этот раздел нужно указывать ключевое слово `add`, за которым следуют ключ `key` и значение `value`. Для доступа к тому или иному параметру следует написать соответственно:

```
ConfigurationSettings.AppSettings("appName")
```

или

```
ConfigurationSettings.AppSettings("DSN")
```

Больше ничего не нужно. Во время старта приложение заполняет набор App-Settings, являющийся членом класса System.Configuration.ConfigurationSettings, всеми значениями из конфигурационного файла. Потом к этим значениям можно обращаться так же, как к любому созданному в программе словарю. Пример очень простой программы на VB.NET, в которой используется этот метод, приведен в листинге 13.3.

Листинг 13.3. Чтение конфигурационных параметров из программы

```
Imports System
Imports System.Configuration

Public Class MyConfigurationReader
    Public Sub ReadSettings()
      Dim strAppName as String

      StrAppName = ConfigurationSettings.AppSettings("appName")

      Console.Writeline("Это приложение называется:")
      Console.Writeline(strAppName)
    End Sub
End Class
```

Наберите этот текст в редакторе Notepad и сохраните в файле с именем My-ConfigurationReader.vb, после чего откомпилируйте, набрав команду:

```
vbc /t:exe /r:System.dll MyConfigurationReader.vb
```

В результате будет создан исполняемый файл MyConfigurationReader.exe. Затем сохраните конфигурационный файл, приведенный в листинге 13.2, в файле с именем MyConfigurationReader.exe.config (не забудьте вставить часть .exe) и запустите приложение, набрав команду MyConfigurationReader. На консоль будет выведена следующая информация:

```
Это приложение называется:

MyApp
```

Примечание   *В данном случае вы создали конфигурационный файл в редакторе Notepad. Но, находясь в среде разработке VS.NET, вы могли бы добавить в проект новый элемент, а именно конфигурационный файл, и редактировать его, не выходя из IDE.*

Продемонстрированный выше простой вызов метода позволяет получить значение любого параметра, описанного в разделе appSettings, а поскольку конфигурационный файл автоматически загружается средой исполнения вместе с приложением, то никаких дополнительных расходов при этом не возникнет.

Существует и другой – более общий – способ доступа к конфигурационным параметрам, который не завязан на раздел appSettings. Это метод GetConfig.

Как и .AppSettings, набор GetConfig заполняется во время загрузки приложения, так что получить доступ к любому свойству можно с помощью команды:

```
ConfigurationSettings.GetConfig(."setting_name")
```

Разница между AppSettings и GetConfig состоит в том, что последний возвращает объект типа Object, так что вы сами должны привести его к нужному типу. Кроме того, метод GetConfig извлекает сразу целый раздел, а не одно значение. Вот как будет выглядеть пример из листинга 13.3 после небольшой доработки.

Листинг 13.4. Применение GetConfig для доступа к конфигурационным параметрам

```
Imports System
Imports System.Collections.Specialized
Imports System.Configuration

Public Class MyConfigurationReader
  Shared Sub Main()
    Dim colAppSettings as NameValueCollection
    Dim strAppName as String

    colAppSettings =
CType(ConfigurationSettings.GetConfig("appSettings"), _
                        NameValueCollection)
    strAppName = CType(colAppSettings("appName"), String)

    Console.Writeline("Это приложение называется:")
    Console.Writeline(strAppName)
  End Sub
End Class
```

Поскольку заранее известно, что обработчик раздела appSettings возвращает объект типа NameValueCollection, нужно импортировать соответствующее пространство имен System.Collections.Specialized. В процедуре Sub Main мы создаем экземпляр класса NameValueCollection с именем colAppSettings, в котором будут храниться результаты, возвращенные методом GetConfig. Затем мы считываем весь раздел appSettings и приводим его к типу NameValueCollection с помощью функции CType. Теперь набор colAppSettings содержит параметры, заданные в файле MyConfigurationReader.exe.config.

После этого мы получаем значение свойства appName из набора colAppSettings и сохраняем его в переменной strAppName. Затем это значение выводится на консоль методом Console.Writeline. Откомпилируйте эту программу, как и предыдущую. Запустив ее, вы увидите следующий результат:

```
Это приложение называется:

MyApp
```

Метод GetConfig использовать немного сложнее, но зато он позволяет обращаться к любому разделу конфигурационного файла, а не только к разделу appSettings.

Конфигурирование ASP.NET-приложений

Как уже говорилось, конфигурационные параметры ASP.NET-приложений хранятся в файле с фиксированным именем web.config.

Файл web.config обеспечивает иерархическое конфигурирование. Это означает, что ваше приложение может наследовать параметры от другого приложения и наоборот. В ASP.NET-приложениях, которые, как правило, состоят из нескольких уровней каталогов, файл, находящийся на некотором уровне, наследует параметры из файла web.config, расположенного в родительском каталоге, если эти же параметры не переопределены в файле web.config из текущего каталога.

Рассмотрим, например, структуру каталогов, показанную на рис. 13.6.

Все Web-приложение автоматически пользуется конфигурационными параметрами, заданными в файле web.config из каталога wwwroot. Каталог Notes содержит собственный файл web.config, к которому будут иметь доступ страницы, расположенные как в этом каталоге, так и в его подкаталогах. Если значения одного и того же параметра в файлах web.config, расположенных в папках Notes и wwwroot, различаются, предпочтение отдается первому. Аналогичным образом страницы, находящиеся в каталоге Green, наследуют параметры конфигурации из обоих родительских файлов web.config и могут переопределить их в собственном файле web.config.

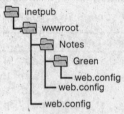

Рис. 13.6. Типичная структура каталогов ASP.NET-приложения

На начальном этапе такой подход может показаться слегка запутанным, но на самом деле он сильно упрощает процедуру конфигурирования. Рассмотрим пример файла web.config, приведенный в листинге 13.5.

Листинг 13.5. Пример файла web.config

```
<configuration>
   <configSections>
      <!— здесь место для обработчиков —>
   </configSections>
<system.net>
      <!— здесь место для параметров самой .NET —>
   </system.net>
   <system.web>
      <!— здесь место для конфигурации ASP.NET-приложения —>
   </system.web>
</configuration>
```

Корневой элемент, как и раньше, называется <configuration>. Он обязателен в любом файле web.config.

Раздел <configSections> выполняет те же функции, что и в .config-файле для приложений VB.NET: здесь определяются обработчики последующих разделов.

Следующий раздел – `<system.net>` – содержит параметры, управляющие работой самой среды исполнения .NET. Обычно в этих настройках ничего менять не нужно, так что не будем на этом останавливаться.

Последний раздел – `<system.web>` – содержит параметры собственно ASP.NET-приложения, как, например, безопасность и управление состоянием сессии. В табл. 13.1 перечислены подразделы этого раздела.

Помимо этих специфичных для ASP.NET параметров вы можете задавать свои в разделе `appSettings` и пользоваться методом `ConfigurationSettings.AppSettings` точно так же, как в VB.NET-приложениях. В каждом из

Таблица 13.1. Разделы файла конфигурации ASP.NET-приложений

Раздел	Описание
`<authentication>`	Параметры аутентификации ASP.NET. Можно задавать только в конфигурационных файлах уровня машины, сайта или приложения (но не в подкаталогах)
`<authorization>`	Параметры авторизации
`<browserCaps>`	Конфигурирует компонент, распознающий возможности браузера
`<compilation>`	Параметры компиляции
`<customErrors>`	Нестандартные сообщения об ошибках, выводимые ASP.NET-приложениями
`<globalization>`	Параметры, определяющие региональные настройки
`<httpHandlers>`	Классы, реализующие интерфейс IHttpHandler, для обработки входящих запросов
`<httpModules>`	HTTP-модули, используемые в приложении
`<httpRuntime>`	Параметры HTTP, устанавливаемые во время исполнения. Можно задавать только в конфигурационных файлах уровня машины, сайта или приложения (но не в подкаталогах)
`<identity>`	Удостоверение, используемое приложением
`<machineKey>`	Конфигурирует ключи для шифрования данных аутентификации. Можно задавать только в конфигурационных файлах уровня машины, сайта или приложения (но не в подкаталогах)
`<pages>`	Настройки, специфичные для конкретной страницы
`<processModel>`	Модель процесса, используемая IIS
`<securityPolicy>`	Определяет именованные уровни безопасности. Можно задавать только в конфигурационных файлах уровня машины, сайта или приложения (но не в подкаталогах)
`<sessionState>`	Конфигурирует способ обработки информации о состоянии сессии
`<trace>`	Параметры сервиса трассировки
`<trust>`	Разрешение на доступ к коду для конкретного приложения. Можно задавать только в конфигурационных файлах уровня машины, сайта или приложения (но не в подкаталогах)
`<webServices>`	Конфигурирует Web-сервисы

перечисленных разделов есть масса отдельных параметров, и обо всех я, конечно, рассказать не смогу. Более детальную информацию см. в документации по каркасу .NET Framework.

Одно из самых типичных применений файла web.config – это защита ASP.NET-приложения, поэтому в следующем разделе мы рассмотрим вопрос обеспечения безопасности.

Безопасность

Безопасность играет важную роль в любой программе, особенно в ASP.NET-приложениях, поскольку они открывают доступ к файловой системе сервера всем желающим. Но и тогда, когда речь идет о локальном приложении, вы зачастую рискуете выполнить неизвестный и потенциально разрушительный код (свидетельством чему является повальное распространение компьютерных вирусов).

Единая среда исполнения предпринимает ряд мер против несанкционированного доступа со стороны приложений или пользователей. Кроме того, в платформу .NET встроен каркас безопасности, поэтому любому приложению доступны общие механизмы и объекты, защищающие от злоупотреблений. Сейчас мы глубже познакомимся с тем, как обеспечивается безопасность на платформе .NET.

Основные концепции

Весь механизм обеспечения безопасности в .NET основан на идее полномочий или прав доступа. У программы должны быть права для доступа к определенным ресурсам, у пользователей должны быть полномочия для доступа к определенным программам и т.д. Любое действие в рамках каркаса .NET Framework – сознаете вы это или нет – требует наличия полномочий. Каркас даже предоставляет ряд объектов, описывающих полномочия.

То, какими полномочиями располагает предъявитель, выясняется разными способами. Полномочия пользователя можно определить на основе предъявленных им идентификационных данных или выполняемой ими задачи. Полномочия программе выдаются в зависимости от того, кто ее выполняет, и от стратегии безопасности, прописанной администратором.

Есть три типа полномочий: на доступ из программы, идентификационные и ролевые. У каждого типа своя особая функция в каркасе .NET Framework. Полномочия на доступ из программы используются для того, чтобы установить права доступа программы к ресурсам файловой системы, таким как файлы или переменные окружения. Удостоверяющие (identity) полномочия применяются к сборкам и определяют, к каким ресурсам те имеют доступ. Для этого исследуются различные характеристики сборки (*свидетельства* – evidence), например: из какого источника поступила сборка, цифровые подписи и т.д. Наконец, ролевые (role-based) полномочия определяют права, которыми обладает пользователь. Далее в этой главе рассматриваются полномочия на доступ из программы и ролевые полномочия.

После того как полномочия определены, .NET приступает к аутентификации и авторизации. Аутентификация – это процесс проверки того, что пользователь является тем, за кого себя выдает. Авторизация – это процесс предоставления или отказа просителю в доступе к ресурсам. И то, и другое широко применяется в ASP.NET-приложениях, так что мы еще поговорим об этом подробнее.

Безопасность доступа из программы

Безопасность доступа из программы – это новая концепция, появившаяся в .NET. Система определяет, к каким ресурсам запрашивает доступ конкретное приложение или фрагмент кода. Возможно, идея не кажется вам революционной, но давайте посмотрим, как была реализована безопасность до появления .NET.

Раньше безопасность основывалась на личности пользователя. Другими словами, пользователь указывал свои идентификационные данные (например, имя и пароль) и получал те или иные полномочия. Основной недостаток такого подхода состоит в том, что даже доверенный пользователь может – намеренно или нет – набрать разрушающий код, который повредит операционную систему. Именно поэтому так много компьютеров заражено вирусами.

Например, тот факт, что вы вошли в систему от имени администратора, – еще не гарантия того, что вы случайно не откроете приложение к электронному письму, содержащему вирус. Хуже того, полномочия администратора может получить хакер, который натворит такого...

Механизм обеспечения безопасности доступа из программы решает эту проблему, поскольку личность и полномочия пользователя не учитываются. Вместо этого исполняемому коду назначаются полномочия в соответствии с его «верительными грамотами», подделать которые сложнее, чем идентификационные данные пользователя. К ним, в частности, относятся источник происхождения кода и цифровые подписи.

Если теперь администратор попытается открыть неаутентифицированное приложение к письму, то в выполнении запроса будет отказано, несмотря на все полномочия администратора. Чтобы выполнить такое действие, пользователь должен изменить настройки системы безопасности. Механизм безопасности доступа из программы не препятствует этому, но все же не дает выполнить потенциально разрушительное действие по незнанию или по невнимательности.

Вы можете писать программы, не рассчитанные специально на систему безопасности .NET; собственно говоря, только этим мы и занимались на протяжении предшествующих 12 глав. Но тогда вы не сообщите среде исполнения никакой информации о своей программе, предоставив ей решать все самостоятельно, а это может привести к отказу в доступе к ресурсам по соображениям безопасности. Чтобы избежать этого, можно включить в код специальные атрибуты для явного запроса полномочий. Как это делается, рассказывается в следующих двух разделах.

Запрос полномочий у среды исполнения

В идеале не следовало бы отдавать среде исполнения право окончательного решения относительно того, какие полномочия должна иметь ваша программа. Поэтому вы можете заранее сказать, какие права понадобятся программе. Заметим, что это вовсе не значит, что программа получит запрошенные полномочия — правила контроля безопасности доступа из программы по-прежнему применяются, но это дает уверенность в том, что вашу программу нельзя будет использовать злонамеренно и что она будет работать в условиях жестких ограничений по безопасности.

Запросить полномочия можно тремя способами: запросить минимум, разрешенный средой исполнения; запросить дополнительные полномочия, не критичные для функционирования программы, и явно отказаться от полномочий, даже если среда исполнения готова их предоставить. Для всех трех способов применяется примерно один и тот же синтаксис:

```
<assembly: PermissionObject(SecurityAction.method, Flags :=
flags)>
```

Этот код следует поместить на уровне сборки. В листинге 13.6 приведен пример программы, запрашивающей полномочие FileIOPermission, которое разрешает приложению выполнять операции чтения и записи в файловую систему.

Листинг 13.6. Явный запрос полномочий

```
Imports System
Imports System.Security
Imports System.Security.Permissions
<assembly: FileIOPermission(SecurityAction.RequestMinimum,
    Unrestricted := True)>

Namespace MyNamespace
    Public Class MyHappySecureClass
Public Shared Sub Main()
            'Здесь осуществляется доступ к файловой системе.
        End Sub
    End Class
End Namespace
```

Этот код выглядит так же, как любой другой, рассмотренный ранее в этой книге, но с единственным отличием — атрибутом assembly, следующим за предложениями Imports. С его помощью запрашиваются минимальные полномочия, необходимые для файлового ввода/вывода, причем говорится, что нужен доступ без ограничений. Если требуются дополнительные полномочия для ввода/вывода, то четвертую строку следует заменить такой:

```
<assembly: FileIOPermission(SecurityAction.RequestOptional,
    Unrestricted := True)>
```

А если вы хотите, чтобы программа вообще не имела доступа к файловой системе, напишите следующее предложение:

```
<assembly: FileIOPermission(SecurityAction.RequestRefuse,
    Unrestricted := True)>
```

Когда такая программа компилируется, атрибут `assembly` помещается в опись сборки (то есть становится частью метаданных) и исследуется средой исполнения во время загрузки.

Вместо того, чтобы требовать отдельных полномочий, вы можете запросить сразу группу полномочий (permission set). Такие предопределенные группы объединяют полномочия, необходимые в различных ситуациях. Синтаксис запроса выглядит следующим образом:

```
<assembly: PermissionSetAttribute(SecurityAction.method, Name :=
"set_name")>
```

В табл. 13.2 перечислены все предопределенные группы полномочий.

Таблица 13.2. Предопределенные группы полномочий

Раздел	Описание
Execution	Разрешение на исполнение, но не на доступ к защищенному ресурсу
FullTrust	Полный доступ ко всем ресурсам
Internet	Разрешение использовать контент из неизвестного источника
LocalInternet	Разрешение использовать контент из неизвестного источника, находящегося внутри предприятия
Nothing	Никаких полномочий (не исполнять)
SkipVerification	Попытаться пропустить проверку полномочий

Запрос полномочий у пользователя

Помимо информирования среды исполнения о том, какие полномочия будут нужны программе во время работы, вы можете потребовать, чтобы определенные полномочия были и у пользователя, запустившего программу. Тот факт, что приложению было предоставлено полномочие `FileIOPermission` без ограничений, еще не означает, что вы хотите разрешить любому пользователю удалять произвольные файлы. Поэтому где-то в программе вы можете проверить наличие у пользователя тех или иных полномочий, а иначе – отказаться от выполнения.

Такой метод объявления требований к безопасности очень полезен в ситуации, когда вы не знаете, к каким ресурсам будет обращаться пользователь. Например, в случае с программой Microsoft Word первоначально вы получаете полномочия для доступа ко всей файловой системе и разрешаете пользователю открывать и записывать файлы. Но у пользователя не должно быть возможности испортить некоторые критически важные файлы (например, системные). Вот почему следует организовать дополнительную проверку безопасности в тех местах, где возможен несанкционированный доступ.

Этого можно достичь двумя способами: декларативным и императивным. Декларативная безопасность применяется только на уровне сборки, класса или члена. Это означает, что определенные полномочия должны наличествовать еще до того, как *начнется* выполнение. Директивы императивной безопасности можно поместить в любое место программы; они очень помогают, когда нужно обеспечить условное выполнение кода в зависимости от полученной в ходе предыдущего выполнения информации. Сначала рассмотрим синтаксис декларативной безопасности.

Синтаксически этот способ очень похож на запрос полномочий у среды исполнения. Поместите следующий код перед любым членом, который хотите защитить:

```
<MyPermission(SecurityAction.Demand, flag = flags)>
```

Вместо MyPermission подставьте подходящий объект полномочия и используйте аргумент SecurityAction.Demand, чтобы указать, каким должно быть это полномочие. В листинге 13.7 мы снова воспользуемся полномочием FileIO-Permission.

Листинг 13.7. Использование декларативной безопасности

```
<FileIOPermission(SecurityAction.Demand, Unrestricted = True)>
Public Class MyClass
    Public Sub New()
        'Конструктор защищен средствами декларативной безопасности.
    End Sub

    Public Sub MyMethod()
        'Этот метод защищен средствами декларативной безопасности.
    End Sub

    Public Sub MyMethod2()
        'Этот метод защищен средствами декларативной безопасности.
    End Sub
End Class
```

Поскольку декларативный атрибут помещен на уровень класса, то для доступа ко всем методам классов требуются заявленные полномочия. Можно было бы поместить этот атрибут на уровень сборки или на уровень метода, и тогда полномочия потребовались бы для исполнения всей сборки или только конкретного метода.

Императивная безопасность работает несколько иначе. Ей можно пользоваться лишь внутри вызова метода, при этом вы непосредственно манипулируете объектами полномочий. Пример приведен в листинге 13.8.

Листинг 13.8. Использование императивной безопасности

```
Public Class MyClass
    Public Sub MyMethod()
        'Этот метод защищен с помощью императивной безопасности.
        Dim objPerm as New FileIOPermission(Unrestricted)
```

```
    objPerm.Demand()
    'code
End Sub

    Public Sub MyMethod2()
        'Этот метод не защищен.
    End Sub
End Class
```

Здесь создается новый объект класса `FileIOPermission`, конструктору которого передается аргумент `Unrestricted`. Затем мы вызываем метод `Demand` этого объекта и тем самым говорим, что начиная с этой точки у пользователя должны быть указанные полномочия. Если таких полномочий нет, будет возбуждено исключение `Access denied` (Доступ запрещен).

Ролевая безопасность

Ролевая безопасность базируется на предоставлении полномочий пользователю в зависимости от исполняемой им роли. Например, на своем домашнем компьютере вы можете выступать в роли администратора, но на работе за вами закреплена только роль опытного пользователя (power user). Роли как таковой предоставлены определенные полномочия, поэтому различным людям, выступающим в этой роли, не нужно назначать полномочия по отдельности.

Ролевая безопасность на платформе .NET основана на двух ключевых концепциях: субъекта (identity) и принципала (principal). Они очень похожи, но имеются и важные различия. Субъект представляет конкретного пользователя и содержит такую информацию, как имя пользователя, пароль, вид проверки и т.д. Принципал — это приложение или код вместе со своими полномочиями. Таким образом, в механизме ролевой безопасности есть две проверки: одна связана с пользователем, а вторая — с исполняемым кодом. И та, и другая необходимы для обеспечения гарантии безопасности операционной системы.

.NET предоставляет по два встроенных варианта каждого из этих объектов: обобщенный (`GenericIdentity` и `GenericPrincipal`) и Windows-ориентированный (`WindowsIdentity` и `WindowsPrincipal`). Обобщенные варианты позволяют вам реализовать собственный алгоритм контроля безопасности после получения «верительных грамот» пользователя и кода. Windows-ориентированные объекты применяются в том случае, когда для раздачи полномочий вы готовы опереться на механизм аутентификации Windows. Какими бы объектами вы ни пользовались, синтаксис остается одинаковым. В листинге 13.9 приведено очень простое приложение, выполняющее контроль ролевой безопасности.

Листинг 13.9. Применение ролевой безопасности

```
Imports System
Imports System.Security.Permissions
Imports System.Security.Principal
Imports System.Threading
```

```
Public Class RoleCheck
    Public Shared Sub Main()
        Dim strUserName, strPassword as String

        Console.Write("Введите имя пользователя: ")
        strUserName = Console.Readline()

        Console.Write("Введите пароль: ")
        strPassword = Console.Readline()

        if strUserName = "JoeSmith" AND strPassword = "password"
Then
            Console.Writeline("Разрешение получено")
            Dim arrUserInfo As String() = {"Administrator", "User"}
            Dim objIdentity as New GenericIdentity("JoeSmith")
            Dim objPrincipal as New GenericPrincipal(objIdentity,
arrUserInfo)
            Thread.CurrentPrincipal = objPrincipal
        end if
    end sub
end class
```

Чтобы задействовать механизм ролевой безопасности, нужно выполнить еще несколько шагов в дополнение к уже известным. Прежде всего следует импортировать пространства имен System.Security.Permissions и System.Security.Principal.

Начальная часть программы вам уже знакома. Мы просто запрашиваем у пользователя имя и пароль. Затем в предложении If...Then...Else проверяется, ввел ли пользователь строки JoeSmith и password. После этого с помощью метода Console.Writeline на консоль выводится ответ. А вот дальше начинается самое интересное.

Сначала мы создаем новый объект класса GenericIdentity, представляющий субъекта с именем JoeSmith. Затем на основе этого объекта создается объект класса GenericPrincipal, которому передается массив ролевой информации (этот массив содержит имена ролей, в которых выступает данный субъект).

После создания субъекта и принципала необходимо сделать так, чтобы в дальнейшем программа выполнялась с требуемыми полномочиями. Для этого свойству CurrentPrincipal объекта Thread присваивается только что созданный объект-принципал. (Подробнее о потоках см. в главе 11 «Создание многопоточных приложений на языке Visual Basic.NET».)

В любое место программы можно было поместить такой фрагмент, в котором проверяются полномочия:

```
Sub MyProtectedMethod()
    Dim objPermission as New PrincipalPermission("JoeSmith",
"Administrator")
    objPermission.Demand()

    'Выполнить защищенные функции.
End Sub
```

Здесь создается новый объект полномочий для субъекта `JoeSmith` и роли `Administrator`. Затем мы вызываем метод `Demand` – так же, как в случае императивной безопасности. Если бы ранее в листинге 13.9 мы не ассоциировали роль `Administrator` с субъектом `JoeSmith`, то проверка не прошла бы. (Объект полномочий `PrincipalPermission` во второй строке аналогичен ранее встречавшемуся объекту `FileIOPermission`.)

Можно выполнить также проверку ролевой декларативной безопасности, для чего применяется следующий синтаксис:

```
<PrincipalPermissionAttribute(SecurityAction.Demand,
Name:="JoeSmith",
Role:="Administrator")>
```

Пользуясь объектами, представляющими принципала и субъекта, можно обеспечить наивысшую защиту приложения, не зависящую от конкретного пользователя.

Безопасность в ASP.NET-приложениях

Принципы обеспечения безопасности в ASP.NET очень похожи на те, что применяются в локальных VB.NET-приложениях: пользователь представляется конкретным субъектом и вручает «верительные грамоты», на основе которых получает определенные полномочия. Но вот методы защиты приложений в ASP.NET совершенно другие.

Для защиты приложения ASP.NET выполняет три шага. Цель первого шага – аутентификации – удостовериться, что пользователь действительно является тем, кем хочет себя представить. Идея та же, что и в VB.NET-приложениях. Цель второго шага – авторизации – определить, к каким ресурсам имеют доступ аутентифицированные пользователи. Опять ничего нового по сравнению с VB.NET. А вот третий шаг – имитирование (impersonation) – не имеет аналогов. Все три шага могут быть реализованы с помощью задания параметров в файле web.config.

Имитирование позволяет ASP.NET «притвориться» пользователем, от имени которого производится доступ к приложению, тем самым ограничив собственные возможности. Например, к типичному сайту разрешен доступ со стороны анонимных пользователей. Когда такой аноним исполняет ASP.NET-страницу, то действуют полномочия именно анонимного пользователя, а не самого ядра ASP.NET (которые гораздо обширнее). Это предотвращает попытки злоумышленников получить несанкционированный доступ к ресурсам, воспользовавшись брешами в ASP.NET-странице. Данный механизм аналогичен механизму безопасности доступа из программы.

Далее мы рассмотрим все три шага механизма обеспечения безопасности в ASP.NET и способы их программирования.

Аутентификация

Для реализации аутентификации нужна всего одна новая строка в файле web.config. Синтаксически это выглядит так:

```
<configuration>
    <system.web>
        <authentication mode="mode" />
    </system.web>
</configuration>
```

Существует три режима аутентификации. Первый – Windows – основан на методах аутентификации, принятых в IIS и в ОС Windows. Это общая методология защиты любого ASP.NET-приложения, и здесь мы ее рассматривать не будем. Подробно эта тема описывается в книге «Teach Yourself ASP.NET in 21 Days», выпущенный издательством SAMS.

Второй метод – аутентификация по паспорту (passport authentication). Для его функционирования необходим сервер Microsoft's Passport – центральное хранилище информации о пользователях. В этом случае пользователь может зайти на какой-то из подключенных к Passport-серверу сайтов, после чего будет опознаваться *любым* таким сайтом. Принцип работы напоминает аутентификацию методом Forms, о котором речь пойдет чуть позже. Чтобы воспользоваться аутентификацией по паспорту, нужно сначала зарегистрироваться в службе Passport (это платная услуга, поэтому мы не будем рассматривать такой метод более подробно). После этого пользователь, зашедший на ваш сайт, сначала перенаправляется на форму регистрации службы Microsoft's Passport, а уже потом на защищенную страницу. Подробности можно узнать на сайте www.passport.com.

Третий метод – аутентификация заполнением формы (метод Forms) – применяется очень часто. Возможно, вам приходилось встречать сайты, которые предлагают ввести имя пользователя и пароль, – это и есть аутентификация методом Forms. Чтобы воспользоваться этим методом, вставьте в файл web.config такие строки:

```
<configuration>
    <system.web>
        <authentication mode="Forms">
<forms name="name" loginUrl="url"/>
        </authentication>
    </system.web>
</configuration>
```

Если пользователь попытается зайти на ваш сайт, то сначала его отправят по адресу, заданному свойством loginUrl. На этой странице должна быть форма для ввода имени и пароля. Затем с помощью объекта FormsAuthentication можно проверить правильность указанных данных. В листинге 13.10 приведен пример ASP.NET-страницы, содержащей форму регистрации и код для контроля введенных данных.

Листинг 13.10. ASP.NET-страница для аутентификации методом заполнения формы

```
<%@ Page Language="VB"%>

<script runat="server">
    sub Login(obj as Object, e as EventArgs)
```

```
        if tbUserName.Text = "JoeSmith" and tbPassword.Text =
"password" then
        FormsAuthentication.SetAuthCookie(tbUsername.Text,
false)
        Response.Redirect("securepage.aspx")
      else
        lblMessage.Text = "<font color=red>Sorry, invalid
username or " & _
            "password!</font><p>"
      end if
    end sub
</script>

<html><body>
   Please enter your username and password.<p>
   <form runat="server">
     <asp:Label id="lblMessage" runat="server"/>
     Username:
     <asp:Textbox id="tbUserName" runat="server" /><br>
     Password:
     <asp:Textbox id="tbPassword" TextMode="password"
runat="server" /><p>
     <asp:Button id="Submit" runat="server" OnClick="Login"
Text="Submit"/>
   </form>
</body></html>
```

Строки между тегами `<form>` и `</form>` описывают форму с полями для ввода имени и пароля пользователя. При нажатии кнопки отправки (Submit), созданной в виде серверного элемента управления, форма отправляется себе же и исполняет метод `Login`.

В процедуре `Login` просто проверяются представленные «верительные грамоты», а именно: имя пользователя должно быть равно `JoeSmith`, а пароль – `password`. В следующей строке содержится единственный код, не встречавшийся ранее: вызывается метод `SetAuthCookie` объекта `FormsAuthentication`, который отправляет на компьютер клиента кук, удостоверяющий, что пользователь прошел аутентификацию и допущен к просмотру сайта. Первым параметром метода является имя, под которым пользователь будет известен приложению, а вторым – признак, говорящий о том, следует ли сохранять кук после того, как пользователь покинет сайт. Параметр `False` означает, что пользователь должен регистрироваться при каждом посещении сайта, а `True` – что регистрация необходима только при первом заходе, после чего будет использоваться ранее выданный кук. На последнем этапе мы переадресуем пользователя на защищенную страницу.

Если проверка завершается неудачно, выводится сообщение о том, что либо имя пользователя, либо пароль неверны. На рис. 13.7 показано, как выглядит страница в случае, когда введенные данные не соответствуют «зашитым» значениям.

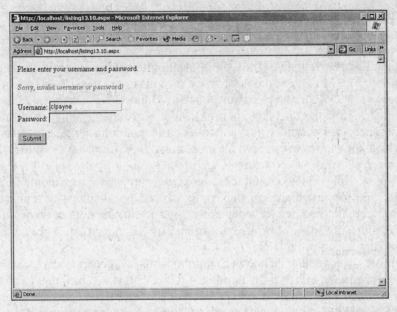

Рис. 13.7. Доступ закрыт из-за неверно введенных имени или пароля

Указать правильные имя и пароль пользователя можно также в файле web. config:

```
<configuration>
    <system.web>
        <authentication mode="Forms">
            <forms name=AuthCookie" loginUrl="login.aspx">
                <credentials passwordFormat="format">
                    <user name="clpayne" password="helloworld" />
                </credentials>
            </forms>
        </authentication>
    </system.web>
</configuration>
```

Атрибут `passwordFormat` показывает, следует ли шифровать пароль перед отправкой. Параметр `Clear` говорит о том, что пароль не шифруется вовсе, а значения `MD5` и `SHA1` задают один из двух хорошо известных методов шифрования.

В случае задания имени и пароля в файле web.config страницу регистрации придется слегка модифицировать. Вместо прямого сравнения с «зашитыми» строками вставьте в код такую строку:

```
if FormsAuthentication.Authenticate(tbUserName.Text,
tbPassword.Text) then
```

Метод `Authenticate` сравнивает введенные имя и пароль с хранящимися в файле web.config.

Авторизация

Напомним, что авторизацией называется процесс выяснения того, имеет ли *уже аутентифицированный* пользователь полномочия, необходимые для доступа к ресурсам. Как и аутентификация, авторизация может быть реализована различными способами. Можно воспользоваться авторизацией на базе файловой системы, в основе которой лежит реализованный в Windows NT механизм ACL (Access Control List – список контроля доступа). ACL – это поддерживаемый операционной системой для каждого пользователя список полномочий, показывающий, к каким файлам у него есть доступ и какого вида. В ACL можно включить каждый файл и каждую папку на компьютере, что придает данному механизму очень высокую гибкость. Подробнее об ACL см. в документации по операционной системе.

С другой стороны, в файле web.config можно реализовать авторизацию по URL. Этот метод опирается на иерархическую организацию множественных файлов web.config и позволяет открывать или закрывать доступ к файлам и папкам на основе пути, указанного в URL.

Например, в корневом файле web.config можно разрешить доступ ко *всем* файлам в Web-каталоге, включая подкаталоги. Но в файлах web.config, расположенных в некоторых подкаталогах, это разрешение можно отменить.

Чтобы разрешить доступ, поместите следующий раздел внутри раздела `<system.web>` в файле web.config:

```
<authorization>
    <allow users="comma-separated list of users"
           roles="comma-separated list of roles" />
    <deny users="comma-separated list of users"
           roles="comma-separated list of roles" />
</authorization>
```

Достаточно всего лишь поместить список имен или ролей, которым вы хотите разрешить либо запретить доступ, соответственно в элемент `allow` или `deny`.

Можно также пользоваться специальными метасимволами для того, чтобы разрешить или запретить доступ большим группам пользователей. Символ ? представляет всех анонимных пользователей, а символ * – вообще всех пользователей. По умолчанию предполагается, что доступ разрешен всем пользователям:

```
<authorization>
    <allow users="*" />
</authorization>
```

Имитирование

Идея имитирования наиболее трудна для восприятия. Выше уже говорилось, что это способ, посредством которого ASP.NET может выполнять код от имени указанного пользователя.

По умолчанию имитирование отключено. Когда пользователь переходит от аутентификации методами самого IIS к ASP.NET-приложению, ASP.NET имитирует того пользователя, в контексте безопасности которого работает сам IIS (по умолчанию это учетная запись System). Обычно у такого пользователя достаточно полномочий для доступа к любому файлу и каталогу. Поэтому для управления доступом приходится применять другие механизмы, например авторизацию по URL.

Если же имитирование включено, то ASP.NET начинает действовать от имени субъекта, которого ей указывает IIS. Если посетитель не аутентифицирован, то ASP.NET имитирует анонимного пользователя, в противном случае – того субъекта, который выявлен в результате аутентификации. Теперь, когда ASP.NET имитирует конкретного пользователя, Windows может ограничить приложение только теми правами, которые содержатся в ACL этого пользователя.

Приложение ASP.NET потребляет системные ресурсы, обращаясь к файлам и каталогам, памяти и т.д. По умолчанию у ASP.NET-приложения довольно широкие полномочия, так что ему доступно все, чем располагает система. Эти ресурсы необходимы ASP.NET для нормальной работы. Однако в зависимости от того, кто пользуется ASP.NET-приложением, может возникнуть необходимость ограничить доступ к определенным ресурсам. Например, анонимному пользователю не следует разрешать полный доступ ко всем системным ресурсам. Поэтому для ограничения доступа ASP.NET-приложение может имитировать другого пользователя.

Чтобы включить имитирование, нужно добавить всего одну строку в раздел `<system.web>` файла web.config:

```
<identity impersonate="true" username="user" password="pw" />
```

Атрибуты `username` и `password` необязательны, они позволяют ASP.NET имитировать конкретного субъекта, а не того, которого передает IIS.

Подробнее о вопросах безопасности в ASP.NET см. в книге «Teach Yourself ASP.NET in 21 Days», выпущенной издательством SAMS.

Резюме

Прочитав эту главу, вы узнали о том, как развертывать и конфигурировать приложения, и познакомились с основами безопасности.

Для развертывания приложения достаточно просто скопировать файлы на целевой компьютер с помощью программы XCOPY или по протоколу FTP. Но есть и специальные инструменты, которые упрощают и ускоряют даже такой несложный процесс. К их числу относятся инсталлятор Windows Installer и CAB-файлы. Любой из них можно применить для объединения компонентов в пакет и доставки на целевой компьютер, после чего даже совсем неопытный пользователь сумеет установить приложение. Кроме того, выполнять приложения и распространять CAB-файлы можно с помощью Internet Explorer.

Конфигурационные параметры отражены в config-файлах. Это не более чем текстовые файлы в формате XML, в которых может храниться произвольная настроечная информация. В качестве центрального хранилища параметров используется раздел `appSettings`, к которому открыт доступ. Для считывания конфигурационных параметров из программы применяются методы `ConfigurationSettings.AppSettings` или `GetConfig`.

Конфигурирование ASP.NET-приложения выполняется с помощью файла web.config. Это тоже файл в формате XML. Все настройки ASP.NET находятся в разделе `<system.web>`. В табл. 13.1 приведены все имеющиеся в вашем распоряжении виды настроек.

Безопасность – одна из важнейших концепций .NET; она интегрирована во все части каркаса с помощью различных механизмов. Безопасность доступа из программы нужна для проверки того, следует ли вообще выполнять подозрительный код. Это не дает даже доверенным пользователям специально или случайно выполнить разрушительный код. Ролевая безопасность аналогична безопасности доступа из программы, но предназначена для пользователей, а не для кода. Этот механизм предотвращает доступ к защищенным ресурсам со стороны неавторизованных пользователей.

И безопасность доступа из программы, и ролевая безопасность могут быть реализованы декларативно или императивно. Декларативный метод используется для того, чтобы запросить или, напротив, закрыть доступ для целого фрагмента приложения, например для сборки или класса. Императивный метод применяется, когда вы не знаете, захочет ли пользователь обратиться к защищенным ресурсам, но точно известно, что ему нужен доступ к некоторым незащищенным ресурсам.

И наконец, в ASP.NET реализован составной механизм безопасности: аутентификация, авторизация и имитирование. Все настройки легко конфигурируются с помощью файла web.config в разделах `<authentication>`, `<authorization>` и `<identity>`.

Глава 14. Совместная работа .NET и COM

Многие компании, применяющие средства разработки компании Microsoft, инвестировали большие средства в существующие системы, особенно в COM-компоненты, инкапсулирующие бизнес-логику. Эти компоненты используются в приложениях для Windows и для Web и зачастую составляют основу работы программ и обеспечивают повторное использование правил.

Каркас .NET Framework предлагает много преимуществ, но было бы ошибкой полагать, что все компании немедленно приступят к переводу своих компонентов бизнес-логики на новую платформу. Чтобы решить эту проблему, а также позволить вызывать сборку .NET из программы, основанной на COM, в Microsoft разработали библиотеку совместимости, с помощью которой можно обращаться к COM из .NET-приложений и наоборот.

Благодаря этой библиотеке COM вообще не знает, что вызывает .NET, а .NET легко может вызывать COM-компоненты. Кроме того, из программ, написанных для .NET, можно делать вызовы Windows API.

Вы уже поняли, что исполнение программ на платформе .NET происходит под управлением каркаса .NET Framework, и такой код называется *контролируемым*. Код, который исполняется вне каркаса, называется *неконтролируемым* (unmanaged). Языки VB.NET и C# специально созданы для генерации контролируемого кода. На языке C++ можно писать как контролируемый, так и неконтролируемый код. Предыдущие версии VB создают исключительно неконтролируемый код, поскольку он вообще не пользуется каркасом .NET Framework.

Использование COM-компонентов из программ для .NET

Возможно, самым типичным использованием библиотеки совместимости будет вызов COM-компонентов из программ, написанных для платформы .NET. Это и неудивительно, так как многие компании потратили значительные деньги и время на инкапсуляцию своих бизнес-правил в COM-компоненты.

COM-компоненты обладают определенными преимуществами, которые дает каркас .NET Framework. Точнее, COM-компоненты инвариантны на двоичном уровне, поэтому клиент, написанный на VB или на VBScript, может вызывать компонент, созданный на C++. И наоборот, компонент, написанный на VB, можно вызывать из программы на C++. Более того, создавать COM-компоненты и их клиентов можно не только с помощью программных инструментов, предлагаемых Microsoft, но и, например, таких, как Delphi или PowerBuilder.

Двоичная инвариантность COM-компонентов достигается за счет того, что любой компонент раскрывает некий стандартный набор интерфейсов, в том числе `IUnknown` и `IDispatch`. Поскольку у всех компонентов есть определенные интерфейсы, то любой клиент может вызывать любой компонент в независимости от того, на каком языке написаны тот и другой.

С другой стороны, на платформе .NET для предоставления необходимой информации о том, как можно вызывать и использовать сборку, служит опись сборки. У COM-компонента описи нет, поэтому .NET дает возможность создать опись на основе библиотеки типов.

Создание метаданных .NET для COM-компонента

.NET предлагает три основных способа генерации метаданных для COM-компонента, а именно:

- □ автоматическое конвертирование в Visual Studio .NET;
- □ утилита импорта библиотеки типов (Type Library Importer – tlbimp.exe);
- □ класс `TypeLibConverter` для генерации метаданных в памяти во время исполнения.

На самом деле есть и четвертый способ – создать метаданные с нуля. Но в этой главе он не рассматривается.

Пример создания COM-компонента

Прежде чем перейти к описанию процесса генерирования метаданных для существующего COM-компонента, нам необходим сам компонент. Мы создадим очень простой компонент, поскольку моя цель сейчас заключается не в том, чтобы научить вас создавать COM-компоненты на VB. Поэтому у компонента будет всего одно поле, одно свойство и один метод.

Запустите Visual Basic 6.0 (да-да, именно старую версию Visual Basic). Начните новый проект вида ActiveX DLL. Назовите проект Interop, а модуль класса – Employee. В модуль класса вставьте такой код:

```
Public Name As String
Dim mdDOB As Date

Public Property Get DateOfBirth() As Date
    DateOfBirth = mdDOB
End Property

Public Property Let DateOfBirth(pdDOB As Date)
    mdDOB = pdDOB
End Property

Public Function GetEmployee(piEmpID As Integer) As String
    Dim sEmpInfo As String

    'Имитация поиска в базе данных.
    sEmpInfo = "Employee Name: " & Name & _
        "; Employee Date of Birth: " & mdDOB
    GetEmployee = sEmpInfo
End Function
```

Здесь создается компонент с двумя свойствами, хотя одно из них называется полем, поскольку реализовано с помощью открытой переменной, а не пары `Public Property Get/Let`. Поле называется `Name` и может принимать или возвращать строку. Само свойство называется `DateOfBirth` и имеет тип `Date`. Единственный метод принимает один параметр, интерпретируемый как идентификатор работника. Если бы это была реальная программа, то пришлось бы искать запись о работнике в базе данных и вернуть хранящуюся в ней информацию. Но чтобы не усложнять пример, мы просто возвращаем строку, содержащую имя и дату рождения работника.

Выберите из меню **File** пункт **Make Interop.dll**. Поместите DLL в какой-нибудь каталог, о котором вы не забудете.

Теперь у нас есть компонент, который мы собираемся вызывать из .NET-приложения. Вопрос в том, как заставить .NET распознать этот компонент.

Автоматическое создание метаданных в Visual Studio.NET

В первом примере весь процесс генерации метаданных будет осуществляться в VS.NET. Откройте Visual Studio.NET и создайте новый проект вида Windows Application на языке VB.NET. Назовите проект ComInterop. Когда он откроется, щелкните правой клавишей по узлу **References** в окне **Solution Explorer** и выберите из меню пункт **Add Reference**. В результате появится диалоговое окно **Add Reference** (Добавить ссылку).

Перейдите на вкладку **COM** в этом окне. Как и в VB6, VS.NET просканирует реестр, отыскивая в нем все зарегистрированные COM-компоненты. Когда список заполнится, перейдите в его конец и найдите там только что откомпилированный компонент `Interop`. Выделите его и нажмите кнопку **Select**, чтобы добавить компонент в проект. Диалоговое окно при этом должно выглядеть, как показано на рис. 14.1.

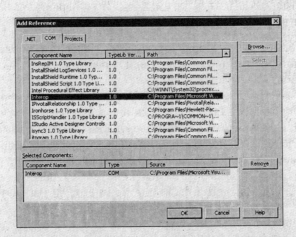

*Рис. 14.1. В диалоговом окне **Add Reference** можно просмотреть все зарегистрированные на локальной машине компоненты и использовать их в проекте для .NET*

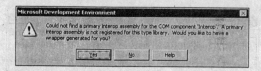

*Рис. 14.2. Сообщение информирует о том, что главной сборки
для COM-компонента не существует, и предлагает создать обертку*

Помня о предыдущем опыте, вы, наверное, полагаете, что почти все уже сделано. Нажимаете кнопку **OK**, и перед вами появляется новое окно сообщения, показанное на рис. 14.2. Система информирует о том, что главной сборки для COM-компонента Interop не существует, и спрашивает, не надо ли сгенерировать обертку. Ответьте утвердительно (Yes).

Термин *обертка* (wrapper), возможно, вам незнаком. .NET предоставляет COM-компоненты клиентам, написанным для .NET, применяя заместитель, который называется *оберткой, вызываемой средой исполнения* (runtime callable wrapper – RCW). Напомним, что заместитель объекта в терминологии внепроцессных COM-компонентов – это нечто, что клиент воспринимает как сам объект, тогда как в действительности он перехватывает адресованные настоящему объекту вызовы и взаимодействует с объектом, расположенным в адресном пространстве другого процесса. RCW тоже выглядит для клиента как стандартный .NET-объект, но на самом деле перехватывает вызовы клиента и переадресует их COM-компоненту.

При этом, как и в случае заместителей COM-объектов, все сложности работы RCW от вас скрыты.

Теперь обратимся к окну **Solution Explorer**. Если узел **References** еще не раскрыт, сделайте этой сейчас. Вы увидите, что под ним появился узел **Interop** наряду с прочими пространствами имен System. Если щелкнуть по узлу **Interop** и посмотреть его свойства, обнаружится, что он ссылается на библиотеку с именем Interop.Interop_1_0.dll.

Именно эту DLL вызывает .NET-приложение. Для вашего приложения она представляется стандартной сборкой и в действительности таковой *является*. Тот факт, что она выполняет функцию обертки и переадресует все вызовы COM-компоненту, для клиента не имеет значения.

Если вы хотите убедиться, что эта DLL – действительно стандартная сборка .NET, запустите программу ILDasm.exe для просмотра ее содержимого. ILDasm – сокращение от IL Disassembler (дизассемблер промежуточного языка). Эта утилита показывает метаданные сборки. В версии Beta2 программа ILDasm не включена ни в одну из групп меню **Start** (Пуск), поэтому вам придется найти ее самостоятельно. После запуска программы выберите из меню **File** пункт **Open** и перейдите в каталог ComInterop\bin, где находится файл Interop.Interop_1_0.dll. Откройте эту DLL и узел **Employee**.

На рис. 14.3 видно, что у класса есть два свойства и один метод. Но еще есть три ссылки на пространство имен System.Runtime.InteropServices. В этом пространстве имен содержатся классы, предназначенные для доступа к COM-компонентам и низкоуровневому API. Таким образом, мы видим, что это настоящая сборка .NET, но работает она как заместитель COM-компонента.

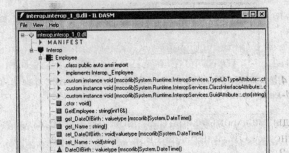

Рис. 14.3. ILDasm показывает структуру сборки, которая позволяет .NET-приложению вызывать COM-компонент

Теперь, когда у нас есть обертка, способная вызывать COM-компонент и возвращать значения, можно протестировать приложение. Поместите в форму кнопку и введите следующий код:

```
Private Sub Button1_Click(ByVal sender As System.Object, _
  ByVal e As System.EventArgs) Handles Button1.Click
    Dim Emp As New Interop.Employee()
    Emp.Name = "Torrey Spinoza"
    Emp.DateOfBirth = "12/10/91"
    MsgBox(Emp.GetEmployee(1))
End Sub
```

В этом фрагменте создается объект, для которого устанавливаются имя и дата рождения, а затем вызывается метод GetEmployee. Этот метод имитирует поиск в базе данных, поэтому в качестве аргумента необходимо передать идентификатор, значение которого, впрочем, игнорируется. Возвращенная методом строка выводится в окне сообщения.

Запустите проект и убедитесь, что все работает как надо. Примите поздравления! Вы только что вызвали COM-компонент из приложения, написанного для платформы .NET.

Создание метаданных с помощью импорта библиотеки типов

Другой способ сгенерировать метаданные – воспользоваться программой импорта библиотеки типов Tlbimp.exe. Это консольное приложение получает на входе библиотеку типов и создает сборку-обертку, которую можно вызывать из .NET-приложения.

В VB6 библиотека типов по умолчанию встраивается непосредственно в компонент, а не создается в виде отдельного файла. Библиотека типов выполняет задачу оглавления для компонента: она содержит список всех классов вместе со всеми свойствами, методами и событиями. Там же хранится информация обо всех параметрах методов и, в частности, об их типах данных. Внутри компонента может быть несколько классов, и у каждого из них по несколько интерфейсов, но библиотека типов у компонента только одна, сколько бы классов он ни содержал.

Если библиотека типов встроена в COM-компонент, то на вход Tlbimp.exe подается сама DLL, в которой находится компонент. Если бы библиотека типов была представлена в виде отдельного .tlb-файла, то этот файл надо было подать на вход Tlbimp.exe.

Примечание   *В VB6 для создания отдельного tbl-файла выберите из меню Project пункт <имя проекта> Properties и на вкладке Component включите флажок Remote Server Files.*

Найдите файл Tlbimp.exe (обычно он находится в каталоге `\Program Files\Microsoft.NET\FrameworkSDK\Bin`). Убедитесь, что путь к программе указан в переменной окружения PATH, или будьте готовы ввести его вручную.

Откройте консоль и перейдите в каталог, содержащий COM-компонент, то есть в каталог созданного ранее VB6-проекта. Находясь там, введите такую команду:

```
Tlbimp Interop.dll /out:InteropNet.dll
```

Здесь в качестве первого аргумента указано имя COM DLL, а в качестве второго – имя выходного файла InteropNet.dll. Если второй аргумент опустить, то программа попытается сгенерировать файл сборки с тем же именем, что у COM DLL. Поскольку вы не хотите затереть исходный компонент (не забудьте, что вам предстоит его вызывать), нужно указать другое имя.

Созданный файл InteropNet.dll можно просмотреть с помощью дизассемблера ILDasm.exe, как мы раньше поступили со сборкой Interop.Interop_1_0.dll.

Вернитесь в Visual Studio.NET. Создайте новый проект вида Windows Application и назовите его ComInterop2. Щелкните правой клавишей по узлу **References**, но на этот раз останьтесь на вкладке **.NET** в окне свойств. В списке вы не увидите только что созданной сборки InteropNet. Это не должно вызывать удивления, так как сборки не регистрируются в реестре, вот почему .NET не может автоматически определить новые сборки. Нажмите кнопку **Browse** и перейдите в каталог, где находится новая сборка InteropNet.dll. Выберите этот файл и нажмите кнопку **Open**. Файл InteropNet.dll будет добавлен в список в окне **Add Reference**, после чего можете нажать кнопку **OK**.

Теперь сборка появилась под узлом **References** в окне **Solution Explorer**. Вернитесь в форму, поместите в нее новую кнопку и добавьте такой код:

```
Private Sub Button1_Click(ByVal sender As System.Object, _
   ByVal e As System.EventArgs) Handles Button1.Click
   Dim Emp As New InteropNet.Employee()
   Emp.Name = "Hailey Spinoza"
   Emp.DateOfBirth = "4/8/1995"
   MsgBox(Emp.GetEmployee(1))
End Sub
```

Запустите приложение и убедитесь, что оно работает как надо.

Прежде чем двигаться дальше, ответьте на один вопрос: «Где находится файл InteropNet.dll, который вы только что выполнили?» Вовсе не там, где вы его первоначально создали, а в каталоге `ComInterop2\bin`. Убедиться в этом можно, заглянув в окно **Output**, где вы обнаружите такую (или похожую) строку:

```
"ComInterop2.exe": Loaded "c:\documents and
settings\administrator\
my documents\visual studio
projects\cominterop2\bin\interopnet.dll',
No symbols loaded.
```

```
"ComInterop2.exe": Загружен "c:\documents and
settings\administrator\
my documents\visual studio
projects\cominterop2\bin\interopnet.dll',
Символы не загружены.
```

Обратите внимание, что DLL загружается из каталога `ComInterop2\bin`. Если вы вернетесь в окно **Solution Explorer**, щелкнете по узлу **InteropNet** под узлом **References** и заглянете в окно свойств, то увидите, что свойство `Copy Local` равно `True`. Это означает, что во время построения приложения система должна скопировать DLL в локальный каталог приложения.

Класс TypeLibConverter

Третий способ создать сборку из библиотеки типов COM-компонента – воспользоваться классом `TypeLibConverter`. Он позволяет сгенерировать динамическую сборку, находящуюся только в памяти, которую, впрочем, при желании можно сохранить на диске.

Класс `TypeLibConverter` находится в пространстве имен `System.Runtime.InteropServices` и имеет метод `ConvertTypeLibToAssembly`, который получает на входе библиотеку типов и сразу преобразует ее в сборку. На новую сборку можно ссылаться и вызывать ее так же, как в двух рассмотренных выше случаях.

Использование компонентов .NET в приложениях, написанных для COM

Как вы только что видели, использовать COM-компоненты в .NET-приложении совсем не сложно. А теперь рассмотрим задачу, состоящую в том, чтобы вызвать .NET-компонент из COM-приложения.

Подготовка .NET-компонента для COM-клиентов

Первым делом надо создать тестовый .NET-компонент, к которому мы будем обращаться из COM-клиента. Начните новый проект вида Class Library и назовите его NetInterop. В файле Class1.vb измените имя класса на `EmpNet` и введите приведенный ниже код, обеспечивающий те же функциональные возможности, что и ранее рассмотренный COM-компонент.

```
Public Class EmpNet
    Public Name As String
    Dim mdDOB As Date
    Public Property DateOfBirth() As Date
        Get
```

```
        DateOfBirth = mdDOB
    End Get
    Set(ByVal Value As Date)
        mdDOB = Value
    End Set
End Property

Public Function GetEmployee(ByVal piID) As String
    Dim sEmpInfo As String
    sEmpInfo = "Employee Name: " & Name & _
        "; Employee Date of Birth: " & mdDOB
    GetEmployee = sEmpInfo
End Function
End Class
```

Этот код работает так же, как предыдущий пример, оформленный в виде COM-компонента. Имеется поле `Name`, свойство `DateOfBirth` и метод `GetEmployee`, который принимает единственный параметр и возвращает строку.

Теперь необходимо построить сборку, так что выберите пункт **Build** из одноименного меню. Но, начиная с этого момента, многое будет не так, как раньше.

Вы откомпилировали .NET-компонент (или сборку), и теперь он находится в каталоге bin проекта. Его можно там оставить, но мы все же переместим или скопируем его в другое место по причинам, которые станут ясны чуть позже.

Следующий шаг можно было бы выполнить разными способами, но проще всего создать новый каталог, например C:\Interop. Скопируйте (или переместите) файл NetInterop.dll в этот каталог. Теперь .NET-сборка находится в отдельном каталоге.

Чтобы воспользоваться этой сборкой из COM-клиента, нужно зарегистрировать компонент в реестре. Возможно, у вас возникло желание обратить проделанную ранее процедуру. Если программа Tlbimp.exe считывает библиотеку типов и создает на ее основе сборку .NET, то, наверное, существует программа Tlbexp.exe, которая получает на входе сборку .NET и по ней генерирует библиотеку типов.

Увы, библиотека типов, создаваемая утилитой Tlbexp.exe, не регистрируется, поэтому VB6 не сможет автоматически ее найти. Более того, .tlb-файл, создаваемый этой утилитой, нельзя зарегистрировать даже программой Regsvr32.exe, известной многим разработчикам на VB.

Использование утилиты regasm.exe

Решение состоит в том, чтобы использовать утилиту Regasm.exe. Она считывает сборку и помещает в реестр информацию, необходимую для того, чтобы COM-клиенты могли вызвать эту сборку.

Но сначала требуется найти файл Regasm.exe на диске и либо скопировать его в каталог, указанный в переменной окружения PATH, либо быть готовым ввести полный путь к файлу.

Теперь откройте консоль и перейдите в каталог, куда вы поместили сборку .NET, то есть в каталог C:\Interop. Наберите следующую команду:

```
regasm /tlb:NetInterop.tlb NetInterop.dll
```

Вы увидите следующие сообщения:

```
Types registered successfully
Assembly exported to "C:\Interop\NetInterop.tlb", and the type
library was registered successfully
```

```
Типы успешно зарегистрированы
Сборка экспортирована в файл "C:\Interop\NetInterop.tlb",
и библиотека типов успешно зарегистрирована
```

Выполнено два разных шага, и их можно было разделить. Уже упоминавшаяся выше утилита Tlbexp.exe смогла бы создать библиотеку типов, но не сумела бы зарегистрировать ее. Программа Regasm.exe с ключом /tlb и генерирует библиотеку типов, и регистрирует ее. Кроме того, Regasm.exe регистрирует в реестре типы данных сборки. Так что причины, по которым вы захотели бы запускать две команды вместо одной, отсутствуют.

Создание COM-клиента

Следующий шаг – создание клиента, который будет использовать COM-компонент. Запустите VB6 и создайте новый проект вида Standard EXE. Когда он откроется, выберите из меню **Project** пункт **References**. В конце списка в диалоговом окне **References** вы обнаружите библиотеку типов NetInterop, установите флажок слева от нее. Как видно из рис. 14.4, ссылка указывает на файл библиотеки типов, находящийся в каталоге C:\Interop. Нажмите кнопку **OK**.

Поместите в форму кнопку и добавьте в проект следующий код (пусть вас пока не беспокоит то, что не все работает правильно):

```
Private Sub Command1_Click()
    Dim Employee As EmpNet
    Set Employee = New EmpNet
    Employee.Name = "Jane Doe"
    Employee.DateOfBirth = "4/1/91"
    MsgBox Employee.GetEmployee(1)
End Sub
```

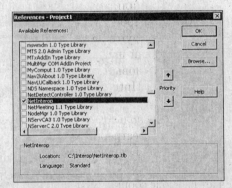

*Рис. 14.4. Сборка .NET, зарегистрированная утилитой Regasm.exe, видна в диалоговом окне **References***

Первое, на что обращается внимание, – это полное отсутствие всяких признаков работы механизма IntelliSense во время набора текста. Набрав точку после имени объекта Employee, вы не получили, как ожидали, список имеющихся свойств и методов. Это побочный эффект взаимодействия .NET с COM-клиентами. Вам придется научиться вводить текст без помощи IntelliSense.

Закончив ввод кода, вы, наверное, захотите щелкнуть по пиктограмме **Start** в VB6 и протестировать приложение. Но, поддавшись этому искушению, вы получите сообщение об ошибке, изображенное на рис. 14.5.

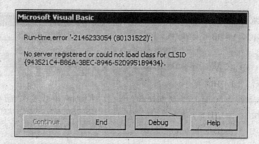

Рис. 14.5. Результат запуска COM-клиента. Интегрированная
среда не может найти вызываемую сборку

У вас, безусловно, возник вопрос, что происходит. Мало того, что у вас отняли IntelliSense, так еще и клиент не работает в IDE. На самом деле у этой неприятности есть серьезные причины.

.NET работает не так, как COM. Обычно .NET предполагает, что сборка находится либо в текущем каталоге, либо в глобальном кэше сборок (GAC). О глобальном кэше рассказывалось в главе 4 «Построение классов и сборок в VB.NET». Если бы вы поместили в него сборку, то сумели бы запустить клиента из интегрированной среды разработки.

Но поскольку сборки в GAC нет, то .NET пытается найти ее в текущем каталоге. Таковым для интегрированной среды является каталог, содержащий программу VB6.EXE, то есть по умолчанию `C:\Program Files\Microsoft Visual Studio\VB98`. Очевидно, что там сборки тоже нет, так что попытка загрузить ее заканчивается неудачей.

Один из вариантов – поместить сборку в тот же каталог, где находится файл VB6.exe, и запустить там утилиту Regasm. Однако проблему можно решить иначе – откомпилировать COM-приложение в том каталоге, где находится сборка, то есть в `C:\Interop`. Выберите из меню **File** пункт **Make Project1.exe**, предварительно открыв каталог, в котором находится сборка .NET.

Теперь, находясь в каталоге `C:\Interop`, запустите файл Project1.exe. Программа нормально отработает и выведет результат в окне сообщения, показанном на рис. 14.6. Примите поздравления! Вы научились вызывать сборку .NET из COM-приложения.

Замечание о регистрации

Необходимо подчеркнуть одно различие между регистрацией COM-компонентов и сборок .NET. Платформа .NET позволяет хранить копии сборки в разных местах. По умолчанию приложения .NET пользуются сборками, находящимися в текущем каталоге, то есть локальными копиями (рис. 14.6).

Здесь кроется фундаментальное различие между технологиями .NET и COM. Вы, конечно, можете хранить на диске несколько копий COM-компонента, но приложения будут использовать только ту (единственную), которая зарегистрирована. По умолчанию программа узнает о физическом местонахождении компонентов из реестра. COM автоматически создает экземпляр компонента либо в адресном пространстве приложения, либо в другом процессе и возвращает указатель на этот экземпляр.

Когда вы создаете COM-клиента, вызывающего сборку .NET, поиск сборки осуществляет .NET. Следовательно, клиент и компонент должны находиться в одном каталоге, либо компонент должен быть по-

Рис. 14.6. COM-приложение может вызывать сборки .NET, если они находятся в одном и том же каталоге

мещен в GAC. Именно по этой причине не удастся запустить клиентское приложение из IDE, если только предварительно не поместить сборку в один каталог с программой VB6.EXE и не зарегистрировать ее оттуда.

Функции Windows API

Одна из основных особенностей .NET – это платформенная независимость. Однако Windows API располагает столь большим количеством полезных функций, что многие программисты, несомненно, захотят время от времени к ним обращаться. К счастью, в языке VB.NET есть предложение Declare, которое позволяет вызывать функции API.

Предложение Declare в VB.NET очень похоже на аналогичную конструкцию в VB6, но есть несколько небольших отличий. Возможно, вы помните, что существуют версии ANSI и Unicode некоторых функций API; суффикс «A» означает ANSI, а суффикс «W» – Unicode. Рассмотрим пример предложения Declare:

```
Declare Function GetComputerName Lib "kernel32.dll" _
    Alias "GetComputerNameA" (ByVal lpBuffer As String, _
    ByRef nSize As Long) As Long
```

Здесь предложение Declare используется для объявления функции, указывающей на ANSI-версию функции GetComputerName. По умолчанию Declare предполагает именно ANSI-версию, так что модификатор не нужен. А вот если вы захотите вызвать Unicode-версию, придется добавить к Declare модификатор, заставляющий передавать строки в формате Unicode:

```
Declare Unicode Function GetComputerName Lib "kernel32.dll" _
    Alias "GetComputerNameW" (ByVal lpBuffer As String, _
    ByRef nSize As Long) As Long
```

Для большинства приложений VB.NET выбор между ANSI и Unicode не имеет значения.

Вызов функции Windows API

Для вызова функции Windows API нужно сначала объявить ее с помощью предложения Declare, а затем обращаться, как к любой другой функции. Создайте новое приложение Windows и назовите его ApiTest. Добавьте в форму кнопку и введите такой код (сгенерированная дизайнером форм секция, разумеется, скрыта).

```
Public Class Form1
    Inherits System.Windows.Forms.Form
    Declare Function GetComputerName Lib "kernel32.dll" _
```

```
        Alias "GetComputerNameA" (ByVal lpBuffer As String, _
        ByRef nSize As Long) As Long
    #Region " Windows Form Designer generated code "
        Private Sub Button1_Click(ByVal sender As System.Object, _
        ByVal e As System.EventArgs) Handles Button1.Click
            Dim sMachineName As String = Space(50)
            Dim lLength As Long = 50
            Dim lRetVal As Long

            lRetVal = GetComputerName(sMachineName, lLength)

            MsgBox("Имя компьютера: " & sMachineName)
        End Sub
    End Class
```

Здесь мы пользуемся функцией Windows API для получения имени локального компьютера. Мы объявляем псевдоним GetComputerName, который ссылается на функцию GetComputerNameA, находящуюся в библиотеке kernel32.dll.

В процедуре обработки события щелчка по кнопке объявляется строковая переменная, в которую записывается 50 пробелов. Если у вас есть опыт работы с функциями API, то вы знаете, что часто необходимо передавать достаточно длинную заранее инициализированную строку для получения в ней результата. Несмотря на то что параметр lpBuffer описан как передаваемый по значению (с ключевым словом ByVal), возвращаемое значение все-таки помещается в строку. Параметр nSize передается по ссылке (ByRef), и в нем возвращается размер строки.

Запустив эту программу, вы увидите окно с именем компьютера, на котором была выполнена программа. Примите поздравления! Вам только что удалось вызвать функцию Windows API из приложения .NET.

Резюме

Наверняка некоторые программисты поспешат заявить, что технология COM исчерпала себя. Возможно, компания Microsoft действительно отходит от COM, но, принимая во внимание, что во многих фирмах на рабочих компьютерах по-прежнему установлена ОС Windows 95, COM еще долго никуда не денется. Поэтому в компании Microsoft было разработано несколько способов интеграции COM и .NET.

Во-первых, .NET может вызывать COM-компоненты. Причем для разработчика на платформе .NET этот механизм выглядит очень просто. VS.NET автоматически создает сборку, выступающую в качестве обертки для COM-компонента, а при желании программист может сделать это сам посредством утилиты Tlbimp.exe.

Во-вторых, .NET позволяет вызывать сборку из COM-компонента. С помощью утилиты Regasm.exe можно по описи сборки сгенерировать библиотеку типов и зарегистрить ее в реестре. Если COM-приложение и сборка .NET находятся в одном каталоге или сборка помещена в глобальный кэш, то COM-приложение сможет найти и вызвать ее.

И наконец, VB.NET позволяет вызывать функции API операционной системы, пользуясь предложением Declare. Это означает, что в ваше распоряжение предоставлены все возможности ОС.

Приложение. Написание кода, сопрягаемого с программами на других языках

На платформе .NET можно создавать компоненты на одном языке, а вызывать их из программ, написанных на других языках. Ничего революционно нового здесь нет, так как технология COM уже позволяла писать компоненты на VB и вызывать их из программы на C++ или наоборот. Однако .NET позволяет, к примеру, создать на языке C# класс, наследующий классу, написанному на VB.NET, или написать на VB.NET класс, наследующий классу, написанному на COBOL.NET, который, в свою очередь, наследует классу, написанному на J#.NET.

Такой уровень языкового взаимодействия намного превосходит все, чем отличалась технология COM, но надо соблюдать определенные правила. В рамках одного языка эти правила можно игнорировать, но написанная без их соблюдения программа не сможет взаимодействовать с программами на других .NET-совместимых языках.

Библиотека классов каркаса .NET Framework

В библиотеке классов .NET Framework определено много базовых типов данных. Но среди них есть и такие, которые несовместимы с единой спецификацией языка (Common Language Specification – CLS). Важно знать, какие типы совместимы, а какие несовместимы с CLS, но сначала разберемся, что же такое CLS.

Единая спецификация языка

Единая спецификация языка (CLS) – это подмножество возможностей языка, ориентированное специально на поддержку единой среды исполнения (Common Language Runtime). Среда исполнения предъявляет ряд требований, цель которых – обеспечить совместную работу программ, написанных на разных языках. Используя CLS-совместимые типы и следуя правилам, изложенным в CLS, можно быть уверенным, что классу, написанному на языке C#, можно будет наследовать в любом другом .NET-совместимом языке. Необходимо также, чтобы типы данных свойств и параметров были совместимы.

Если при написании компонента использовались только типы данных, определенные в CLS, то его можно применять в клиенте, написанном на любом языке, который поддерживает спецификацию CLS. Отметим, однако, что удовлетворять правилам CLS должны только те части компонента, которые доступны во внешней среде. Например, внутри метода можно объявлять закрытые переменные, не согласующиеся с требованиями CLS, лишь бы открытый интерфейс не нарушал правил.

CLS специфицирует не только типы данных, но и еще ряд правил. В настоящий момент таких правил 41. Среди них есть, к примеру, такое, в котором говорится, что перечисление enum может принадлежать только одному из четырех интегральных типов данных, определенных в спецификации. Многие правила прозрачны для разработчика, поскольку за их соблюдением следит среда Visual Studio.NET.

Типы данных и CLS

Мы не станем подробно рассматривать правила CLS, а уделим внимание основным типам данных и их отображению на типы, применяемые в языке VB.NET. Рад сообщить, что все встроенные типы данных VB.NET совместимы с CLS. Впрочем, в VB.NET можно пользоваться и такими определенными в каркасе .NET Framework типами, которые несовместимы с CLS. В приведенных ниже таблицах базовые типы каркаса сведены в четыре категории, для каждого указаны базовый тип .NET, соответствующий ему встроенный тип VB.NET и отмечено, совместим он с CLS или нет. Если тип данных несовместим с CLS, не стоит использовать его в качестве типа открытого свойства или типа параметра либо возвращаемого значения открытого метода.

В табл. П.1 перечислены интегральные типы разных размеров; в табл. П.2 - типы с плавающей точкой, их всего два; в табл. П.3 - оставшиеся типы, такие как Boolean и Object.

Таблица П.1. Интегральные типы данных

Тип VB.NET	Совместим ли с CLS	Базовый тип .NET	Диапазон	Размер
Byte	Да	System.Byte	0 – 255 без знака	1 байт
System.SByte	Нет	System.SByte	–128 – 127	1 байт
Short	Да	System.Int16	–32 768 – 32 767	2 байта
Integer	Да	System.Int32	–2 147 438 648 – 2 147 438 647	4 байта
Long	Да	System.Int64	–9 223 372 036 854 775 808 – 9 223 372 036 854 775 807	8 байт
System.UInt16	Нет	System.UInt16	0 – 65 535	2 байта
System.UInt32	Нет	System.UInt32	0 – 4 294 967 295	4 байта
System.UInt64	Нет	System.UInt64	0 – 184 467 440 737 095 551 615	8 байт

Таблица П.2. Типы данных с плавающей точкой

Тип VB.NET	Совместим ли с CLS	Базовый тип .NET	Диапазон	Размер
Single	Да	System.Single	–3.402823e38 – 3.402823e38	4 байта
Double	Да	System.Double	–1.79769313486232e308 – 1.79769313486232e308	8 байт

Таблица П.З. Прочие типы данных

Тип VB.NET	Совместим ли с CLS	Базовый тип .NET	Диапазон	Размер
Boolean	Да	System.Boolean	True или False	2 байта
Object	Да	System.Object	Любой объект	
Char	Да	System.Char	Символ Unicode	2 байта
String	Да	System.String	Строка символов Unicode переменной длины	
Decimal	Да	System.Decimal	–79 228 162 514 264 337 593 543 950 335 – 79 228 162 514 264 337 593 543 950 335	12 байт
IntPtrн	Да	System.IntPtr	То же, что Int32 или Int64, в зависимости от платформы	Переменный
UIntPtr	Нет	System.UIntPtr	То же, что UInt32 или UInt64, в зависимости от платформы	Переменный

Рекомендую пользоваться только CLS-совместимыми типами данных, если хотите, чтобы ваши классы могли сопрягаться с классами, написанными на других языках. Напомню, что это замечание относится только к тем частям интерфейса, которые доступны во внешней среде; закрытые переменные внутри функций и процедур могут иметь тип System.UInt16 или любой другой, и это не повлияет на возможность сопряжения.

Предметный указатель

Крейг Атли

Visual Basic. NET
для программистов

Главный редактор	*Захаров И. М.*
	editor-in-chief@dmkpress.ru
Перевод с английского	*Слинкин А. А.*
Выпускающий редактор	*Космачева Н. А.*
Технический редактор	*Панчук Л. А.*
Верстка	*Горелов М. С.*
Графика	*Шаклунов А. К.*
Дизайн обложки	*Панкусова Е. Н.*

ИД № 01903 от 30.05.2000

Подписано в печать 26.04.2002. Формат 70x100$^1/_{16}$
Гарнитура «Петербург». Печать офсетная
Усл. печ. л. 24,7. Тираж 1000 экз.
Заказ № 2408

Издательство «ДМК Пресс», 105023, Москва, пл. Журавлева, д. 2/8.
Web-сайт: www.abook.ru.

Отпечатано с готовых диапозитивов
в ФГУП ИПК «Ульяновский Дом печати».
432980, г. Ульяновск, ул. Гончарова, 14
по заказу ИПЦ «Святигор».